第五版

有権解釈に重きを置いた
教育法規

山本 豊 著

学校図書

はしがき

　学校教育を円滑に進め、そして教育に関わる者を支えるために教育法規は存在する。教育法規を学ぶということは、教育法規に関する知識を得るだけでなく、その知識を、実際に生じる具体的な事例に適用し、解決する力を身に付け、それを学校教育に役立てることを意味する。

　ところで、教員採用選考試験を実施する多くの自治体ではなぜ教育法規に関することを問うのかといえば、法規一般に関する社会人としての常識を問うとともに服務規律に関する知識や心構えを確認したいからである。

　一方、教育管理職選考試験で教育法規に関する知識を問うのは、職員への服務規律の徹底を図る上から、その点に関しての管理職として見識や指導力を測るためである。しかし、何よりも学校教育を円滑に進めるには教育法規の知識が必要だからである。危機管理能力の重要な要素として法に関する知識がある。教育管理職にとって日々の学校経営は法的な知識と切り離せない。法的な知識の中でも学校教育では、教育法規に関する知識が大きなウエイトを占めているので、その知識が試験でも問われるのである。

　さて、本書は書名を「有権解釈に重きを置いた　教育法規」とした。法学を専門に学んできた方が少ない本書の読者にとって、有権解釈という言葉は耳慣れない言葉かもしれない。有権解釈とは、権限ある国家機関によって行われる法の解釈であり、公権的解釈ともいわれる。有権解釈には裁判所による司法解釈（主に判決）だけでなく、立法機関による立法解釈（主に法の制定）や行政機関による行政解釈（通達や通知など）などがある。

　人は法に対して様々な思いや解釈があるだろうが、教員採用選考試験を目指す者や現職の教職員が、有権解釈を踏まえない恣意的な自説を述べることは受験に不合格であることや公務員として相応しくないことを意味する。従って、本書は前述した読者を意識して「有権解釈に重きを置いた　教育法規」とした。それが、本書を手にした方々にとって価値ある内容であると信じるからである。

　本書の出版にあたっては、学校図書の前沢忠義氏のお世話になった。心からお礼を申し上げる次第である。

　　　平成27年3月

第五版の序

　世の中の変化とともに、法の世界では条文の改廃が行われる。学校教育についても不易の部分はあっても変化への対応は日々求められている。変化への対応は教育法規の世界においても必然である。

　初版を著してから一年しか経っていない内に改訂版を出した。その訳は、義務教育学校の制度化のために、平成27年6月24日に学校教育法の一部を改正する法律が公布されたからである。学校教育法第1条の8つの学校の中に新たに「義務教育学校」が追加規定されたことに伴って、学校教育法はもとより教育職員免許法、教育公務員特例法はじめ学校教育に関連する法規の改正があった。そこで、「義務教育学校」に関係のある条文について修正を加え、平成28年4月に改訂版を出した。

　平成29年9月には、教育再生実行会議第七次提言「これからの時代に求められる資質・能力と、それを培う教育、教師の在り方について」(平成27年5月14日)、中央教育審議会答申「これからの学校教育を担う教員の資質能力の向上について」(平成27年12月21日)、「『次世代の学校・地域』創世」プラン(平成28年1月25日大臣決定) などの提言や答申等の具体化として平成28年11月24日に教育公務員特例法の一部が改正された。その他にも重要な法改正があったので、改訂版を著してから一年半しか経っていなかったが第三版を著すこととした。

　第三版を著してから一年余りであるが、いくつかの教育に関する法規の改廃に対応するために、すなわちアップツーデイトな内容とするために平成31年3月に第四版を発刊することとした。

　これまでの改訂事由と同様に、教育法規の改正に応ずるために第五版を発刊することとした。

　本書の出版にあたっては、初版以来引き続き第五版も学校図書の前沢忠義氏にひとかたならぬ世話になっている。心からお礼を申し上げる次第である。

　　令和3年4月

　　　　　　　　　　　　　　　　　　　　　　　　　　山本　豊

目次

第9章　教育行財政 ———————— 282

法令略称一覧表 （50音順・略称は２回目から）

本表記載以外の法令は正式名称で表記

学教法	学校教育法
学教令	学校教育法施行令
学教規	学校教育法施行規則
学保安法	学校保健安全法
学保安令	学校保健安全法施行令
学保安規	学校保健安全法施行規則
教科書無償法	義務教育諸学校の教科用図書の無償に関する法律
教科書無償措置法	義務教育諸学校の教科用図書の無償措置に関する法律
教科書無償措置令	義務教育諸学校の教科用図書の無償措置に関する法律施行令
教特法	教育公務員特例法
教特令	教育公務員特例法施行令
憲法	日本国憲法
児童虐待防止法	児童虐待の防止等に関する法律
国公法	国家公務員法
私学法	私立学校法
社教法	社会教育法
人確法	学校教育の水準の維持向上のための義務教育諸学校の教育職員の人材確保に関する特別措置法
地教行法	地方教育行政の組織及び運営に関する法律
地教行令	地方教育行政の組織及び運営に関する法律施行令
地公法	地方公務員法
標準法	公立義務教育諸学校の学級編制及び教職員定数の標準に関する法律
標準令	公立義務教育諸学校の学級編制及び教職員定数の標準に関する法律施行令
免許法	教育職員免許法
免許規	教育職員免許法施行規則
労基法	労働基準法

教　育　法　規

教育法規を学ぶ意義 ·······················

　　公立小学校や中学校で、ある保護者から「憲法第26条に義務教育は無償
と規定してあるので、授業料や教科書代は払わなくていいのですよね。そ
れなのに、どうして給食費を取るのですか。憲法違反だから払いません。」
と言われたとき、あなたが担任だったらどう答えますか。憲法が規定する
義務教育の無償とはどんな内容と考えられているのでしょう。

　　また、体罰は悪いこととされているが、法律か何かで禁止されているの
だろうか。また、体罰をした先生が処分されたと新聞やテレビで見聞きす
るけれど、処分とは何だろう。また、体罰とはどのようなことを言うのだ
ろう。殴ったり蹴ったりするのは体罰だと思うけど、立たせたり正座させ
たりするのは体罰になるのだろうか。

　　あなたは上記のような問題や疑問にどれだけ正確に答えられるだろうか。こ
のような場合、教師に法律的な知識が有るのと無いのとでは、保護者への対応
や児童生徒への指導法に大きな違いが生じるであろう。

　　今日の学校教職員は教育に関する法的な知識、すなわち教育法規の理解無く
しては、教育活動を十分に行うことはできない。なぜならば、日本は法治国家
であり、学校教育も数多くの教育法規に基づいて運営されているからである。

　また、教員採用選考試験や教育管理職の選考などでは教育法規に関する知識を問う内容が、かなりの比重で出題されている。上記の試験を受験する人は、だから教育法規を学ぶ意義（必要）がある、と思うこともあるだろう。試験問題に占める教育法規の割合が多いということは、それだけ今日の学校教育に携わる者には教育法規の知識が不可欠であるということも意味している。

　もちろん、教育は法規の知識だけで進められるものではない。教師と子ども、そして、保護者との信頼関係や教師の教育に関する知識に裏付けされた的確な指導力などもあって教育は成り立つものである。

　しかし、学校が行う教育に関する事業は国や地方の行政の一環（教育行政）であり、必ず法律に基づいて行われなければならないことになっている。教育行政の一端を担う学校教育も法律に基づき、法律に従って行われなければならない。

　すなわち、教育に携わる者はその役割をきちんと果たすためには教育法規を学ぶことが不可欠であり、意義あることなのである。

第1章

教育法規の体系と構造

　大学3年生である。将来は公立小学校の教師を目指している。兄は今年の4月から県庁の職員として勤務している。現在兄は、条件付採用期間中だそうで、地方公務員法によると6ヶ月間その職務を良好な成績で遂行しないと正式採用にならないそうである。

　兄の話によると、公立学校の教諭等の条件付採用期間は6ヶ月間ではなくて1年間だそうである。同じ地方公務員なのに教諭等には別のきまりがあるのだろうか。

　公立学校の教員も県庁勤務の人も地方公務員である。従って、通常は地方公務員法に規定されていることが両者には適用されることになる。ところが、条件付採用期間については教育公務員特例法で公立の小学校等の教諭等は1年間と規定されている。一方、地方公務員法の条件付採用期間は6ヶ月間である。このようなときには教諭等も同じ地方公務員としての6ヶ月間が条件付採用期間になるのかである。

1　教育法規とは

　教育法規とは教育に関する*法規であり、教育に関する内容を有するあらゆる法規を指すものである。「教育六法」や「教育小六法」と名付けられた法令を収録してある本があるが、そこに記載されている法令の多くが教育法規であり、かつ代表的な教育法規が掲載されているのである。

　＊法規：種々の用例があるが、本書では憲法、法律、規則などの法規範一般をいう。法規範一般を「法」ともいう。法の中でも代表的な「法律と規則」を縮めて「法規」としたとも考えられるが、法律と規則に限定するものではない。また、「法令」も「法律と命令」を縮めた用語であるが、本書で

は法規と同義として用いる。

　法規は、国によって制定されているものと、地方公共団体によって制定されているものとに分けられる。

　教育法規に関するもので国によって制定されている法規として、日本国憲法の一部や教育基本法・学校教育法・教育公務員特例法などの法律、学校教育法施行令・学校保健安全法施行令のような政令、学校教育法施行規則・教育職員免許法施行規則などの省令がある。一方、地方公共団体によって制定されている教育法規には、学校職員の定数に関する条例や学校の管理運営に関する規則などがある。国や地方公共団体には、多くの教育法規が存在する。

2　法体系と法の形式・形式的効力

　法は、その制定権者の違いによって区分され、名称が異なる。例えば、国会が制定する法は「法律」、地方公共団体の議会が制定する法は「条例」というように制定権者によって区別され、名称が異なる。このように制定権者によって区分された法の在り方を「法の形式」という。

　また、法は憲法を最高法規として、段階的に体系化することが可能である。これは膨大な数の、しかも制定された時期も異なる法規群を、矛盾なく、かつ一体性を維持するために考え出されたものである。

　すなわち法は、上位・下位の段階をなしており、上位・下位間の効力に優劣がある。法の形式の違いによ

法体系と形式的効力の図

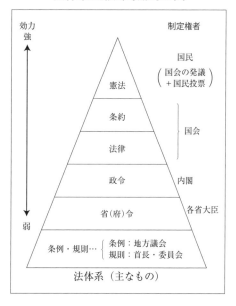

法体系（主なもの）

って各法規に認められている効力を、法の「形式的効力」という。

3 国の主な法令

国の法令には様々な法の形式があるが、その主なものを以下に記す。

(1) 日本国憲法 （最高法規）

第98条第 1 項 この憲法は、国の最高法規であつて、その条規に反する
法律、命令、詔勅及び国務に関するその他の行為の全部又は一部は、そ
の効力を有しない。

日本国憲法は国の最高法規であり、国家の根本的な組織・作用を定める法規範
である。国の最高法規とは、国内法体系のうちで最も高い地位にあり、最も強い
形式的効力を有する法形式であるという意味である。条規とは、条項や規定と同
じ意味であるが、ここでは日本国憲法の前文も含めた全ての条文のことである。

(1-2) 日本国憲法 （憲法改正の手続、その公布）

第96条 この憲法の改正は、各議院の総議員の三分の二以上の賛成で、
国会が、これを発議し、国民に提案してその承認を経なければならない。
この承認には、特別の国民投票又は国会の定める選挙の際行はれる投票
において、その過半数の賛成を必要とする。
2 憲法改正について前項の承認を経たときは、天皇は、国民の名で、こ
の憲法と一体をなすものとして、直ちにこれを公布する。

最高法規である憲法の改正は、国会の発議によって、国民投票で改正の可否
を最終的に決定することになる。憲法改正に国民の承認を必要としているのは、

主権者である国民の意思が尊重されているからである。国の基本的な統治のあり方を国民に委ねているのは憲法が最高法規であるゆえんでもある。したがって、憲法の制定権者は国民と言えよう。

(2) 条 約

憲法第73条 内閣は、他の一般行政事務の外、左の事務を行ふ。
三 条約を締結すること。但し、事前に、時宜によつては事後に、国会の承認を経ることを必要とする。

条約は広く文書による国家間の合意を指す法規である。条約は国内法の一形式と考えることができるが、それ以前に国際法の形式であるために、他の国法形式、とりわけ憲法との優劣が議論されることがある。しかし、今日では多くの学説が憲法に優位を認めている。

憲法第61条 条約の締結に必要な国会の承認については、前条第2項の規定を準用する。

条約は内閣が他国との間で締結するが、国会の承認を必要としており、制定権者は国会である。前条第2項の規定を準用するとは、条約について、参議院で衆議院と異なった議決をした場合に、国会法で定める両議院協議会を開いても意見が一致しないとき、又は参議院が、衆議院の可決した条約を受け取った後、国会休会中の期間を除いて30日以内に、議決しないときは、衆議院の議決を国会の議決とするということである。本条は、条約の締結に必要な国会の承認について参議院に対する衆議院の優越を規定している。

教育に関連する条約の例としては、児童の権利に関する条約や障害者の権利に関する条約などがある。

(3) 法 律

憲法第59条第１項　法律案は、この憲法に特別の定のある場合を除いては、両議院で可決したとき法律となる。

法律は国民の代表機関である国会の議決を経て制定される法形式である。
*法律主義の原則によって、重要事項の多くは法律として制定されている。

法律の多くは「教育基本法」や「学校教育法」のように「○○法」となっている。しかし「国旗及び国歌に関する法律」や「児童虐待の防止等に関する法律」のように「○○に関する法律」となっているものがあるが、いずれも法律である。

　＊法律主義：国のきまりの中で人権や財産に関することなどの重要な事項は、原則として国会で制定する法律でなければならないとする考えである。例えば、教育に関する事項は憲法第26条により法律で定めるとあり、法律主義を原則としている。

法律案は、衆議院と参議院の両議院で可決したとき法律となるのが原則であるが、この憲法に特別の定めがある場合には、その例外が認められる。その例外は以下の３つである。

①　憲法第59条第２項の「衆議院で可決し、参議院でこれと異なつた議決をした法律案は、衆議院で出席議員の３分の２以上の多数で再び可決したとき」は、衆議院の優越が働き、両議院の可決を要しない。

②　憲法第54条第２項の参議院の緊急集会で参議院だけの意思で法律を議決することができる。

③　憲法第95条の「一の地方公共団体のみに適用される特別法」（いわゆる地方特別法）の場合であり、その地方公共団体の住民の投票においてその過半数の同意を得なければ、国会は、これを法律とすることができない。

(4)　政　令

> **憲法第73条**　内閣は、他の一般行政事務の外、左の事務を行ふ。
>
> 六　この憲法及び法律の規定を実施するために、政令を制定すること。(後段略)

　内閣が憲法第73条第六号の規定により制定する法が政令である。政令や後述の府令・省令には法律の規定を実施するために必要な事項を定める執行命令と、法律の委任に基づいて制定される委任命令とがある。政令は「学校教育法施行令」というように「施行令」という名称で制定されている。

(5)　府令・省令

> **内閣府設置法第７条第３項（府令）**　内閣総理大臣は、内閣府に係る主任の行政事務について、法律若しくは政令を施行するため、又は法律若しくは政令の特別の委任に基づいて、内閣府の命令として内閣府令を発することができる。

> **国家行政組織法第12条第１項（省令）**　各省大臣は、主任の行政事務について、法律若しくは政令を施行するため、又は法律若しくは政令の特別の委任に基づいて、それぞれその機関の命令として省令を発することができる。

　内閣総理大臣が内閣府の長として発する命令を内閣府令、各省大臣が発する命令を省令という。内閣府のみで発する命令の場合は、「店頭デリバティブ取引等の規制に関する内閣府令」というように「○○内閣府令」となるが、幾つかの省と共同で発する命令の場合、例えば「独立行政法人宇宙航空研究開発機構の業務運営に関する命令」（この命令は、内閣府・総務省・文部科学省・経

済産業省との共同省令）のように「○○命令」となる。どの省との共同省令であるかは法規名のすぐ後にある法令番号で解る。

省令には「学校教育法施行規則」というように**執行命令**としての省令は「○○施行規則」という名称が付される。**委任命令**としての省令の場合は、「高等学校卒業程度認定試験規則」のように「○○に関する省令・規則」等と表題してある。

* **執行命令**：行政機関が、法律の規定を実施するために必要な細則を定めた命令。
* **委任命令**：行政機関が、法律の委任又は上級の命令の委任に基づいて制定した立法である命令。

(6)　告　示

> **内閣府設置法第7条第5項**　内閣総理大臣は、内閣府の所掌事務について、公示を必要とする場合においては、告示を発することができる。

> **国家行政組織法第14条第1項**　各省大臣、各委員会及び各庁の長官は、その機関の所掌事務について、公示を必要とする場合においては、告示を発することができる。

告示とは、公の機関が決定した事項などを一般の人に知らせることである。公示もほぼ同じ意味であるが、告示は、「告示」という形式で定められた公示の方法である。

学校教育に関する告示には、幼稚園教育要領、小学校学習指導要領、中学校学習指導要領などがある。これらは文部科学大臣が公示する教育課程の基準となっている。

4　地方の主な法規

⑴　条　例

> **憲法第94条**　地方公共団体は、その財産を管理し、事務を処理し、及び行政を執行する権能を有し、法律の範囲内で条例を制定することができる。

> **地方自治法第14条第1項**　普通地方公共団体は、法令に違反しない限りにおいて第2条第2項の事務に関し、条例を制定することができる。

　条例とは、地方公共団体（都道府県・市町村など）が、憲法第94条及び地方自治法第14条第1項により、法令に違反しない限りにおいて、その団体の事務に関して制定する自治法規である。条例の制定はそれぞれの地方公共団体の議会の議決による。教育に関する条例としては、「学校職員の勤務時間、休日、休暇等に関する条例」や「学校職員の定数に関する条例」など多数ある。

⑵　規　則

> **地方自治法第15条第1項**　普通地方公共団体の長は、法令に違反しない限りにおいて、その権限に属する事務に関し、規則を制定することができる。

> **地方自治法第138条の4第2項**　普通地方公共団体の委員会は、法律の定めるところにより、法令又は普通地方公共団体の条例若しくは規則に違反しない限りにおいて、その権限に属する事務に関し、規則その他の規程を定めることができる。

　規則には、衆議院規則や最高裁判所規則のように国法の形式もあるが、ここでは、地方公共団体が制定する規則について述べる。地方公共団体が制定する

規則には、首長（都道府県知事・市町村長等）が、法令に反しない範囲におい
て制定するものと（地方自治法第15条第１項）、普通地方公共団体の委員会（教
育委員会はその一つ）が制定するものとがある。地方公共団体の委員会は、法
律の定めるところにより、法令・条例・規則に違反しない限りで、自らの権限
に属する事務に関して規則を定めることができる（地方自治法第138条の４第
２項）。教育委員会は法令又は条例に違反しない限りにおいて、その権限に属
する事務に関し教育委員会規則を制定することができる（地方教育行政の組織
及び運営に関する法律第15条第１項）。教育委員会制定の規則としては、学校
管理運営規則・社会教育主事の資格認定に関する規則など多数ある。

5　法令間の矛盾抵触を解決するための諸原理

(1)　上位法優位の原理

　法規の体系で前述したように、憲法を最高法規として法律、政令、省令とい
う上下関係がある。上位の法は、下位の法に対して効力で優先することをいう。
これを上位法優位の原理ともいう。

　地方公共団体が制定する条例と規則の上下関係は原則として生じることはな
い。なぜならば、条例と規則が矛盾することがないように、地方自治法では、
条例で定めなければならない事項と規則で定めなければならない事項をそれぞ
れ規定しているからである。どちらで定めるか規定されていない場合には、条
例でも規則でも定めてよいと解釈されている。ただし、同時に同じことを条例
と規則で定めることはできない。もし、その様なことが生じれば、より民意に
近い条例が優先すると考えられている。

(2)　後法優越の原理

　形式的効力を等しくする法令の内容が矛盾抵触している場合には、時間的に
後から制定されたものが、前に制定されたものに対して優越する効力をもつと
いうことである。この原理は、一国の法秩序は全体が統一され矛盾すること を

許さない体系でなければならないということと、法というものは、それぞれの時代の社会的、政治的、経済的な基盤の上に成立し、新しい法ほどその時代の状況を反映しているものであることから、導き出されたものである。しかし、下位の後法は、上位の前法に優越できない。それは、(1)の上位法優位の原理が働くからである

(3)　特別法優先の原理

　形式的効力が同じ法令の規定の間で、一方はあることがらについて一般的に規定しているものを一般法という。他方は同じことがらについて特定の場合に限って又は特定の人もしくは地域に限って適用されるものを特別法という。このような場合には特別法が一般法に優先して適用される。

　例えば、地方公務員の身分や研修等についての定めがある地方公務員法は一般法である。公務員の中でも公立学校の教員についての定めがある教育公務員特例法は地方公務員法に対して特別法である。地方公務員法では条件付採用の期間は原則6月（ろくげつと読み、6ヶ月間のことである。）であるが（地公法第22条第1項）、教育公務員特例法では1年である（教特法第12条第1項）。このような場合は教員には特別法である教育公務員特例法が地方公務員法に優先して適用され、教員の条件附任用期間は1年となる（教育公務員特例法は条件付採用とは表記しないで条件附任用としている）。

　(2)の後法優越の原理は、一般法と特別法との間では働かない。例えば、地方公務員法が改正され条件付採用の期間が2年間となっても、教育公務員特例法の条件附任用期間は影響を受けない。

第2章 日本国憲法の教育に関連する規定

1 教育を受ける権利（第26条第1項）

　　すべて国民は、法律の定めるところにより、その能力に応じて、ひとしく教育を受ける権利を有する。

　教育を受ける権利の主体は、条文上は「すべて国民」となっているが、主に発達途上にある子どもである。その目的は、学習権の保障であるとも考えられている。子どもが受ける教育は、「子どもが将来一人前の大人となり、共同社会の一員としてその中で生活し、自己の人格を完成し、実現していく基盤となる能力を身に付けるために必要不可欠な営みであり、それはまた、共同社会の存続と発展のためにも欠くことのできないものである。」（旭川学力調査事件：最大判　昭和51年5月21日）。

　教育を受ける権利を実際に保障するための具体的な措置については明記されていない。それは「法律の定めるところにより」として、教育基本法、学校教育法、社会教育法などに委ねられている。

　「能力」とは、人間一人一人に備わっている精神的・肉体的能力を意味し、その能力に応じて一定の教育を受けることができる権利を国民各自は有しているということである。例えば、高等学校で入学試験を行い、合格者だけを入学させるのは差し支えないが、財産や家庭状況など教育を受ける能力と無関係な事情を理由に入学を拒否することは認められない（参考判例　身体に障害のある少年の入学不許可処分取消事件：神戸地裁　平成4年3月13日）。

2 義務教育（第26条第2項）

　　2　すべて国民は、法律の定めるところにより、その保護する子女に普通

教育を受けさせる義務を負ふ。義務教育は、これを無償とする。

普通教育を受けさせる義務を負う者は、保護すべき＊子女を有する国民である。普通教育を受けさせる義務を課せられているのは保護者であって、子女自身ではない。

義務教育の無償とは、子の保護者に対しその子に義務教育を受けさせるにつき、その対価を徴収しないことを定めたものである。教育提供に対する対価とは授業料を意味すると認められるから、憲法の上では義務教育の無償とは授業料不徴収の意味と解されている（義務教育費負担請求事件：最大判　昭和39年2月26日、かつて、義務教育諸学校で教科書代が有償だった頃、有償であるのは、憲法の「義務教育は無償」に違反との訴えである）。

したがって、給食費や教材費はもとより、教科書代についても有償であっても憲法違反ではないことになる。義務教育諸学校の教科書代が無償となったのは、「義務教育諸学校の教科用図書の無償に関する法律」が昭和37年4月1日に施行されてからである。昭和38年度入学の小学校1年生から順次教科書代は無償で配布されている。

＊「子女」：男の子を息子、女の子を息女という言い方があり、それらが合わさってできた言葉が子女である。この表現では、男だけが子で、女の子は子ではなく女というふうに受け取られかねないために男女差別が感じられるので、教育基本法や学校教育法などは改正の際に、「子女」は「子」とした。これからも大幅な法改正や立法の際には「子女」は「子」と表記されると思われる。

3　法の下の平等（第14条第1項）

すべて国民は、法の下に平等であつて、人種、信条、性別、社会的身分又は門地により、政治的、経済的又は社会的関係において、差別されない。

　人種から門地までは歴史的にみて不合理な差別が行われてきた代表的な事項の例示であり、示された事項のみに限定するものではない。「人種」とは、本来は皮膚、毛髪、目、体型等の身体的特徴によって区別される人類学上の種類である。しかし、今日では「人種、皮膚の色、世系又は民族的若しくは種族的出身」(人種差別撤廃条約第1条) をいう。「信条」とは、歴史的には主に宗教や信仰を意味したが、今日では更に広く思想・世界観等を含むと解されている。「性別」とは、男女であるが、歴史的には女性が法的にも事実としても不合理な差別を受けており、明治憲法下では女性に対する差別はむしろ当然視されていた。男女差別の禁止は、主に女性に対する不合理な差別の禁止を意味する。「社会的身分」については諸説あるが、一般に人が社会において占めている地位のことと解する。特定地域の出身者、嫡出子・非嫡出子なども社会的身分による差別禁止事由になると考える。「門地」とは、家系・血統等の家柄をいう。すなわち出生によって決定される社会的な地位又は条件をいう。広い意味では社会的身分に含まれると考えることができる。いずれにしてもこれらの事項は限定事項ではないので、財産、職業、学歴、年齢などによる不合理な差別も許されない。

＊世系：祖先から代々続いている血統

　なお、地方公務員の場合、日本国民である職員に限って管理職に昇任できるとすることは、労働基準法第3条にも、憲法第14条第1項にも違反しないとする判決がある(管理職選考受験資格確認等請求事件：最大判　平成17年1月26日)。

　公務就任権についての行政実務の取扱いは、「公権力の行使又は国家意思の刑成への参画にたずさわる公務員」は日本国民に限り、それ以外の単なる定型的な職務に従事する官職は外国人でも任用できることになっている。

　最高裁は、非嫡出子の相続分を嫡出子の2分の1としている民法第900条第第四号は憲法第14条に違反するとの判決を出した (平成25年9月4日)。その結果、平成25年12月5日に民法の一部が改正され、嫡出でない子の相続分が嫡出子の相続分と同等となった (平成25年12月11日公布・施行)。

4　信教の自由（第20条）

> 信教の自由は、何人に対してもこれを保障する。いかなる宗教団体も、国から特権を受け、又は政治上の権力を行使してはならない。
>
> 2　何人も、宗教上の行為、祝典、儀式又は行事に参加することを強制されない。
>
> 3　国及びその機関は、宗教教育その他いかなる宗教的活動もしてはならない。

　信教の自由には3つの内容がある。第1の内容は、内心における宗教上の信仰の自由である。特定の宗教を信ずる自由、その信仰を変える自由及びすべての宗教を信じない自由などである。第2は、宗教的行為の自由である。礼拝、祈りその他の宗教上の行為、祝典、儀式又は行事などを行い、または参加し、もしくはこのような行為をしない自由をいう。第3は、宗教上の結社の自由である。同じ信仰を有する者が宗教団体を設立したり、活動したり、宗教団体に加入したりする自由などである。宗教団体に加入しない自由も含まれる。

　教育の場では宗教教育をする自由及び宗教教育を受ける自由、あるいは受けない自由などが問題となる。国及びその機関の中に国公立の学校が含まれ、そこでは特定の宗教のための宗教教育をすることは禁じられているが、宗教の社会生活上の意義を明らかにし、宗教的寛容を養うことを目的とする教育は憲法上禁止されていない。また、国公立学校は、いかなる宗教的活動をすることもできない。宗教的活動に当たるものとしては、宗教教育のような宗教の布教、教化、宣伝等の活動である。そのほか、宗教上の祝典、儀式、行事等であっても、その行為の目的が宗教的意義をもち、その効果が宗教に対する援助、助長、促進又は圧迫、干渉等になるような行為の場合は、宗教的活動に含まれる（津地鎮祭訴訟判決：最大判　昭和52年7月13日）。信教の自由と宗教教育に関しては教育基本法第15条でも述べる。

5　学問の自由（第23条）

学問の自由は、これを保障する。

　学問の自由の内容については、①学問研究の自由、②学問研究結果の発表の自由、③大学における教授の自由、④大学の自治が一般的に上げられる。

　学問の自由は、主に大学のように高度な研究や教育に携わっているところで論議されるが、教授の自由が大学における教授の自由に限定されるのか、それとも高等学校以下の初等中等教育機関における教師の教育の自由にも適用されるかが問題となる。この点に関して旭川学力調査事件判決（最大判　昭和51年５月21日）において、「憲法の保障する学問の自由は、単に学問研究の自由ばかりでなく、その結果を教授する自由を含むと解されるし、更にまた、専ら自由な学問的探求と勉学を旨とする大学教育に比してむしろ知識の伝達と能力の開発を主とする普通教育の場においても、例えば教師が公権力によって特定の意見のみを教授することを強制されないという意味において、また、子どもの教育が教師と子どもとの間の直接の人格的接触を通じ、その個性に応じて行われなければならないという本質的要請に照らし、教授の具体的内容及び方法につきある程度自由な裁量が認められなければならないという意味においては、普通教育の場においても、一定の範囲における教授の自由が保障されるべきことを肯定できないではない。」としているが、大学と異なり普通教育における教師に完全な教育の自由は認められないとしている。その理由として、①普通教育を受ける児童生徒に教授内容を批判する能力がなく、教師が児童生徒に対して強い影響力を有すること、②子どもの側に学校や教師を選択する余地が乏しく、教育の機会均等を図る上からも全国的に一定の水準を確保すべき強い要請がある、としている。

6　公務員の選定罷免権、公務員の本質（第15条第 1 項・第 2 項）

　　公務員を選定し、及びこれを罷免することは、国民固有の権利である。
2　すべて公務員は、全体の奉仕者であつて、一部の奉仕者ではない。

　選定罷免権の趣旨は、「あらゆる公務員の終局的任免権が国民にあるという国民主権の原理を表明したもので、これは国政を担当する公務員の権威が国民に由来することを明らかにするものであって、必ずしも、すべての公務員を国民が直接に選定し、罷免すべきだとの意味を有するものではない。」（最大判昭和24年 4 月20日）。

　全体の奉仕者たる公務員に関しては、政治的活動の自由に規制が加えられる。「公務員が全体の奉仕者であることから、行政の中立的運営及びこれに対する国民の信頼を確保するための公務員の政治的中立性の維持を導き出し、合理的で必要やむを得ない限度での公務員の政治的活動の自由の規制」を認めた（猿払事件判決：最大判　昭和49年11月 6 日）。

　その後、平成24年12月 7 日に最高裁は、第二小法廷であるが、公務員の政治的行為に対し 2 つの判決を下した。事案はどちらも、国家公務員が勤務外に共産党の機関誌をポスティングしたということが、国家公務員法の禁ずる政治的行為であるとして起訴されたものである。その一つの（堀越事件）では、社会保険庁の係長の行為は「本件配布行為は、管理職的地位になく、その職務の内容や権限に裁量の余地のない公務員によって、職務と無関係に、公務員により組織される団体の活動としての性格もなく行われたものであり、公務員による行為と認識しうる態様で行われたものでもないから、公務員の職務遂行の政治的中立性を損なうおそれが実質的に認められるものとはいえない。」とし、無罪とした。

　一方、同じポスティングでも、もう一つの（世田谷事件）については、「被告人が政党機関誌の配布という特定の政党を積極的に支援する行動を行うことについては、それが勤務外のものであったとしても、国民全体の奉仕者として

政治的に中立な姿勢を堅持すべき立場にある管理職的地位の公務員が殊更にこのような一定の政治的傾向を顕著に示す行動に出ているのであるから、当該公務員による裁量権を伴う職務権限の行使の過程の様々な場面でその政治的傾向が職務内容に現れる蓋然性が高まり、その指揮命令や指導監督を通じてその部下等の職務の遂行や組織の運営にもその傾向に沿った影響を及ぼすことになりかねない。」として有罪とした。

　いずれの判決においても公務員が、政治的に公正かつ中立的な立場に立って職務の遂行に当たることが、必要であるとすることに変わりはない。

7　思想及び良心の自由（第19条）

　　思想及び良心の自由は、これを侵してはならない。

　「思想」と「良心」の意義については、両者を厳密に区別することなく一括してとらえる考えが通説である。「良心」とは、倫理的な性格を有する問題についての考え方であり、その他の問題についての考え方が「思想」であると、一応区別することはできる。しかし、憲法第19条で両者が全く同じに取り扱われている以上、強いて両者を区別する必要はないと解するのが通説である。

　学習指導要領で「入学式や卒業式などにおいては、その意義を踏まえ、国旗を掲揚するとともに、国歌を斉唱するものとする。」とされたことと、日章旗（日の丸）・君が代に国旗・国歌としての法的根拠が与えられたことによって（国旗及び国歌に関する法律）、日章旗・君が代を戦前・戦中の軍国主義等のシンボルと考え、これらを否定する教師の思想・良心の自由が侵害されないかが裁判上争われた。

　公立小学校の入学式の国歌斉唱に際し、ピアノ伴奏を行うように校長から職務命令を受けた音楽専科の教諭が、ピアノ伴奏を拒否したため、地方公務員法上の懲戒（戒告処分）を受けた事案について最高裁判所は、校長の職務命令は憲法第19条の思想・良心の自由に違反しないとした（君が代ピアノ伴奏事件：

最判三小　平成19年２月27日）。

　さらに、公立学校の校長が教職員に対し、卒業式などの式典において国歌斉唱の際に起立して斉唱ないし起立することを命じた職務命令が、憲法第19条に違反するかどうか争われた事件で、最高裁判所は４つの小法廷判決によって、いずれも憲法第19条違反ではないと判示した（平成23年５月30日判決、同年６月６日判決、同年６月14日判決、同年６月21日）。

　校長の職務命令が憲法第19条に違反しないとした、上記の４つの最高裁判決に共通する理由は以下の通りである。①学校の儀式的行事である卒業式等の式典における国歌斉唱の際の起立斉唱行為は、これらの式典における慣例上の儀礼的な所作としての性質を有するものであり、起立斉唱しなかった教諭等の有する歴史観ないし世界観を否定することと不可分に結び付くものではなく、また、本件各職務命令は、特定の思想をもつことを強制したり、これに反対する思想をもつことを禁止したりするものではなく、特定の思想の有無について告白することを強制するものではない。②国歌斉唱の際の起立斉唱行為は国旗及び国歌に対する敬意の表明の要素を含む行為であることから、「日の丸」や「君が代」に対して敬意を表明することに応じがたいと考える者が、個人の歴史観ないし世界観に由来する行動（敬意の表明の拒否）と異なる外部的行動を求められることとなる限りにおいて、その者の思想及び良心の自由についての間接的な制約となる面があることは否定できないところであるが、思想及び良心の自由に対する間接的制約が許容されるか否かは、職務命令の目的及び内容ならびに制約の態様等を総合的に衡量して、制約を許容しうる程度の必要性と合理性が認められるかどうかを判断するのが相当である。③本件職務命令は、学校教育の目標や卒業式等の儀式的行事の意義、在り方等を定めた関係法令等の諸規定の趣旨に沿って、地方公務員の地位の性質及びその職務の公共性を踏まえ、生徒等への配慮を含めて、教育上の行事にふさわしい秩序の確保とともに当該式典の円滑な進行を図るものであり、職務命令の目的及び内容ならびに制約の態様等を総合的に判断すると、制約を許容する必要性が合理的と認められる。

第3章

教育基本法

　今年、公立小学校に採用されたばかりの新人教師Ｘの疑問である。担任をしている４年３組の子どもたちからクリスマス会をやりたいとの声が上がったので、今度の学級会ではクリスマス会の中身について話し合うことにした。職員室で学年主任の先生にその話をしたら、「国・公立学校における宗教教育や宗教活動に関する規定があるはずだから、クリスマス会についてはよく考えないと問題が生じるよ。他の宗教を信じている保護者や宗教を信じていない保護者にとってクリスマス会をやるというのはどうだろうか。」と言われた。３組は１組や２組に比べたら少し活気がないので、クラスを盛り上げる絶好のチャンスだと思ったし、クリスマス会は宗教教育や宗教的活動ではないような気がするのだが、問題なのだろうか。

＊**基本法**：基本法というのは、法の形式でいえば学校教育法や教育公務員特例法などと同じ法律である。ただ、その法分野についての基本的な施策や方針を示しているので、基本法と名付けられる。

　教育基本法は、教育の分野について基本的な施策や方針を示している法ということである。また、基本法に基づいて、基本法を具体化する個別法が制定されることがある。例えば、教育基本法第５条第１項に「国民は、その保護する子に、別に法律で定めるところにより、普通教育を受けさせる義務を負う。」とある。ここでいう、「別に法律で定めるところにより」の法律が学校教育法である。

教育基本法の改正

　現在の教育基本法は平成18年12月22日に公布・施行された。旧教育基本法が昭和22年３月31日に制定されて以来、初めての全面的な改正である。

　教育基本法が改正された理由として、教育基本法の制定から半世紀以上が経ち、その間、教育水準が向上し、生活が豊かになる一方で、教育を取り巻く環境は大きく変化していることがある。すなわち、都市化、少子高齢化、科学技術の発展、情報化、国際化、産業構造の変化などである。また、子どものモラルや学ぶ意欲の低下、家庭や地域の教育力の低下などが課題となっており、若者の雇用問題も深刻化している。このような状況下で、教育の根本に立ち返り、将来に向かって、新しい時代の教育の基本理念を明確に示し、国民の共通理解を図りながら、社会全体で教育改革を進める必要に迫られたからである。

1　前　文

　我々日本国民は、たゆまぬ努力によって築いてきた民主的で文化的な国家を更に発展させるとともに、世界の平和と人類の福祉の向上に貢献することを願うものである。
　我々は、この理想を実現するため、個人の尊厳を重んじ、真理と正義を希求し、公共の精神を尊び、豊かな人間性と創造性を備えた人間の育成を期するとともに、伝統を継承し、新しい文化の創造を目指す教育を推進する。
　ここに、我々は、日本国憲法の精神にのっとり、我が国の未来を切り拓く教育の基本を確立し、その振興を図るため、この法律を制定する。

　前文とは、法令の各条文の前に置かれ、その法令の趣旨や目的又は基本的な考えを述べた文章をいう。前文は、日本国憲法のほかには、ある分野における基本的なことを定めた重要な法令に置かれることがある。教育基本法の旧法においても前文が設けられていたが、現行法でも前文が置かれている。その訳は、教育基本法には、憲法に定めてある理念を教育において具体化するための規定が多く含まれており、憲法と密接に関連している法律であるとともに、教育関

係諸法令制定の根拠となる重要な法律であることから、その趣旨を明らかにするためである。

　前文は、教育基本法の各条文と異なり、規定そのものに国民や国・地方公共団体に対して直接的な法的義務を課する効果はない。また、基本的には、前文だけで裁判規範としてその具体的権利主張の根拠とすることは難しい。しかし、前文は教育基本法の一部として法制定の趣旨や理念を規定しており、教育基本法の各条項の解釈基準としての役割をもっている。

　第1文では、日本国民が築いてきた、民主的で文化的な国家の発展と、世界の平和と人類の福祉の向上、これらに対して貢献するという理想が述べられている。

　第2文では、第1文に掲げた理想を実現するため推進すべき教育のあるべき姿が述べられている。改正を機に新たに「公共の精神」を尊び、「豊かな人間性と創造性」を備えた人間、「伝統の継承」などが規定された。

　第3文では、我が国の未来を切り拓く教育の基本の確立と振興という、教育基本法制定の趣旨が述べられている。

2　各条文

第一章　教育の目的及び理念

(1)　教育の目的（第1条）

　　教育は、人格の完成を目指し、平和で民主的な国家及び社会の形成者として必要な資質を備えた心身ともに健康な国民の育成を期して行われなければならない。

　本条は、教育によって成し遂げようと目指す目的、すなわち何のために教育を行うのかが規定されている。

　人格の完成は、教育の根本的な目的である。人格の完成とは、各個人が備え

るあらゆる能力を可能な限り、かつ調和的に発展させることを意味する。ここでいう人格の完成は、一人の個人としてだけでなく、国家及び社会の構成員としてのあるべき姿をも示している。なぜならば、人格が完成した個人の具体的な姿の一つとして「国家及び社会の形成者として必要な資質を備えた心身ともに健康な国民」と規定されているからである。

(2)　教育の目標（第2条）

　　教育は、その目的を実現するため、学問の自由を尊重しつつ、次に掲げる目標を達成するよう行われるものとする。

一　幅広い知識と教養を身に付け、真理を求める態度を養い、豊かな情操と道徳心を培うとともに、健やかな身体を養うこと。

二　個人の価値を尊重して、その能力を伸ばし、創造性を培い、自主及び自律の精神を養うとともに、職業及び生活との関連を重視し、勤労を重んずる態度を養うこと。

三　正義と責任、男女の平等、自他の敬愛と協力を重んずるとともに、公共の精神に基づき、主体的に社会の形成に参画し、その発展に寄与する態度を養うこと。

四　生命を尊び、自然を大切にし、環境の保全に寄与する態度を養うこと。

五　伝統と文化を尊重し、それらをはぐくんできた我が国と郷土を愛するとともに、他国を尊重し、国際社会の平和と発展に寄与する態度を養うこと。

　本条は第1条の教育の目的を実現するために、今日的に重要と考えられる内容が第一号から第五号まで教育の目標として規定されている。

　「学問の自由」を尊重しつつ、と規定した趣旨は、人が本来もっている真理探究の欲求を自由に行使できるということが教育全般に関する重要な理念であるためと考えられる。

　第一号の「幅広い知識と教養を身に付け、真理を求める態度を養い」、「豊かな情操と道徳心を培う」、「健やかな身体を養う」は、順に知・徳・体に関わる内容である。これは、学習指導要領に「生きる力」の３つの要素として示されている「確かな学力」、「豊かな心」、「健やかな体」につながっていくものでもある。

　「幅広い知識と教養」の知識とは、ある事項について知っていること。また、その内容である。教養とは単なる博識とは異なり、知識を得た結果によって培われた創造的な理解力や正しい判断力などのことである。

　変化の激しい現代社会にあって、幅広い知識や教養は複眼的・多元的な思考方法や創造的な活動の源である。これらは今まで出会ったことのない新しい状況に的確に対応していくために必要なものである。

　「豊かな情操と道徳心」の情操とは、美しいものや優れたものなどに接して感動する心である。また、道徳心とは、社会における善悪の判断基準として一般に承認されている規範を守り、これに従おうとする心をいう。

　「健やかな身体」の健やかとは、病気をせず丈夫である様子を通常はいう。しかし、病気があったり、丈夫でなかったりしてもそれを克服しようと努力することも健やかな身体に含めたい。

　第二号の「自主及び自律の精神」とは、「自主」が外部との関係において他から支配を受けずに自分の力で行動することに対して、「自律」とは他からの制御によってではなく、自己の内面において自分で立てた規範に従って行動することである。

　「職業及び生活との関連を重視し、勤労を重んずる態度」が設けられたのは、フリーターやニートが社会問題化している状況に鑑み、子どもたちに望ましい職業観、勤労観や職業に関する知識や技術を身に付けさせることが重要であるという考えからである。そこで、自ら進んで働く精神に満ちた人間の育成を目指してこの規定が設けられた。

　第三号の「公共の精神」とは、社会全体のために尽くす精神、そして、国や社会の問題を自分自身の問題として考え、そのために積極的に行動する精神で

ある。

第四号の「生命を尊び、自然を大切にし、環境の保全に寄与する」とは、人間だけでなく、様々な生命あるものを守り、慈しみ、自然と親しんで豊かな関わりをもつということである。このことは、第一号に規定する、豊かな情操を培うことにもつながるものと考えられる。

第五号の「我が国と郷土を愛する」には、「伝統と文化を尊重し、それらをはぐくんできた」という我が国と郷土にかかる表現がある。すなわち、伝統と文化をはぐくんできた我が国と郷土を愛するということであり、ただ単に、国を愛せよ、郷土を愛せよということではない。なお、「我が国と郷土を愛する態度」についての評価が問題となる。すなわち、児童や生徒の内心を調べ、我が国や郷土にたいしてどのような心情を有しているかを評価するものではない。祖先から受け継いできた我が国や郷土の伝統や文化等に関する学習内容に対しての関心、意欲、態度を総合的に評価することになる。

なお、政府は各号について以下のように整理できるとしている。（平成18年5月11日衆議院教育基本法に関する特別委員会　小坂文部科学大臣答弁）

一号　教育全体を通じて基礎をなすもの
二号　主として個々人自身に係るもの
三号　主として社会との関わりに係るもの
四号　主として自然と環境との関わりに係るもの
五号　主として日本人としての資質及び国際社会との関わりに係るもの

(3) 生涯学習の理念（第3条）

国民一人一人が、自己の人格を磨き、豊かな人生を送ることができるよう、その生涯にわたって、あらゆる機会に、あらゆる場所において学習することができ、その成果を適切に生かすことのできる社会の実現が図られなければならない。

　科学技術が著しく進歩するとともに社会構造が大きく変化している現代社会で、国民一人一人が豊かな人生を送るには、誰もが生涯を通じ自分の個性や能力を見出し、自らの生き方や在り方について考え、未来に希望がもてるようにあらゆる機会に、あらゆる場所において学ぶことができ、その成果を適切に生かすことのできる学習社会の実現が求められている。本条は、このような生涯学習の理念を規定するものである。学ぶ場を保障したり成果を生かしたりするために、国や地方公共団体には生涯学習の理念に則った施策を実施することが求められる。

(4)　教育の機会均等（第4条）

　　　すべて国民は、ひとしく、その能力に応じた教育を受ける機会を与えられなければならず、人種、信条、性別、社会的身分、経済的地位又は門地によって、教育上差別されない。
　2　国及び地方公共団体は、障害のある者が、その障害の状態に応じ、十分な教育を受けられるよう、教育上必要な支援を講じなければならない。
　3　国及び地方公共団体は、能力があるにもかかわらず、経済的理由によって修学が困難な者に対して、奨学の措置を講じなければならない。

　本条は憲法第14条第1項の「法の下の平等」と憲法第26条第1項の「教育を受ける権利」を受けて、教育の機会均等の確保と教育上の差別の禁止について規定している。また、障害のある者に対して、十分な教育が受けられるよう国及び地方公共団体は教育上特別な支援を講ずるように求めている。
　第1項の「ひとしく」とは、人種、信条、性別、社会的身分、経済的地位や門地などによって差別することなく教育の機会を提供することをいう。人種以下門地までは例示であり、他にも合理的な理由のない差別は認められない。このことは前述した憲法第14条と同じである。
　「能力」は、「有能である」という意味ではなく、当該教育を受けるに必要な

精神的、身体的能力をいう。経済的地位は収入や財産の多少による地位をいい、教育を受ける者だけではなくその保護者をも含む。

　第2項は、これまでの障害のある者への取り組みを踏まえて、教育の機会を等しく提供するのみならず、障害のある児童生徒一人一人の多様なニーズに応じた教育上の支援を行わなければならないことを国や地方公共団体に積極的に求めたものである。ここでいう障害のある者は、学校教育法上の特別支援学校や特別支援学級の対象となる者のみならず、ADHD児やLD児など、教育上特別な支援を必要とする者を含む。

　第3項は、上記の「能力」があっても、経済的理由によって修学が困難な者にひろく奨学の措置を講ずることを求めている。

第二章　教育の実施に関する基本

(1)　義務教育（第5条）

　　国民は、その保護する子に、別に法律で定めるところにより、普通教育を受けさせる義務を負う。

2　義務教育として行われる普通教育は、各個人の有する能力を伸ばしつつ社会において自立的に生きる基礎を培い、また、国家及び社会の形成者として必要とされる基本的な資質を養うことを目的として行われるものとする。

3　国及び地方公共団体は、義務教育の機会を保障し、その水準を確保するため、適切な役割分担及び相互の協力の下、その実施に責任を負う。

4　国又は地方公共団体の設置する学校における義務教育については、授業料を徴収しない。

旧教育基本法には義務教育の年限は9年と規定されていた。しかし、現行法においては、義務教育の期間については学校教育法に規定されている。高等学校の義務化や就学年齢の引き下げなどによる義務教育の延長も学校教育法の改

正で可能となった。

　「普通教育」とは、すべての国民にとって共通に必要とされる一般的、基礎的な知識、技能に関する教育である。第２項で義務教育としての普通教育となっているのは、普通教育は義務教育段階だけに限定されるものではなく、高等学校の目的に専門教育とともに高度な普通教育があるからである。

　第３項は、義務教育が国家としての存立に関わる重要な役割をもつものであることから、義務教育の機会を保障し、その水準を確保するために国と地方公共団体が、適切な役割分担及び相互の協力によって、実施する責任を有することを定めたものである。

　第４項は、義務教育の無償の範囲を規定している内容である。憲法第26条第２項後段には「義務教育は、これを無償とする。」とある。「無償」の内容については前述したが、判例・通説ともに授業料の不徴収を意味するとしている。これを踏まえ国・公立の義務教育諸学校では授業料を徴収しないと規定している。私立学校の授業料については無償の対象ではない。憲法上保障されている義務教育の無償（授業料）を放棄しても、保護者が子を特定の私立学校に入学させようとの意思によるものであるから、その私立学校で授業料を徴収することは許されると解されている。

　なお、義務教育の段階において国・公・私立学校を通じて教科書代が無償であるのは、「義務教育諸学校の教科用図書の無償に関する法律」が政策上立法化されたことによるものである。

(2)　学校教育（第６条）

　　法律に定める学校は、公の性質を有するものであって、国、地方公共団体及び法律に定める法人のみが、これを設置することができる。
　2　前項の学校においては、教育の目標が達成されるよう、教育を受ける者の心身の発達に応じて、体系的な教育が組織的に行われなければならない。この場合において、教育を受ける者が、学校生活を営む上で必要

な規律を重んずるとともに、自ら進んで学習に取り組む意欲を高めることを重視して行われなければならない。

「法律に定める学校」とは学校教育法第1条に規定されている幼稚園、小学校、中学校、義務教育学校、高等学校、中等教育学校、特別支援学校、大学及び高等専門学校のことである。

「公の性質」とは、学校における教育が公のものであり、一部の者の利益のために営まれるのではなく、国民全体のために行われるものであるという公共的性格をもつことを意味する。

学校教育法第1条が規定する学校は国、地方公共団体及び法律に定める法人のみが設置することができる。「法律に定める法人」とは、学校教育法、私立学校法に定める学校法人のことである。なお、構造改革特別区域法により、構造改革特区において地域産業との連携を図り、人材育成その他の需要に応ずるために株式会社が設置する学校や不登校の生徒児童等を対象として特定非営利活動法人の設置する学校も一定の要件を満たすことで「法律の定める法人」に含まれる（構造改革特別区域法第12条、第13条）。

ここでいう学校では教育を受ける者の心身の発達段階に応じて行われること、そして、教育基本法、学校教育法及び学習指導要領などを始めとする法令の基準に則って作成した教育課程に基づいて体系的な教育を組織的に教職員が協力し合って行われることが求められる。また、社会が大きく変化している今日、自ら進んで学び続けることの大切さを体得させるために教師には教育を受ける者の学習意欲を引き出し、高めるような教育活動が求められる。

第2項の後段は、教育を受ける者が学校という集団生活で必要な規律を重んじたり、学習意欲を高めたりできるような教育を教師が留意して行うべきだとする内容である。この規定は、社会が大きく変化し知識基盤社会の時代といわれる今日、個々人が自ら進んで学ぼうとする意欲をもつことが重要であり、学習に自ら進んで意欲的に取り組もうとする真摯な態度を養うことは、学校教育の重要な役割の一つであることから規定されたものである。

(3)　大　学（第7条）

> 　　大学は、学術の中心として、高い教養と専門的能力を培うとともに、深く真理を探究して新たな知見を創造し、これらの成果を広く社会に提供することにより、社会の発展に寄与するものとする。
>
> 2　大学については、自主性、自律性その他の大学における教育及び研究の特性が尊重されなければならない。

　学術とは、一般に学問と芸術のことをいうが、ここでは原理と応用、技術を含めた専門的な研究として行われる学問のことである。「知の世紀」といわれる今日、学校教育の到達点としての大学の役割は社会において益々重要となっていることから、現行法で新設された規定である。公の性質をもつ大学は、教育や研究面で社会の発展への貢献が特に求められている。

　憲法第23条の学問の自由は、広く国民に保障されるものである。しかし、本条第2項において、大学の自主性、自律性が規定されているのは、大学が学術の中心として深く真理を探究することを本質として新たな知見を創造するために外部からの干渉を受けることなく、教育や研究が進められるように特に保障するためである。

(4)　私立学校（第8条）

> 　　私立学校の有する公の性質及び学校教育において果たす重要な役割にかんがみ、国及び地方公共団体は、その自主性を尊重しつつ、助成その他の適当な方法によって私立学校教育の振興に努めなければならない。

　私立学校とは、原則として私立学校法に基づいて設立された学校法人である。例外として、学校教育法附則第6条に基づく幼稚園を設置する学校法人以外の者や、前述の構造改革特別区域法により学校の設置を認められる学校設置会社

ないし学校設置非営利法人も含まれる。

　私立学校は、私人である学校法人等によって設置される学校であるが、そこにおいて行われる教育も国公立学校と同様に公共的な事業であり「公の性質」を有する。私立学校は独自の建学の精神や教育方針に基づいて特色ある教育研究活動を進めている。一方、高校生の約3割が私立高等学校、大学生の約8割が私立大学に通うなど、私立学校が公教育の担い手として学校教育に果たしている役割も大きい。そこで、国や地方公共団体に対して私立学校の自主性を尊重しつつ、助成その他の方法によって私立学校教育の振興に努めるように求めている。

⑸　教　員（第9条）

　　法律に定める学校の教員は、自己の崇高な使命を深く自覚し、絶えず
　　研究と修養に励み、その職責の遂行に努めなければならない。
　2　前項の教員については、その使命と職責の重要性にかんがみ、その身
　　分は尊重され、待遇の適正が期せられるとともに、養成と研修の充実が
　　図られなければならない。

　教員には、教育を受ける者の人格の完成を目指してその成長を促すという崇高な使命がある。教育は、単なる知識や技能の伝達だけではなく、教員と幼児・児童・生徒・学生との人格的な触れ合いを通じて、彼等の中に潜在する能力を引き出し発展させ、その人生に大きな影響を与えるものである。教育に携わる教員の使命を果たすには自分自身の成長は欠かせない。「学び続ける者こそ教師たり得る」という言葉がある。自らが学び続けることで職責を果たすことが求められている。

　あるべき教師像として「新しい時代の義務教育を創造する（平成17年10月26日　中央教育審議会答申）」では、①教職に対する強い情熱、②教育の専門家としての確かな力量、③総合的な人間力の3つの要素が重要であるとしている。

　自己の使命すなわち教員の使命とは、教育の目的や目標を目指した学校教育の円滑かつ適切な実現のために果たすべき教員としての責務をいう。

　教員となるには一定の資格が必要である。これは教員が学校制度上に占める地位を保障するものであり、身分の尊重に関する具体的な制度と言える。様々な課題を抱える児童生徒の指導、「モンスター・ペアレント」に象徴される保護者への対応、多くの教育行政上の問題解決など、今日の学校が抱える課題は多種多様である。そのような課題に対応するには、子どもや保護者・地域から尊敬と信頼される質の優れた教員を確保することが益々必要となっている。そのためにも適正に処遇されることが大切である。義務教育諸学校の教員に優れた人材を確保し、教育水準の維持向上に資するために、「学校教育の水準の維持向上のための義務教育諸学校の教育職員の人材確保に関する特別措置法」が定められている。

　しかし、この特別措置法が制定された昭和49年以降の10数年間に比較し、現在はその第3条に規定してある給与水準の優遇措置は徐々に目減りしており、今日の職責の重さや厳しさをかんがみたとき、優遇措置は十分とは言えず、必ずしも優れた人材の確保に資するに価する特別措置とはなっていない。

(6)　家庭教育（第10条）

　　父母その他の保護者は、子の教育について第一義的責任を有するものであって、生活のために必要な習慣を身に付けさせるとともに、自立心を育成し、心身の調和のとれた発達を図るよう努めるものとする。

2　国及び地方公共団体は、家庭教育の自主性を尊重しつつ、保護者に対する学習の機会及び情報の提供その他の家庭教育を支援するために必要な施策を講ずるよう努めなければならない。

　通常は父母も保護者の中に含まれるので、父母その他の保護者ではなく保護者と表記すれば済むことであるが、保護者の最たる者は父母であるから、他の

法律の用例にならい「父母その他の保護者」となっている。

　第1項は、基本的な生活習慣や倫理観などを確立させたり身に付けさせたりする役目は、まず第一にその保護者であることを明確にした規定である。ところが、今日の保護者の中には、食事の仕方や社会的なマナーなどのような内容まで学校教育に求めることがある。家庭教育は、本来は保護者の自主的な判断と責任に基づいて行われるものである。

　第2項では、家庭教育における国や地方公共団体の役割として保護者の自主性を尊重して支援することが求められている。家庭教育の中身についてまで国や地方公共団体が立ち入るべきではないため、自主性を尊重して、となっている。

　家庭教育は、全ての教育の出発点である。その教育を充実させるためには、保護者が責任をもって子の教育に当たっていくことが肝要である。それとともに、国や地方公共団体は、保護者に対する子育てに関する講座の開設などの学習の機会や家庭教育手帳の作成・配布などの情報の提供など、家庭教育に対する支援を講ずるように努めなければならないとなっている。

(7)　幼児期の教育（第11条）

　幼児期の教育は、生涯にわたる人格形成の基礎を培う重要なものであることにかんがみ、国及び地方公共団体は、幼児の健やかな成長に資する良好な環境の整備その他適当な方法によって、その振興に努めなければならない。

　幼児とは通常、小学校就学前の者を意味する。幼児教育とは、幼児に対する教育を意味し、幼児が生活するすべての場において行われる教育を総称したものである。従って、家庭、幼稚園、保育所などでの教育のほか、地域社会での教育などを含む。

　幼児期における教育は、子どもの基本的な生活習慣を育て、道徳性の芽生えを培い、学習意欲や態度の基礎となる好奇心や探究心を養い、創造性を豊かに

するなど、生涯にわたる人間形成の基礎を培う上で重要な役割を担っている。「三つ子の魂百まで」のたとえにあるように、幼児期の教育は人間としての生き方を大きく左右する重要なものであるとの認識から、その振興について国や地方公共団体に努力義務を規定している。

(8)　社会教育（第12条）

　　個人の要望や社会の要請にこたえ、社会において行われる教育は、国及び地方公共団体によって奨励されなければならない。

　2　国及び地方公共団体は、図書館、博物館、公民館その他の社会教育施設の設置、学校の施設の利用、学習の機会及び情報の提供その他の適当な方法によって社会教育の振興に努めなければならない。

　社会教育とは、教育のうち、学校または家庭において行われる教育を除き、広く社会において行われる教育をいう。近年、科学技術の進歩や産業・就業構造の変化そして高齢社会の中で、人々の学習需要が高まっている。そのような社会背景を受けて、第1項では、国や地方公共団体によって社会教育が広く奨励されるべきであると規定している。第2項では、社会教育の役割の重要さを受けて、社会教育施設の設置、学校施設の利用（社会教育法第44条）その他の方法によって社会教育の振興を国や地方公共団体が努めることを規定している。

　その他の社会教育施設には、青年の家、少年自然の家、文化施設、スポーツ施設などがある。

(9)　学校、家庭及び地域住民等の相互の連携協力（第13条）

　　学校、家庭及び地域住民その他の関係者は、教育におけるそれぞれの役割と責任を自覚するとともに、相互の連携及び協力に努めるものとする。

　子どもの健全育成や教育の目的を実現するためには、子どもが育つ場としての家庭、学校、地域社会のそれぞれが果たす役割は大きい。学校・家庭・地域社会の三者がそれぞれ子どもの教育に責任をもつとともに、相互に連携協力することでより一層の効果を上げられることから設けられた規定である。

　本条の規定を具体化するために、学校には学校支援地域本部が設けられるようになっている。これは、学校・家庭・地域の三者が一体となって地域ぐるみで子供を育てる体制を整えることを目的としている。そして、学校教育の充実、生涯学習社会の実現、地域の教育力の向上をねらいとしている。

　地域住民その他の関係者とは、当該地域に居住している人々のほか、関係行政機関（児童相談所、警察署、消防署、保健所等）、当該地域にある企業、ＮＰＯなど、当該地域を構成する全ての関係者をいう。

　なお、学校は教育活動の状況について情報提供を積極的にすることで、保護者や地域住民との連携及び協力を進めることを求められており、そのことは学校教育法第43条に規定されている。

⑽　政治教育（第14条）

　　良識ある公民として必要な政治的教養は、教育上尊重されなければならない。
　2　法律に定める学校は、特定の政党を支持し、又はこれに反対するための政治教育その他政治的活動をしてはならない。

　民主主義社会においては、国民は、国家や社会の形成者として諸課題の解決に積極的にかかわっていくことが必要である。従って、政治に関する様々な知識やこれに対する批判力などの政治的教養を身に付けることは大切であり、それが教育上尊重されるべきであることを第1項には規定している。

　「良識ある公民」とは、政治的観点から、公の立場に参画するために十分な知識を持って、健全な批判力を備えた国民の意味と考えられる。また、「政治

的教養」とは、民主政治、地方自治など現代民主主義の各種の制度、法令についての知識だけにとどまるものではなく、現実の政治についての理解力や公正な批判力などをいう。

第2項の法律の定める学校とは、学校教育法第1条にいう学校のことであり、これらの学校は、国・公・私立学校を問わず公の性質を有し、政治的中立性を守らなければならないことを規定する。「政治的活動」とは、活動の目的が政治的意義をもち、その効果が特定の政党との関わりの有無に関係なく、政治に対する援助、助勢、促進または威圧、干渉等になるような行為をいう。

⑾ 宗教教育（第15条）

> 宗教に関する寛容の態度、宗教に関する一般的な教養及び宗教の社会
> 生活における地位は、教育上尊重されなければならない。
> 2 　国及び地方公共団体が設置する学校は、特定の宗教のための宗教教育
> その他宗教的活動をしてはならない。

憲法が保障する信教の自由は教育の場においても尊重されなければならない。そのためには教育を受ける者の宗教そのものを信じる、信じない、また、ある一定の宗教を信じる、信じないことに関して干渉しないばかりでなく、場合によってはお互いの立場を尊重する寛容さをもって教育上の尊重が求められている。

宗教に関する一般的な教養の例としては、主要宗教の歴史や特色、世界における宗教の分布などがある。また、宗教の社会生活における地位とは、宗教が歴史上社会生活において果たしてきた役割、宗教が現在の社会生活に占めている使命や役割などをいう。これらの内容について、一宗一派に偏ることなく理解させることは教育上尊重されなければならない。

憲法は信教の自由とともに政教分離を規定しており、そのことを学校教育で具体化したのが本条第2項であり、国公立学校においては特定の宗教のための宗教教育や宗教的活動を禁じている。特定の宗教のための宗教教育にはすべて

の宗教及び各宗派等の布教、教化、宣伝等のための教育があり、宗教的活動には宗教上の祝典、儀式などが考えられる。

　すべての宗教の布教、教化、宣伝などは宗教そのものを信じない者の信教の自由を侵す可能性がある。ただし、宗教上の祝典や儀式などの全てが必ずしも、その目的や効果から信教の自由を侵すとまでは言いきれない場合がある（津地鎮祭事件：最大判　昭和52年7月13日）。

　私立学校においては特定の宗教のための宗教教育や宗教的活動は禁止されていない。私立学校では、教育課程を編成する際、宗教を加えることができ、その場合は特別の教科である道徳を宗教に代えることができる（学校教育法施行規則第50条第2項）。

　本章の冒頭で述べた公立小学校においてクリスマス会を行うことは、憲法第20条第3項や教育基本法第15条第2項に抵触しないのかであるが、見解が分かれる。日本でのクリスマス会は習俗的な行為、もしくは宗教に関する一般的な教養の範囲内であるとし、宗教教育や宗教的活動にはあたらないとする考えがある。一方、クリスマス会はキリストの生誕を祝うキリスト教の宗教行事であり、宗教的活動に当たるとする考えである。

　今までの日本の公立学校では、教育活動上、宗教に関して問題となることは少なかった（たとえば、宗教的理由による日曜授業参観日欠席：東京地裁　昭和61年3月20日、宗教上の理由に基づく「剣道」の不受講：最判二小　平成8年3月8日）それは、多くの日本人の宗教観とも関係している。すなわち正月には神社に初詣に行き、葬式はお坊さんにお経を上げて貰い、結婚式は教会で挙げるような人も珍しくないのである。すなわち、神仏などへの信心はあるが、特定の宗教に対して強いこだわりがないのが多くの日本人の宗教観であろう。このようなことから、公立の幼稚園や保育所、小学校などでクリスマス会を行ってもさほど問題とはなっていない。

　しかし、今日の公立学校には、多数の外国籍の児童生徒が就学している。その児童生徒やその保護者が信じている宗教は多様である。中にはその宗教に対し強い思いをもっている児童生徒や保護者も珍しくない。そのような状況下で

キリストの生誕を祝うクリスマス会だけを行うことに批判が出てくるおそれは
ある。では、様々な宗祖の生誕を祝う会を行えばそれで済むのかというと、そ
ういうものではない。現実問題としてそれは不可能であろう。また、宗教を信
じたくない者にとって、いかなる宗祖の誕生をも祝うことは潔しとしないので
ある。このようなことから、公立学校でクリスマス会を行うことは慎重になら
ざるを得ない。「お楽しみ会」として、サンタの絵を飾る程度は信教の自由に
抵触するとは言えないのではないだろうか。また、信教の自由を余りにも厳密
にすると、神社への奉納のための和太鼓を公立学校で指導することもできなく
なる。その点では、前述の津市地鎮祭での最高裁判所の基準は参考になる。

　宗教上の理由から特定の食べ物を口にすることができない児童生徒の給食を
どのようにするかは、今日的な問題として幾つかの学校で話題となっている。
宗教上の理由による除去食と食物アレルギーによる除去食とを同列に考えるこ
とができるかである。

第三章　教育行政
(1) 教育行政（第16条）

　　教育は、不当な支配に服することなく、この法律及び他の法律の定め
るところにより行われるべきものであり、教育行政は、国と地方公共団
体との適切な役割分担及び相互の協力の下、公正かつ適正に行われなけ
ればならない。
2　国は、全国的な教育の機会均等と教育水準の維持向上を図るため、教
育に関する施策を総合的に策定し、実施しなければならない。
3　地方公共団体は、その地域における教育の振興を図るため、その実情
に応じた教育に関する施策を策定し、実施しなければならない。
4　国及び地方公共団体は、教育が円滑かつ継続的に実施されるよう、必
要な財政上の措置を講じなければならない。

　本条は、教育行政のあり方や役割を示すものである。第1項の不当な支配に服することなくとは、国民全体の意思を代表するとはいえない者（政党、財界、組合等）によって不当に支配されることがあってはならない趣旨である。文部科学省や教育委員会などが、法律の趣旨にのっとり、その定めるところにより適正に行う教育行政機関等の行為は不当な支配とはならない（旭川テスト事件最大判　昭和51年5月21日）。

　第2項は、国民の誰もが全国どこでも一定水準の教育を受けられる機会を保障するために国が取り組まなければならないことを規定したものである。具体的には、全国的な教育制度の構築（学校教育法の制定等）、全国的な基準の設定や策定など（学校の設置基準・学級編制と教職員定数の標準・教育職員免許の基準などの設定、学習指導要領の策定）、教育条件の整備（教職員給与・学校施設費の国庫負担、教科書の無償給与等）などがある。

　第3項では、前項において国の役割が規定されたことを踏まえ、教育行政における地方公共団体の役割と責務を規定している。地方公共団体は、国が設ける基本的制度の枠組みの中で、地域の実情に応じた教育に関する施策を策定し実施する役割がある。具体的には、市町村は小・中学校や社会教育施設である図書館・博物館・公民館等の設置・管理である。都道府県は、都道府県立高等学校や特別支援学校の設置・管理、市町村立小・中学校等の教職員の任命や給与費の負担などである。

　第4項は、教育が円滑かつ継続的に実施されるには財政的な裏付けが必要である。国や地方公共団体に教育全般についての財政的な措置を講じるように求めている規定である。

(2)　教育振興基本計画（第17条）

　政府は、教育の振興に関する施策の総合的かつ計画的な推進を図るため、教育の振興に関する施策についての基本的な方針及び講ずべき施策その他必要な事項について、基本的な計画を定め、これを国会に報告す

　るとともに、公表しなければならない。

　2　地方公共団体は、前項の計画を参酌し、その地域の実情に応じ、当該地方公共団体における教育の振興のための施策に関する基本的な計画を定めるよう努めなければならない。

　教育振興基本計画とは、教育施策を実効あるものとするために、政府全体として、今後一定期間内（おおむね5年間程度）に取り組むべき教育の振興に関する施策の基本的な方針のことである。

　一方、地方公共団体においても、国の教育振興基本計画を参考にして、当該地方公共団体の実情に応じた独自の教育の振興に関する基本的な計画を定めるよう努力義務を規定している。

第四章　法令の制定

(1)　法令の制定（第18条）

　この法律に規定する諸条項を実施するため、必要な法令が制定されなければならない。

　教育基本法は教育の目的及び理念、教育の実施に関する基本、教育行政の三つについて基本方針を定めたものである。従って、本法に定められた内容を具現化するためには、別途適当な法令が制定される必要がある。

学校教育

> 　A小学校の若手教諭Xは、夏季休業中、仲間同士の研修会で、「算数が得意になる本」を使った授業体験の話を聞いた。とても素晴らしい授業に思えたので、担任をしている3年2組で「算数が得意になる本」を教科書の代わりに使って、授業をすることにした。そこで、Xは二学期早々に、定価3000円の本を2700円にまけて貰って2組の子どもたち全員に買わせ授業をした。一学期の時より子どもたちが算数をわかったような気がして、Xは研修会に参加して良かったと思った。

　X教諭が行ったことは、教科書と補助教材にかかわって法律上の重大な問題がある。指導力の向上を目指して意欲満々のX教諭であるが、法律を知らないためにとんでもない過ちを犯してしまったようである。「第4章　学校教育」を学ぶことでその解答を導きだそう。

1　学校

(1)　学校の定義（学校教育法第1条）

　この法律で、学校とは、幼稚園、小学校、中学校、義務教育学校、高等学校、中等教育学校、特別支援学校、大学及び高等専門学校とする。

　この学校教育法第1条に定める9種類の学校が、教育基本法第6条第1項の「法律に定める学校」のことである。本条に規定された9種類の学校を「1条校」、「1条学校」、「正規の学校」などと呼ぶこともある。なお、短期大学は、学校の種類としては大学として取り扱われる（学教法第108条）。

　学校教育制度の多様化及び弾力化を推進するため、小学校から中学校までの

義務教育を一貫して実施することを目的とする義務教育学校の制度を創設するため学校教育法の一部が改正され、平成28年4月1日から施行された。したがって、第1条に義務教育学校が位置付けられ、関連法規の改正がなされた。

　学校は教育施設であり、学校教育が行われる施設である。社会教育施設には公民館、図書館、博物館など様々な種類のものがあるが、学校教育施設は、学校という唯一の施設があるだけである。

　学校には、人的要素と物的要素が備わっていなければならない。人的要素は、学校教育に携わる校長、教員その他の職員などである。物的要素は、学校教育の目的を達成するために必要な、校地・校舎・校具などの設備である。なお、教育を受ける学生・生徒・児童・幼児などは、法的には、学校の構成要素としてではなく、学校の利用者と考える。また、学校は国家基準に準拠して編成された教育課程に基づき、継続的に教育を行う組織体である。

(2)「1条校」以外の学校

①　専修学校

　第1条に掲げるもの以外の教育施設で、職業若しくは実際生活に必要な能力を育成し、又は教養の向上を図ることを目的として組織的な教育を行う学校である。修業年限が1年以上であること、授業時数が文部科学大臣の定める授業時数以上あること、教育を受ける者が常時40人以上であることなどが条件となっている（学教法第124条）。

　専修学校は2つに区分される。中学校卒業者等を対象とする高等課程を置く場合は高等専修学校、高等学校卒業者等を対象とする専門課程を置く場合は専門学校と称することができる（学教法第125条・第126条）。

②　各種学校

　第1条に掲げるもの以外のもので、学校教育に類する教育を行うもの（当該教育を行うにつき他の法律に特別の規定があるもの及び第124条に規定する専修学校の教育を行うものを除く。）は、各種学校とする。（学教法第134

条第1項)。

　「他の法律に規定があるもの」としては、保育所や児童自立支援施設、防衛大学校などがある。保育所や児童自立支援施設は児童福祉法により、防衛大学校は防衛省設置法と自衛隊法によりそれぞれ設置されている。このように学校教育法以外の法律によって設置されている施設は専修学校でも各種学校でもない。

　専修学校、各種学校その他学校教育法第1条に掲げる以外の教育施設は、大学や高等学校などの学校の名称や大学院の名称を用いてはならない（学教法第135条第1項)。このことから、学校教育法以外の法律によって設置されている教育施設である防衛大学校は防衛大学とは名乗っていないのである。学教法第135条に違反した者は、10万円以下の罰金に処せられる（学教法第146条)。しかし、教育施設でない麻雀荘が「駅前大学」などと名乗ることは許されている。

(3) 学校設置基準（学校教育法第3条)

　学校を設置しようとする者は、学校の種類に応じ、文部科学大臣の定める設備、編制その他に関する設置基準に従い、これを設置しなければならない。

　学校の教育目的を実現し、一定の教育水準を保障するためには学校の種類に応じ、その施設、設備、編制等に関して学校設置者に対して一定の基準を設ける必要がある。そのために文部科学大臣によって、小学校設置基準や中学校設置基準などの学校設置基準が定められている。本条は、学校設置者は設置基準に従うべきことを定めた規定である。なお、「設備」とは、校地・校舎等の施設と校具・教具を併せたものをいう。「編制」とは、学級数、児童・生徒数、学校に配置すべき教職員の組織をいう。

(4) 学校の施設設備と教育環境（学校教育法施行規則第1条）

学校には、その学校の目的を実現するために必要な校地、校舎、校具、運動場、図書館又は図書室、保健室その他の設備を設けなければならない。

2 学校の位置は、教育上適切な環境に、これを定めなければならない。

学校教育法第3条で述べた学校設置基準の内容をなすとみられる規定は、小学校設置基準や中学校設置基準等のほか、本施行規則や学校教育法の他の条文にも散見できる。第2項の学校の位置、環境の基準に関して風紀あるいは公害防止の観点から学校の環境を守るための法的な規制が行われている。

2 学校の設置と管理

国、地方公共団体及び法律に定める法人のみが、法律に定める学校を設置できることは教育基本法第6条で述べた。これを受けて学校教育法第2条第1項に同様の趣旨を規定している。

(1) 学校の設置者（学校教育法第2条）

学校は、国（中略）、地方公共団体(中略)及び私立学校法第3条に規定する学校法人（以下学校法人と称する。）のみが、これを設置することができる。

2 この法律で、国立学校とは、国の設置する学校を、公立学校とは、地方公共団体の設置する学校を、私立学校とは、学校法人の設置する学校をいう。

平成15年に構造改革特別区域法が改正されるまでは、学校を設置できるのは*原則として国、地方公共団体、学校法人のみであったが、地域の産業との連携

を図り人材育成その他の需要に応ずるため、株式会社の設置する学校によることが効果的であると認められる場合（構造改革特別区域法第12条）、又は不登校児童生徒等を対象として特別の需要に応じた教育をＮＰＯ法人の設置する学校が行うことにより、特別区域における学校教育の機能が補完されると認められる場合（同法第13条）には、一定の措置を講じた上で学校を設置することが認められるようになった。すなわち株式会社やＮＰＯ法人でも学校を設置することが可能となった。

　＊**原則として**：学校教育法の附則第６条に「私立の幼稚園は、第２条第１項の規定にかかわらず、当分の間、学校法人によつて設置されることを要しない。」とある。従って、学校法人以外の財団法人、宗教法人又は私人も設置者になることができる。

(2)　設置義務

　学校設置の義務は義務教育制度が前提となっている。したがって、設置義務は義務教育諸学校に関してである。公立の小・中学校の設置義務は市町村にある。「市町村は、その区域内にある学齢児童を就学させるに必要な小学校を設置しなければならない。ただし、教育上有益かつ適切であると認めるときは、義務教育学校の設置をもつてこれに代えることができる。」と学校教育法第38条で規定し、中学校については同法第49条で準用している。

　また、学校教育法第80条には、「都道府県は、その区域内にある学齢児童及び学齢生徒のうち、視覚障害者、聴覚障害者、知的障害者、肢体不自由者又は病弱者で、その障害が第75条の政令で定める程度のものを就学させるに必要な特別支援学校を設置しなければならない。」とあり、特別支援学校の小・中学部は都道府県に設置義務がある。特別支援学校を市町村に設置義務を課したのでは、対象となる学齢児童・学齢生徒の数を確保することが困難な場合があり、一定の集団での教育を実施することが難しく、かつ、財政上の理由から教育水準の維持が困難な地域が生じるおそれがあるために、都道府県に設置義務を課したものと考えられる。

⑶　学校の管理及び経費の負担（学校教育法第５条）

学校の設置者は、その設置する学校を管理し、法令に特別の定のある場合を除いては、その学校の経費を負担する。

学校の管理は、以下の人的管理、物的管理、運営管理の３つに大別される。

① 人的管理（人的構成要素である教職員に関すること）

主に教職員の任免、服務、懲戒処分、分限処分に関することである。

教職員の人事管理の公平性や適正な配置と円滑な交流を図る趣旨から、市町村立の小・中学校、義務教育学校、中等教育学校（後期課程に定時制課程のみを置くものを除く）等の教職員の任命権は、その学校の設置者である市町村の教育委員会ではなく、都道府県の教育委員会によって行使される。設置者管理主義の例外である（地教行法第37条・第61条）。

② 物的管理（学校の物的構成要素である施設、設備等に関すること）

学校の施設・設備の営繕や保全を内容とする管理である。

③ 運営管理（学校の教育活動を効果的に実現するための①及び②以外に関すること）

教育活動そのものに関わる内容であり、教育課程、生徒指導、教科用図書や補助教材の扱いなどである。

設置者管理主義

学校を管理するのは、学校の設置者であり、国、地方公共団体又は学校法人の権限ある機関が学校を管理する。

国立学校の管理機関は、国立大学法人が設置する学校については国立大学法人の学長(国立大学法人法第11条第１項)、国立高等専門学校は独立行政法人国立高等専門学校機構の理事長（独立行政法人国立高等専門学校機構法第６条第１項、独立行政法人通則法第19条第１項）である。公立学校の管理機関は、公立大学の場合は地方公共団体の長（地方自治法第148条・地教行法第32条）又は公立大学法人の理事長（地方独立行政法人法第13条第１項）であり、その他

の公立学校の場合は教育委員会（地教行法第21条・第32条）である。私立学校
の管理機関は、学校法人の理事である（私立学校法第37条第2項）。

設置者負担主義

　本条は学校の人的、物的及び運営管理に要する経費その他全ての経費につき、
学校の設置者が負担するとの原則を定めている。しかし、法令に特別の定めが
ある場合には設置者負担主義の特例として当該法令に定めるものが学校の経費
を負担することとしている。その特例として、「市町村立学校職員給与負担法」
がある。

3　学校の規模と編制

⑴　小学校・中学校の規模

　小学校・中学校ともに学校の規模は12学級以上18学級以下を標準としている
（学校教育法施行規則第41条・第79条）。また、分校については、原則として小
学校が5学級以下、中学校が2学級以下である（同法施行規則第42条・第79条）。

　学校運営上の目安としての標準学級数であるが、現実は標準学級数を下回る
学校がほとんどである。多様な教育活動や集団教育の効果、教職員の研修の充
実などを考えると一定の学校規模があることが望ましい。

⑵　学級編制

　学級は原則として同学年の児童又は生徒で編制されるが、特別の事情がある
ときは、学年の異なる児童又は生徒で編制することができる（小学校設置基準
第5条、中学校設置基準第5条）。前者は「単式学級」、後者は「複式学級」と
いわれる。

　ただし、「複式学級」の場合は原則として小学校が16人以下、中学校が8人
以下の人数で学級を編制するが、小学校の第1学年の児童を含む学級では8人
以下である（公立義務教育諸学校の学級編成及び教職員定数の標準に関する法
律第3条第2項）。

1)　幼稚園

　幼稚園の１学級の幼児数は、35人以下を原則としている。学級は、学年始めの前日において同じ年齢にある幼児で編成することを原則とする（幼稚園設置基準第３条、同基準第４条）。

2)　小学校・中学校・義務教育学校

　小・中学校及び義務教育学校の同学年の児童又は生徒で編制する１学級の児童又は生徒数は、40人以下である（小学校設置基準第４条、中学校設置基準第４条など）。

3)　高等学校

　高等学校は、同時に授業を受ける１学級の生徒数を40人以下とする。ただし、特別の事情があり、かつ、教育上支障がない場合は、この限りではない（高等学校設置基準第７条）。

4)　特別支援学級

　特別支援学級は小学校、中学校、義務教育学校、中等教育学校の前期課程とも15人以下を標準としている（学教規第136条）。

5)　特別支援学校

　幼稚部の１学級の幼児数は８人以下である（学教規第120条１項）。

　小学部、中学部の１学級の児童又は生徒の数は法令に特別の定めがある場合を除き、視覚障害者又は聴覚障害者への教育を行う学級の場合は10人以下、知的障害者、肢体不自由者又は虚弱者への教育を行う場合は15人以下、高等部は障害の種別に関係なく15人以下を１学級の標準としている（学教規第120条第２項）。

6)　公立学校における例外規定

　公立の義務教育諸学校の児童又は生徒数の標準については、「公立義務教育諸学校の学級編制及び教職員定数の標準に関する法律」（第３条第２項）により同学年で編制する学級の標準数は小学校は35人（但し、令和３年度は第２学年まで、令和４年度は第３学年までと、順次35人となっていく）、中学校の学級の標準数を40人としている。２の学年の児童で編制する学級（複式学級）の

標準数を小学校は16人、中学校は8人としている。ただし、小学校の第1学年の児童を含む学級にあっては、8人を標準数としている。

そのただし書きでは、都道府県の教育委員会は、当該都道府県における児童又は生徒の実態を考慮して特に必要があると認める場合については標準数を下回る数を、1学級の児童又は生徒の数の基準として定めることができると規定している。

この規定により、自治体によっては小学1年以外の他の学年でも40人以下の学級編制を実施しているところがある。

特別支援学級については公立の小・中学校ともに8人を標準数としている。

また、特別支援学校の「法令に特別の定めがある場合」として、公立義務教育諸学校の学級編制及び教職員定数の標準に関する法律第3条第3項に、公立の特別支援学校の小学部又は中学部では、1学級6人（文部科学大臣が定める障害を2以上併せ有する児童又は生徒で学級を編制する場合は3人）を標準として、都道府県教育委員会が定めることになっている。ただし、都道府県の教育委員会は障害の重度化や重複化という児童又は生徒の実態を考慮して、特に必要があると認める場合には1学級の児童又は生徒の数を標準以下に定めることができる。

公立高等学校については、全日制・定時制課程の1学級の生徒数は40人が標準である。しかし、やむを得ない事情がある場合及び高等学校を設置する都道府県又は市町村の教育委員会が生徒の実態を考慮して特に必要があると認める場合はこの限りではない（公立高等学校の適正配置及び教職員定数の標準等に関する法律第6条）。

※小学校（義務教育学校の前期課程を含む）
　中学校（義務教育学校の後期課程及び中等教育学校の前期課程を含む）

4　学校の運営

(1)　職員会議（学校教育法施行規則第48条）

　　小学校には、設置者の定めるところにより、校長の職務の円滑な執行
　に資するため、職員会議を置くことができる。
　2　職員会議は、校長が主宰する。

　平成12年4月に学校教育法施行規則が一部改正され、職員会議について規定
された。それまでは法令上明確な規定が無く、職員会議の法的性格や機能が明
文化されていなかった。職員会議の法的性格については校長の補助機関である
と裁判によって判断されていたが（たとえば、名古屋地裁　平成4年3月30日）、
一部の学説や学校の中には法的性格を決定機関として、時には校長の学校経営
を阻害するような職員会議がみられた。

　中央教育審議会答申「今後の地方教育行政の在り方について」（平成10年9月）
において、学校運営組織の見直しについても答申がなされた。この答申を契機
に、校長のリーダーシップに基づいた学校経営を進めるために、学校教育法施
行規則が改正され、職員会議の法的性格は、校長の補助機関として位置づけら
れた。これをもとに各教育委員会では学校管理運営規則を改正し、職員会議の
機能についても明文化した。

　＊管理運営規則　東京都立学校の管理運営に関する規則　第12条の7（職員
　会議）

　　校長は、校務運営上必要と認めるときは、校長がつかさどる校務を補助
　させるため、職員会議を置くことができる。
　2　職員会議は、次の各号に掲げる事項のうち、校長が必要と認めるものを
　取り扱う。
　一　校長が学校の管理運営に関する方針を周知すること。
　二　校長が校務に関する決定等を行うにあたって、所属職員等の意見を聞

くこと。

　三　校長が所属職員等相互の連絡を図ること。

3　職員会議は、校長が招集し、その運営を管理する。

4　前3項に掲げるもののほか、職員会議の組織及び運営について必要な事
項は、校長が定める。

　なお、多くの学校では職員会議を置いているが、規定上は必ずしも置かなけ
ればならないものではない。置くことができるとは、状況によっては置かない
ことも可能であり、置かなくても違法ではないという意味である。管理運営規
則の中には、職員会議を置くものとして必ず置かなければならないとしている
ものがある。職員会議は必置の機関ではなく、任意の機関とする方が校長に裁
量権を広く認め、法の趣旨に沿うものである。

　この規定は、幼稚園、中学校、義務教育学校、高等学校、中等教育学校及び
特別支援学校に準用される。

(2)　学校評議員（学校教育法施行規則第49条）

　　小学校には、設置者の定めるところにより、学校評議員を置くことがで
きる。

2　学校評議員は、校長の求めに応じ、学校運営に関し意見を述べること
ができる。

3　学校評議員は、当該小学校の職員以外の者で教育に関する理解及び識
見を有するもののうちから、校長の推薦により、当該小学校の設置者が
委嘱する。

　学校評議員制度は職員会議の規定と同様、平成12年4月の学校教育法施行規
則の一部改正で導入された。この制度が創設された趣旨は、学校が保護者や地
域住民の意向を把握し、反映するとともに、その協力を得て学校運営が行われ

るような仕組みを設けることの必要からである。

　この制度は学校運営に関する校長の権限と責任を前提として、校長が学校運営に関して学校外の保護者や地域住民等の意見を幅広く聴取するものである。学校の意思決定者である校長が多様な意見を聞く機会を設けることによって健全な学校経営に役立たせようとするものである。

　学校評議員は、校長の推薦により、設置者が委嘱する。その学校のＰＴＡ会長、同窓会長、学区域の町会長、民生児童委員、学識経験者などが学校評議員となっているケースが多い。学校評議員は、評議員会となっていないので合議制を前提としている機関ではなく、校長が個々の評議員に意見を求める職員である。しかし、学校評議員が一堂に会して意見交換を行い、意見を述べる機会を設けることは、差し支えないし、実態はそのような場合が多い。

　この規定は、幼稚園、中学校、義務教育学校、高等学校、中等教育学校及び特別支援学校に準用される。

(3)　学校運営協議会(地方教育行政の組織及び運営に関する法律第47条の５第１項・第２項)

　　教育委員会は、教育委員会規則で定めるところにより、その所管に属する学校ごとに、当該学校の運営及び当該運営への必要な支援に関して協議する機関として、学校運営協議会を置くように努めなければならない。ただし、二以上の学校の運営に関し相互に密接な連携を図る必要がある場合として文部科学省令で定める場合には、二以上の学校について一の学校運営協議会を置くことができる。

　２　学校運営協議会の委員は、次に掲げる者について、教育委員会が任命する。

　一　対象学校(当該学校運営協議会が、その運営及び当該運営への必要な支援に関して協議する学校をいう。以下この条において同じ。)の所在する地域の住民

　二　対象学校に在籍する生徒、児童又は幼児の保護者

　三　社会教育法第９条の７第１項に規定する地域学校協働活動推進員その他の対象学校の運営に資する活動を行う者

　四　その他当該教育委員会が必要と認める者

　学校運営協議会は、公立学校の運営について地域住民や保護者等の意向等が多様化、高度化している状況に的確に対応し、公立学校教育に対する国民の信頼に応えていくための仕組みとして、平成16年９月に地方教育行政の組織及び運営に関する法律が一部改正されて導入されたものである。

　地域住民や保護者等が一定の権限をもって学校運営に参画する合議制の機関であることが、学校評議員制度と異なる。

　学校運営協議会が多くの学校で設けられるとともに運営が円滑に進められるようにということで本条の規定は、平成29年に改正された。

　対象学校の校長は、学校運営協議会の委員の任命に関する意見を教育委員会に申し出ることができる（第３項）。

　対象学校の校長は、学校の運営に関して、教育課程の編成その他教育委員会規則で定める事項について基本的な方針を作成し、学校運営協議会の承認を得なければならない（第４項）。

　学校運営協議会は、第４項に規定する基本的な方針に基づく対象学校の運営及び当該運営への必要な支援に関し、対象学校の所在する地域の住民、対象学校に在籍する生徒、児童又は幼児の保護者その他の関係者の理解を深めるとともに、対象学校とこれらの者との連携及び協力の推進に資するため、対象学校の運営及び当該運営への必要な支援に関する協議の結果に関する情報を積極的に提供するよう努めるものとする（第５項）。

　学校運営協議会は、対象学校の運営に関する事項（第７項に規定する事項を除く。）について、教育委員会又は校長に対して、意見を述べることができる（第６項）。

　学校運営協議会は、対象学校の職員の採用その他の任用に関して教育委員会

で定める事項について、当該職員の任命権者に対して意見を述べることができる。この場合において、当該職員が県費負担教職員であるときは、市町村教育委員会を経由するものとする（第7項）。本項によって対象学校は、求める教職員の異動に関して便宜を図ってもらえるようになった。

　対象学校の職員の任命権者は、当該職員の任用に当たっては、第7項の規定により述べられた意見を尊重するものとする（第8項）。

　教育委員会は、学校運営協議会の運営が適正を欠くことにより、対象学校の運営に現に支障が生じ、又は生ずるおそれがあると認められる場合においては、当該学校運営協議会の適正な運営を確保するために必要な措置を講じなければならない（第9項）。適正な運営を確保するために必要な措置とは、学校運営協議会に対する指導・助言や委員の交代などである。

(4)　学校評価（学校教育法第42条）

　　小学校は、文部科学大臣の定めるところにより当該小学校の教育活動その他の学校運営の状況について評価を行い、その結果に基づき学校運営の改善を図るため必要な措置を講ずることにより、その教育水準の向上に努めなければならない。

　多くの学校では次年度の教育課程を編成するために、毎年、1月頃から、その年度の教育活動の成果や改善点を職員会議で討議していた。その話し合いを参考として校長は次年度の教育課程を編成していた。その一連の流れを学校では学校評価や年度末反省などと称していた。それは当該学校の教職員による自己評価のみに終わることが多く、保護者や地域住民に知られることもほとんどなかった。学校の中には*学校評価を実施しないところもあった。

　＊学校評価：その年度の成果や改善点についての評価を意味するが、学校では次年度の計画、すなわち教育課程の編成をも含めて学校評価という。それは学校評価が次年度の教育課程の編成を前提としているからである。

平成19年6月に学校教育法が改正され、各学校が学校評価を行い、その結果に基づき学校運営の改善を図り教育水準の向上に努めなければならないと規定された。

(5) 情報提供義務（学校教育法第43条）

小学校は、当該小学校に関する保護者及び地域住民その他の関係者の理解を深めるとともに、これらの者との連携及び協力の推進に資するため、当該小学校の教育活動その他の学校運営の状況に関する情報を積極的に提供するものとする。

学校は、保護者や地域住民との連携協力の下、教育活動を推進するためにはこれらの人々に学校運営の状況に関する情報提供を積極的に提供するものと規定された。

学校評価や情報提供義務に関する規定は、幼稚園、中学校、義務教育学校、高等学校、中等教育学校、特別支援学校、専修学校、各種学校にも準用される。

学校教育法第42条の文中にある「文部科学大臣の定めるところにより」の内容は学校教育法施行規則に以下のように記されている。

1) 自己評価の結果の公表（学校教育法施行規則第66条）

小学校は、当該小学校の教育活動その他の学校運営の状況について、自ら評価を行い、その結果を公表するものとする。
2　前項の評価を行うに当たつては、小学校は、その実情に応じ、適切な項目を設定して行うものとする。

結果の公表は、それぞれの学校のホームページや学校だより、保護者会やＰ

ＰＡ総会などで行われている。評価項目については、それぞれの学校の教育課
程の実施状況が中心となっている。市町村によっては、その教育委員会が一定
の評価項目を指定する場合がある。

2)　関係者評価の結果の公表（学校教育法施行規則第67条）

> 　小学校は、前条第１項の規定による評価の結果を踏まえた当該小学校の
> 児童の保護者その他の当該小学校の関係者（当該小学校の職員を除く。）
> による評価を行い、その結果を公表するよう努めるものとする。

　保護者以外の学校関係者とは、学校評議員や学校運営協議会のメンバーが評
価者となっている場合が多い。学校では、運動会や学芸会や学校公開日などの
学校行事の際に学校関係者に意見や感想を求めることがある。これも学校関係
者による学校評価の一種と考えることができる。多くの学校では、評価結果の
公表のみでなく、学校関係者から出された意見や感想等をも参考にして、次年
度の教育計画すなわち教育課程の編成をしている。各学校で編成した教育課程
は、年度始めの保護者会や学校だより等で公表している場合が多くなっている。

3)　評価結果の設置者への報告（学校教育法施行規則第68条）

> 　小学校は、第66条第１項の規定による評価の結果及び前条の規定により
> 評価を行つた場合はその結果を、当該小学校の設置者に報告するものとする。

　教育委員会では、管轄地域のそれぞれの学校から報告された学校評価によっ
て、その学校の運営状況や課題等を把握するための資料としている。
　学校評価に関する学校教育法施行規則第66条から第68条は、幼稚園、中学校、
義務教育学校、高等学校、中等教育学校、特別支援学校、専修学校、各種学校
にも準用される。

5 学校教育の目的とそれを実現するための目標

　教育基本法第6条2項に、「学校教育法第1条に定める学校においては、教育の目標が達成されるよう、教育を受けるものの心身の発達に応じて、体系的な教育が組織的に行われなければならない。」とある。このことは、幼稚園から大学までの学校教育は、教育を受ける者のそれぞれの心身の発達段階に応じて体系的に行われるものであることを意味する。その考えは、各学校の目的に表れている。

(1) 幼稚園の目的（学校教育法第22条）

　　幼稚園は、義務教育及びその後の教育の基礎を培うものとして、幼児を保育し、幼児の健やかな成長のために適当な環境を与えて、その心身の発達を助長することを目的とする。

　幼児期における教育は、生涯にわたる人格形成の基礎を培う重要なものである。幼児期は、乳児期に次いで心身が著しく発達し、環境から強い影響を受ける時期であるとの特性を踏まえ、幼稚園教育は環境を通して行うものであることを基本としている。適当な環境には物的環境と人的環境が考えられる。物的環境には園地、園舎、遊具、幼稚園の周囲の環境等がある。また、幼稚園での人的環境には教員をはじめとする幼稚園に関わりをもっている地域住民等である。幼児の健やかな成長のための環境であることから、環境は教育目的に適ったものであることが重要である。幼稚園での教育は、保護・育成の視点からの教育が行われていることや小学校以上の教育で行われているような教科を中心に教育内容を体系的に修得させるのとは異なり、幼児の活動に重きを置いて指導がなされるなど、幼児教育特有の方法や内容から「保育」という言葉が用いられている。

　幼稚園の在り方について2つの面から検討がなされている。1つ目は、小学

校との連携・接続である。これは、教育再生実行会議において議論が進められている就学年齢の引き下げと大いに関連するものである。また、2つ目は、保育所との在り方である。このことについては、長年にわたって審議され多くの提言や答申が示されたり、試行事業などが行われたりした。それらの内容や成果を踏まえ、就学前の子どもに関する教育、保育等を総合的に推進するために平成18年6月に「就学前の子どもに関する教育、保育等の総合的な提供の推進に関する法律」が成立した。この法律は、平成18年10月から施行され、「認定こども園制度」が創設され、幼稚園、保育所等のうち一定の機能を備えるものは、都道府県から「認定こども園」としての認定を受けることが出来るとされた。

(1-2)　幼稚園教育の目標（学校教育法第23条）

　幼稚園における教育は、前条に規定する目的を実現するため、次に掲げる目標を達成するよう行われるものとする。

一　健康、安全で幸福な生活のために必要な基本的な習慣を養い、身体諸機能の調和的発達を図ること。

二　集団生活を通じて、喜んでこれに参加する態度を養うとともに家族や身近な人への信頼感を深め、自主、自律及び協同の精神並びに規範意識の芽生えを養うこと。

三　身近な社会生活、生命及び自然に対する興味を養い、それらに対する正しい理解と態度及び思考力の芽生えを養うこと。

四　日常の会話や、絵本、童話等に親しむことを通じて、言葉の使い方を正しく導くとともに、相手の話を理解しようとする態度を養うこと。

五　音楽、身体による表現、造形等に親しむことを通じて、豊かな感性と表現力の芽生えを養うこと。

　第一号から第五号までの内容が、幼稚園教育要領の心身の健康と安全に関する領域「健康」、集団生活の中での人とのかかわりに関する領域「人間関係」、

身近な社会生活及び自然に対する認識に関する領域「環境」、言葉の獲得に関する領域「言葉」、豊かな感性と自分なりに表現することに関する領域「表現」の5つの領域とそれぞれ対応している。

(2) 義務教育の目標（学校教育法第21条）

義務教育として行われる普通教育は、教育基本法（平成18年法律第120号）第5条第2項に規定する目的を実現するため、次に掲げる目標を達成するよう行われるものとする。

一　学校内外における社会的活動を促進し、自主、自律及び協同の精神、規範意識、公正な判断力並びに公共の精神に基づき主体的に社会の形成に参画し、その発展に寄与する態度を養うこと。

二　学校内外における自然体験活動を促進し、生命及び自然を尊重する精神並びに環境の保全に寄与する態度を養うこと。

三　我が国と郷土の現状と歴史について、正しい理解に導き、伝統と文化を尊重し、それらをはぐくんできた我が国と郷土を愛する態度を養うとともに、進んで外国の文化の理解を通じて、他国を尊重し、国際社会の平和と発展に寄与する態度を養うこと。

四　家族と家庭の役割、生活に必要な衣、食、住、情報、産業その他の事項について基礎的な理解と技能を養うこと。

五　読書に親しませ、生活に必要な国語を正しく理解し、使用する基礎的な能力を養うこと。

六　生活に必要な数量的な関係を正しく理解し、処理する基礎的な能力を養うこと。

七　生活にかかわる自然現象について、観察及び実験を通じて、科学的に理解し、処理する基礎的な能力を養うこと。

八　健康、安全で幸福な生活のために必要な習慣を養うとともに、運動を通じて体力を養い、心身の調和的発達を図ること。

九　生活を明るく豊かにする音楽、美術、文芸その他の芸術について基礎
　　的な理解と技能を養うこと。

十　職業についての基礎的な知識と技能、勤労を重んずる態度及び個性に
　　応じて将来の進路を選択する能力を養うこと。

　義務教育として行われる普通教育とは、すべての人間にとって共通に必要と
される一般的、基礎的な教育のことを指すと考えられている。その具体的な内
容は、本条の目標や学校教育法施行規則第50条及び第72条に規定する小・中学
校の各教科等並びに小学校学習指導要領及び中学校学習指導要領に規定されて
いる各教科等の目標・内容等である。

　中央教育審議会答申「新しい時代の義務教育を創造する」（平成17年10月26日）
において、国は「義務教育９年間を見通した目標の明確化を図り、明らかにす
る必要がある」と提言した。また、教育基本法は平成18年12月22日の改正の際
に第５条第２項において義務教育として行われる普通教育の目的を規定した。
これらを踏まえ、平成19年の学校教育法改正では、義務教育全体としての教育
の目標を本条に定めた（旧学校教育法では、小学校、中学校の教育の目標はそ
れぞれ第18条、第36条と、別々に規定されていた）。近年、様々な学校教育上
の課題を改善するためや義務教育の充実のために９年間を見通した教育が進め
られている。教育課程編成や教育活動や教職員の人事などの関わりの濃淡によ
って、小中一貫教育や小中連携教育などと呼称されている。教育再生実行会議
の第五次提言（平成26年７月３日）では、９年間の義務教育課程を一貫して実
施できる小中一貫教育学校(仮称）の制度化が述べられている。そして、制度
化されたものが平成28年４月からスタートした。それが義務教育学校である。
いずれにしても、充実した義務教育を進めるには９年間を見通した教育目標の
設定とその達成に向けた小・中学校の協同の取り組みはこれからの教育には欠
かせないと考える。

(3) 小学校教育の目的（学校教育法第29条）

　小学校は、心身の発達に応じて、義務教育として行われる普通教育のうち基礎的なものを施すことを目的とする。

　教育基本法第5条第2項に「義務教育として行われる普通教育」が規定されたことを受けて、小学校教育の段階では、義務教育として行われる普通教育のうち「基礎的なもの」を施すことを目的としていることを明記した。

　心身の発達に応じてとは、児童・生徒のそれぞれの学校や学年段階での心身の発達の状況に応じてということであり、レディネスを十分考慮して教育が行われるべきであるということである。心身の発達に応じて教育は施されるべきことは、どの学校段階でも言えることであるので、中学校、高等学校、中等教育学校の目的にも記されている。

(3-2) 小学校教育の目標（学校教育法第30条）

　小学校における教育は、前条に規定する目的を実現するために必要な程度において第21条各号に掲げる目標を達成するよう行われるものとする。

2　前項の場合においては、生涯にわたり学習する基盤が培われるよう、基礎的な知識及び技能を習得させるとともに、これらを活用して課題を解決するために必要な思考力、判断力、表現力その他の能力をはぐくみ、主体的に学習に取り組む態度を養うことに、特に意を用いなければならない。

　本条第2項は、小学校において、今日の知識基盤社会の中で、生涯にわたって学び続けるためには、基礎的な知識及び技能を徹底して身に付けさせ、それを活用しながら主体的に学び考える力を育成することを基本方針としている。この主体的な学習態度の育成の基本方針は、中学校、義務教育学校、高等学校及び中等教育学校においても準用されている（学教法第49条・49条の8・第62

条・第70条)。

(4)　中学校教育の目的（学校教育法第45条）

　中学校は、小学校における教育の基礎の上に、心身の発達に応じて、義務教育として行われる普通教育を施すことを目的とする。

　中学校教育は、義務教育の完成段階であるので小学校での教育の基礎の上に普通教育を施すことを目的とすると記されている。「教育の基礎の上に」とは、学校教育がそれぞれの学校段階の積み重ねによって完成に近づいていくものであることを述べている。

(4-2)　中学校教育の目標（学校教育法第46条）

　中学校における教育は、前条に規定する目的を実現するため、第21条各号に掲げる目標を達成するよう行われるものとする。

　本条は、中学校教育の目的を実現するために、中学校教育において達成すべき目標を規定したものである。

(5)　義務教育学校の目的（学校教育法第49条の2）

　義務教育学校は、心身の発達に応じて、義務教育として行われる普通教育を基礎的なものから一貫して施すことを目的とする。

　義務教育学校は、小学校に当たる部分を前期課程、中学校にあたる部分を後期課程という。

(5-2) 義務教育学校の教育の目標（学校教育法第49条の３）

　義務教育学校における教育は、前条に規定する目的を実現するため、第21条各号に掲げる目標を達成するよう行われるものとする。

(5-3) 義務教育学校の修業年限（学校教育法第49条の４）

　義務教育学校の修業年限は、９年とする。

(5-4) 義務教育学校の課程（学校教育法第49条の５）

　義務教育学校の課程は、これを前期６年の前期課程及び後期３年の後期課程に区分する。

(5-5) 義務教育学校の各課程の目標（学校教育法第49条の６）

　義務教育学校の前期課程における教育は、第49条の２に規定する目的のうち、心身の発達に応じて、義務教育として行われる普通教育のうち基礎的なものを施すことを実現するために必要な程度において第21条各号に掲げる目標を達成するよう行われるものとする。

２　義務教育学校の後期課程における教育は、第49条の２に規定する目的のうち、前期課程における教育の基礎の上に、心身の発達に応じて、義務教育として行われる普通教育を施すことを実現するため、第21条各号に掲げる目標を達成するよう行われるものとする。

⑹　高等学校教育の目的（学校教育法第50条）

　高等学校は、中学校における教育の基礎の上に、心身の発達及び進路に
応じて、高度な普通教育及び専門教育を施すことを目的とする。

　高等学校教育は中学校教育の基礎の上に成り立ち、生徒の心身の発達のみで
はなくその進路に応じて高度な普通教育及び専門教育が行われる。現行法にお
いて、心身の発達に応じて「進路」が加えられた。その理由は、高等学校進学
率が新制高校発足時の50％未満から97％を超え、高等学校の生徒の興味・関心、
能力・適性は多様化し、進路についても多岐にわたるようになったからである。
　高等学校においては、高度な普通教育に加え専門教育が行われる。高度な普
通教育の具体的な内容は、主として高等学校学習指導要領の各学科に共通する
各教科、特別活動及び総合的な学習の時間の趣旨や内容である。また、専門教
育とは、専門的な知識・技能を習得させる教育をいう。高等学校での専門教育
は通常は、専門教育を主とする学科において行われている。高等学校設置基準
第6条第2項には、農業に関する学科や工業に関する学科など15の学科が示さ
れている。

⑹-2　高等学校教育の目標（学校教育法第51条）

　高等学校における教育は、前条に規定する目的を実現するため、次に掲
げる目標を達成するよう行われるものとする。
　一　義務教育として行われる普通教育の成果を更に発展拡充させて、豊か
　　な人間性、創造性及び健やかな身体を養い、国家及び社会の形成者とし
　　て必要な資質を養うこと。
　二　社会において果たさなければならない使命の自覚に基づき、個性に応
　　じて将来の進路を決定させ、一般的な教養を高め、専門的な知識、技術
　　及び技能を習得させること。

三　個性の確立に努めるとともに、社会について、広く深い理解と健全な
批判力を養い、社会の発展に寄与する態度を養うこと。

第一号は、高等学校教育は義務教育の内容を更に発展拡充させた教育を行う
ものであることを定めている。高等学校教育においては、教育基本法の前文や
第２条規定を受けて、その目指すべき人間像をより明確にした。

第二号は、生徒一人一人の個性に応じて進路を決定させ、高等学校の専門教
育も技能だけでなく、知識や技術も含めた教育内容であることを規定している。

第三号は、義務教育の目標の学校教育法第21条第一号を更に発展させ、個性
の確立と社会について、広く深い理解と健全な批判力を育成することを明記し
た。

(7)　中等教育学校教育の目的（学校教育法第63条）

中等教育学校は、小学校における教育の基礎の上に、心身の発達及び進
路に応じて、義務教育として行われる普通教育並びに高度な普通教育及び
専門教育を一貫して施すことを目的とする。

中等教育学校は、中学校と高等学校の教育を一貫して行うための学校である
から、中学校での「義務教育として行われる普通教育」と高等学校での「高度
な普通教育及び専門教育」を一貫して行うことが目的となっている。

(7-2)　中等教育学校教育の目標（学校教育法第64条）

中等教育学校における教育は、前条に規定する目的を実現するため、次
に掲げる目標を達成するよう行われるものとする。

一　豊かな人間性、創造性及び健やかな身体を養い、国家及び社会の形成
者として必要な資質を養うこと。

二　社会において果たさなければならない使命の自覚に基づき、個性に応じて将来の進路を決定させ、一般的な教養を高め、専門的な知識、技術及び技能を習得させること。

三　個性の確立に努めるとともに、社会について、広く深い理解と健全な批判力を養い、社会の発展に寄与する態度を養うこと。

学校教育法第51条の高等学校教育の目標、第一号から「義務教育として行われる普通教育の成果を更に発展拡充させて」を除けば本条の文言となる。これは、中等教育学校が「義務教育として行われる普通教育」に引き続き「高度な普通教育及び専門教育」を一貫して実施することを目的としているからである。

(8)　特別支援学校の目的（学教法第72条）

特別支援学校は、視覚障害者、聴覚障害者、知的障害者、肢体不自由者又は病弱者（身体虚弱者を含む。以下同じ。）に対して、幼稚園、小学校、中学校又は高等学校に準ずる教育を施すとともに、障害による学習上又は生活上の困難を克服し自立を図るために必要な知識技能を授けることを目的とする。

特別支援学校は、視覚障害者、聴覚障害者、知的障害者、肢体不自由者又は病弱者（身体虚弱者を含む。）である幼児・児童・生徒に対する教育の場である。障害の程度によって、特別支援学級や通常の学級に在籍し通級による指導を受けるなど適切な教育を行うこととなっている。

特別支援学校の目的は、対象となる幼児・児童・生徒のそれぞれの学校段階に応じて「幼稚園、小学校、中学校又は高等学校に準ずる教育を施す」とともに「障害による学習上または生活上の困難を克服し自立を図るために必要な知識技能を授ける」ことである。

「準ずる教育」を施すとは、特別支援学校での教育が幼稚園、小学校、中学校、

高等学校等の教育とは異なる教育ということではなく、小・中学校等の目的や目標に準じた教育を行うということである。また、特別支援学校での教育の目的を達成すべき目標については、学校教育法上は特に規定がない。それは、特別支援学校においても小・中・高等学校等に準ずる教育を行うということで、同じ目標、内容となるからである。このことは、特別支援学校における教育と小・中学校等での教育は原則として同じ目的・目標で教育が行われるということである。しかし、障害の重度化や多様化もあり、小・中学校等での教育と全く同じ教育を行うことが適当でない場合があり、障害の状態に応じた教育上の配慮は必要なので準ずる教育としている。

　「障害による学習上または生活上の困難を克服し自立を図るために必要な知識技能を授ける」ために、特別支援学校においては、各教科、道徳、総合的な学習の時間、特別活動のほかに、「自立活動」という領域を加えて教育課程を編成している。

6　教育課程

(1)　教育課程

　学校において編成する教育課程とは、学校教育の目的や目標を達成するために、教育内容を児童・生徒の心身の発達に応じ、授業時数との関連において総合的に組織した学校の教育計画である。

　なお、小・中・高等学校等の学習指導要領のそれぞれの第1章総則、教育課程編成の一般方針には「各学校においては、教育基本法及び学校教育法その他の法令並びにこの章以下に示すところに従い、児童（生徒）の人間として調和のとれた育成を目指し、地域や学校の実態（課程や学科の特色）及び児童（生徒）の心身の発達の段階や特性を十分考慮して、適切な教育課程を編成するものとし、これらに掲げる目標を達成するよう教育を行うものとする。」とある。

⑵　教育課程の編成権者

　教育課程の編成に当たっては多くの学校では、校長の経営方針を受けて教務主任（教務主幹）が原案を作成する場合が多い。学校が教育活動を進めるための教育計画である教育課程の編成は重要な校務である。校長は、学校教育法第37条第4項により校務をつかさどる者として、教育課程編成の責任者である。各学校の教育課程の決定権者は校長である。教育課程を決定するまでの過程において、多くは職員会議において検討がなされる。教育課程の実施には職員間の意思の疎通が欠かせないからである。

　なお、地方教育行政の組織及び運営に関する法律の第21条第五号に教育委員会は学校の教育課程に関する事務を管理し、執行するとある。同法第33条第1項には、教育委員会は、法令又は条例に違反しない限度において、その所管に属する学校の教育課程について必要な教育委員会規則定めるものとするとある。また、同法第48条第1項には、文部科学大臣は都道府県または市町村に対し、都道府県教育委員会は市町村に対し、都道府県または市町村の教育に関する事務の適正な処理を図るため、必要な指導、助言または援助を行うことができるとあり、その第2項第二号に教育課程が例示されている。行政実例に、教育委員会の権限として管下の学校の校長に対し、教育課程の変更を命ずることができるとしたものがある（文部省初等中等局長回答　鹿児島県教育委員会教育長あて「全国中学校一斉学力調査について」昭和36年7月6日）。

⑶　小学校の教育課程（学校教育法第33条）

　小学校の教育課程に関する事項は、第29条及び第30条の規定に従い、文部科学大臣が定める。

　ここでいう「文部科学大臣が定める」とは、学校教育法施行規則のことであり、小学校の教育課程については、その第4章第2節の第50条以下の諸条文に定めてある。

(3-2) 小学校の教育課程の編成（学校教育法施行規則第50条）

　　　小学校の教育課程は、国語、社会、算数、理科、生活、音楽、図画工作、家庭、体育及び外国語の各教科（以下この節において「各教科」という。）、特別の教科である道徳、外国語活動、総合的な学習の時間並びに特別活動によつて編成するものとする。

2　私立の小学校の教育課程を編成する場合は、前項の規定にかかわらず、宗教を加えることができる。この場合においては、宗教をもつて前項の特別の教科である道徳に代えることができる。

　平成20年3月28日に学校教育法施行規則の一部改正と学習指導要領の改訂がなされた。現在の小学校学習指導要領は平成29年3月に告示された。

　そこでは、外国語活動は5、6年生が対象であったが、それを3、4年生とし、5、6年生は教科としての外国語に変更し、道徳は「特別の教科である道徳」になった。なお、外国語科においては、英語を履修させることが原則となっている。

　第2項では私立の小学校では宗教を加えることができ、またこの場合には、宗教をもって道徳に代えることができるとされている。憲法第20条第3項及び教育基本法第15条第2項により、国・公立学校においては特定の宗教のための宗教教育や宗教的活動を禁止しているが、私立学校においてはこのような制約はなく、宗教教育の自由が認められている。また、宗教教育はそれを通して道徳性を培っているとすることもできる場合があり、小学校学習指導要領で示す道徳のねらいや目標を取り入れた宗教教育については、道徳に代えることができると考えられている。

　この第2項は中学校や義務教育学校、特別支援学校の小・中学部などにも準用される。

　学年別の年間授業時数は学校教育法施行規則第51条により学校教育法施行規則別表第一に示されている。

別表第一（第51条関係）

区　　分		第一学年	第二学年	第三学年	第四学年	第五学年	第六学年
各教科の授業時数	国　　語	306	315	245	245	175	175
	社　　会			70	90	100	105
	算　　数	136	175	175	175	175	175
	理　　科			90	105	105	105
	生　　活	102	105				
	音　　楽	68	70	60	60	50	50
	図画工作	68	70	60	60	50	50
	家　　庭					60	55
	体　　育	102	105	105	105	90	90
	外 国 語					70	70
特別の教科である道徳の授業時数		34	35	35	35	35	35
外国語活動の授業時数				35	35		
総合的な学習の時間の授業時数				70	70	70	70
特別活動の授業時数		34	35	35	35	35	35
総授業時数		850	910	980	1015	1015	1015

備考

一　この表の授業時数の一単位時間は、45分とする。

二　特別活動の授業時数は、小学校学習指導要領で定める学級活動（学校給食に係るものを除く。）に充てるものとする。

三　第50条第2項の場合において、道徳のほかに宗教を加えるときは、宗教の授業時数をもつてこの表の道徳の授業時数の一部に代えることができる。（別表第二及び別表第四の場合においても同様とする。）

⑷　中学校の教育課程（学校教育法第48条）

　　中学校の教育課程に関する事項は、第45条及び第46条の規定並びに次
条において読み替えて準用する第30条第2項の規定に従い、文部科学大
臣が定める。

⑷-2　中学校の教育課程の編成（学校教育法施行規則第72条）

　　中学校の教育課程は、国語、社会、数学、理科、音楽、美術、保健体育、
技術・家庭及び外国語の各教科（以下本章及び第七章中「各教科」という。）、
特別の教科である道徳、総合的な学習の時間並びに特別活動によつて編成
するものとする。

　現在の中学校学習指導要領は平成29年3月に告示され、学年別の年間授業時
数は、学校教育法施行規則第73条により学校教育法施行規則別表第二に示され
ている。
　中学校においても小学校と同様、外国語科においては、英語を履修させるこ
とが原則である。

⑸　義務教育学校の教育課程（学校教育法第49条の7）

　　義務教育学校の前期課程及び後期課程の教育課程に関する事項は、第49
条の2、第49条の3及び前条の規定並びに次条において読み替えて準用す
る第30条第2項の規定に従い、文部科学大臣が定める。

別表第二 （第73条関係）

区　　分		第一学年	第二学年	第三学年
各教科の授業時数	国　　　語	140	140	140
	社　　　会	105	105	140
	数　　　学	140	105	140
	理　　　科	105	140	140
	音　　　楽	45	35	35
	美　　　術	45	35	35
	保 健 体 育	105	105	105
	技術・家庭	70	70	35
	外　国　語	140	140	140
特別の教科である道徳の授業時数		35	35	35
総合的な学習の時間の授業時数		50	70	70
特別活動の授業時数		35	35	35
総授業時数		1015	1015	1015

備考　一　この表の授業時数の一単位時間は、50分とする。
　　　二　特別活動の授業時数は、中学校学習指導要領で定める学級活動（学校給食に係る
　　　　　ものを除く。）に充てるものとする。

(6) 高等学校の学科・教育課程 （学校教育法第52条）

　　高等学校の学科及び教育課程に関する事項は、前2条の規定及び第62条において読み替えて準用する第30条第2項の規定に従い、文部科学大臣が定める。

(6-2) 高等学校の教育課程の編成 （学校教育法施行規則第83条）

　　高等学校の教育課程は、別表第三に定める各教科に属する科目、総合的な学習の時間及び特別活動によつて編成するものとする。

　高等学校の教育課程の各教科に属する科目としては、国語を例にとると、国語総合、国語表現、現代文A、現代文B、古典A、古典Bがあり、他の教科にも国語と同じように、それぞれの教科に属する科目がある。各学科に共通する各教科として、国語、地理歴史、公民、数学、理科、保健体育、芸術、外国語、家庭、情報などがある。また、主として専門学科において開設される各教科として、農業、工業、商業、水産、家庭、看護、情報、福祉、理数、体育、音楽、美術、英語などがある。その他特に必要な教科に属する科目からなる。

7　教育要領と学習指導要領

(1)　幼稚園の教育課程の基準（学校教育法施行規則第38条）

　　幼稚園の教育課程その他の保育内容については、この章に定めるもののほか、教育課程その他の保育内容の基準として文部科学大臣が別に公示する幼稚園教育要領によるものとする。

　幼稚園教育要領の章の構成は、第1章総則（幼稚園教育の基本、教育課程の編成、教育課程に係る教育時間の終了後等に行う教育活動など）、第2章ねらい及び内容（健康、人間関係、環境、言葉、表現）、第3章指導計画及び教育課程に係る教育時間の終了後等に行う教育活動などの留意事項（指導計画の作成に当たっての留意事項、教育課程に係る教育時間の終了後等に行う教育活動などの留意事項）である。

　教育要領には、1日の教育時間は、4時間を標準とするとあるが、幼児の心身の発達の程度や季節などに適切に配慮するものとされている。通常の教育時間の終了後等に、地域の実態や保護者の要請により、希望する幼児に対して引き続き教育活動を行うことについても規定されている。これは、核家族や共働き家庭の増加という社会状況の変化に伴い、4時間を標準としながらもいわゆる「預かり保育」という形での保育を認めているものである。なお、幼稚園の

毎学年の教育週数は、特別の事情のある場合を除き、39週を下ってはならない
と定められている（学教規第37条）。

(2)　小学校の教育課程の基準（学校教育法施行規則第52条）

> 小学校の教育課程については、この節に定めるもののほか、教育課程の
> 基準として文部科学大臣が別に公示する小学校学習指導要領によるものと
> する。

中学校、義務教育学校、高等学校、中等教育学校、特別支援学校の教育課程
の基準についても学校教育法施行規則に同様の規定がある。

(3)　学習指導要領

学習指導要領は、国が教育における機会均等の確保と全国的な教育水準の維
持を保障するために教育内容に関する大綱的な基準を定めたものである。学習
指導要領には法的拘束力があると考えられている（最大判　昭和51年5月21日）。
国立・公立・私立学校のいずれも学習指導要領の定めに従って、教育課程を編
成することになる。ただ、学習指導要領は大綱的な基準となっているので学校
には裁量の余地がかなり広範に認められている。各学校においては、学習指導
要領に基づき、各学校の実情に応じた創意工夫と主体的な教育課程の編成が望
まれる。

(4)　学習指導要領の構成

小学校学習指導要領、中学校学習指導要領、義務教育学校学習指導要領、高
等学校学習指導要領、特別支援学校各部の学習指導要領の章の構成は概ね以下
のようになっている。

総則、各教科、特別の教科である道徳（高等学校は除く）、外国語活動（小
学校、義務教育学校前期課程、特別支援学校小学部）、総合的な学習の時間、

特別活動、自立活動（特別支援学校のみ）である。

8　教科書の使用義務と補助教材

(1)　教科書（教科書の発行に関する臨時措置法第2条第1項）

　　この法律において「教科書」とは、小学校、中学校、義務教育学校、高等学校、中等教育学校及びこれらに準ずる学校において、教育課程の構成に応じて組織排列された教科の主たる教材として、教授の用に供せられる児童又は生徒用図書であつて、文部科学大臣の検定を経たもの又は文部科学省が著作の名義を有するものをいう。

　「これらに準ずる学校」とは特別支援学校のことである。

　「文部科学大臣の検定を経た教科用図書」とは、民間の教科書発行者が著作し、文部科学大臣の検定に合格した、いわゆる検定教科書である。

　「文部科学省が著作の名義を有する教科用図書」とは、文部科学省が著作し、出版権を設定して民間の出版社に発行させる、いわゆる文部科学省著作教科書である。

　「文部科学省が著作の名義を有する」教科書は、需要数が少ないために民間の教科書発行者では採算がとれず、発行が期待できない分野の教科書などに限定して発行されている。特別支援学校の教科に係るものや、高等学校の専門教育関係の特定科目の教科書等が該当する。

(2)　教科書の使用義務（学校教育法第34条第1項）

　　小学校においては、文部科学大臣の検定を経た教科用図書又は文部科学省が著作の名義を有する教科用図書を使用しなければならない。

　学校教育法には「教科用図書」を定義している規定はない。前述の教科書の発行に関する臨時措置法第2条第1項で「教科書」の定義をしている。この「教科書」と「教科用図書」は同義と考えられる。

　教科用図書の使用義務とは、教科用図書を必ず使用しなければならないこと、及び使用する教科用図書は検定教科書又は文部科学省著作教科書でなければならないと解されている（文部省初等中等局長回答　昭和26年12月10日）。

　教科書の使用義務を課しているのは学習指導要領で教育課程の基準を定めても、授業の段階で使用する教材を自由にしたのでは、その趣旨が生かされない場合があるからである。

　学校教育法第34条は、中学校、義務教育学校、高等学校、中等教育学校、特別支援学校にも準用される。

　教科書使用義務については、福岡県立伝習館高校の社会科教諭3名が、それぞれ程度は異なるが、教科書を使用せず、学習指導要領を逸脱した偏向教育を行ったとして懲戒免職となった判決がある（伝習館高校事件：最判一小　平成2年1月18日）。

　「教科書使用義務に違反する授業をしたこと、高等学校学習指導要領から逸脱する授業及び考査の出題をしたこと等を理由とする県立高等学校教諭に対する懲戒免職処分は、各違反行為が日常の教科（日本史、地理B）の授業、考査に関して行われたものであつて、教科書使用義務違反の行為は年間を通じて継続的に行われ、右授業等は学習指導要領所定の当該各科目の目標及び内容から著しく逸脱するものであるほか、当時当該高等学校の校内秩序が極端に乱れた状態にあり、、当該教諭には直前に争議行為参加による懲戒処分歴があるなど判示の事実関係の下においては、社会観念上著しく妥当を欠くものとはいえず、懲戒権者の裁量権の範囲を逸脱したものとはいえない。」

　因みに、この事件の高等裁判所判決（福岡高判　昭和58年12月24日）では教科書使用の意味を以下のように述べている。

　「教科書は学習指導要領の目標及び内容によって編成されているものである。教科書を使用することは、教育の機会均等の確保と一定水準の維持という普通

教育の目的に対して有効なものというべきであり、更に、教授技術上も教科書を使用して授業をすることは、教師及び生徒の双方にとって極めて有効である。そして、教科書のあるべき使用形態としては、授業に教科書を持参させ、原則としてその内容の全部について教科書に対応して授業するということをいうものと解するのが相当である。」

　ただし、学校教育法附則第９条は、高等学校、中等教育学校の後期課程、特別支援学校並びに特別支援学級においては、当分の間、文部科学大臣の定めるところにより検定教科書及び文部科学省著作教科書以外の教科用図書を使用できると規定している。教科書の発行に関する臨時措置法第２条の「教科書」には当てはまらないが、義務教育諸学校の教科用図書の無償措置に関する法律の「教科用図書」には、この学校教育法附則第９条の教科用図書も含め、義務教育諸学校での無償措置の対象としている。

(3)　デジタル教科書の要件・使用する際の基準（学校教育法第34条第2・第3項）

　　2　前項に規定する教科用図書（以下この条において「教科用図書」という。）の内容を文部科学大臣の定めるところにより記録した電磁的記録（電子式方式、磁気的方式その他人の知覚によつては認識することができない方式で作られる記録であつて、電子計算機による情報処理の用に供されるものをいう。）である教材がある場合には、同項の規定にかかわらず、文部科学大臣が定めるところにより、児童の教育の充実を図るため必要があると認められる教育課程の一部において、教科用図書に代えて当該教材を使用することができる。

　　3　前項に規定する場合において、視覚障害、発達障害その他の文部科学大臣の定める事由により教科用図書を使用して学習することが困難な児童に対し、教科用図書に用いられた文字、図形等の拡大又は音声への変換その他の同項に規定する教材を電子計算機において用いることにより可能となる方法で指導することにより当該児童の学習上の困難

の程度を低減させる必要があると認められるときは、文部科学大臣の
定めるところにより、教育課程の全部又は一部において、教科用図書
に代えて当該教材を使用することができる。

　学校教育法第34条の第2項以下の規定は、平成31年4月1日から施行された。
　紙の教科書の内容を文部科学大臣の定めるところにより記録した電磁的記録
である教材（学習者用デジタル教科書）がある場合には、文部科学大臣の定め
るところにより、児童生徒の教育の充実を図るため必要があると認められる教
育課程の一部において、紙の教科書に代えて学習者用デジタル教科書を使用で
きる。
　学習者用デジタル教科書の要件は、学校教育法施行規則第56条の5第1項によ
り、紙の教科書の発行者が、紙の教科書の内容を全て記録すること。ただし、
デジタル化に伴い必要となる変更は可能である。
　本条第3項の教育課程の全部においても紙の教科書に代えて学習者用デジタ
ル教科書を使用できる事由は、視覚障害や発達障害等の障害、日本語に通じな
いこと、これらに準ずるもの（学校教育法施行規則第56条の5第3項）。
1．教育の充実を図るため、紙の教科書に代えて学習者用デジタル教科書を使
　用する際の基準
　①　紙の教科書と学習者用デジタル教科書を適切に組み合わせ、紙の教科書
　　に代えて学習者用デジタル教科書を使用する授業は、各教科等の授業時
　　数の2分の1に満たないこと。
　②　児童生徒がそれぞれ紙の教科書を使用できるようにしておくこと。
　③　児童生徒が、それぞれのコンピュータにおいて学習者用デジタル教科書
　　を使用すること。
　④　採光・照明等に関し児童生徒の健康保護の観点から適切な配慮がなされ
　　ていること。
　⑤　コンピュータ等の故障により学習に支障が生じないよう適切な配慮がな
　　されていること。

⑥　学習者用デジタル教科書を使用した指導方法の効果を把握し、その改善に努めること。

2．児童生徒の学習上の困難を低減させるため紙の教科書に代えて学習者用デジタル教科書を使用する際の基準

①　障害等の事由に応じた適切な配慮がなされていること。

②　紙の教科書に代えて学習者用デジタル教科書を使用する授業が、各教科等の授業時数の2分の1以上となる場合には、児童生徒の学習及び健康の状況の把握に特に意を用いること。

(4)　教科書の検定制度

　教科書の検定とは、民間の教科書発行者が著作した図書について、文部科学大臣が教科用図書として適切かどうかを審査し、審査に合格したものを教科書として使用することを認めることをいう。検定を行う趣旨は、適切な教育内容や教育の中立性の確保がある。そのことは、教育の機会均等の保障や全国的な教育水準の維持向上の要請にも応えることになる。そのためには教科書発行者が寡占とならないで、個性豊かで多様な教科書が発行されることが望ましい。

　学校教育法第34条第1項の規定により、文部科学大臣は教科書を検定する権限を有する。また、文部科学省設置法の第4条に文部科学省の所掌事務が規定してあり、その第十号に「教科用図書の検定に関すること。」とある。

　教科書検定については、検定制度やその運用について違憲・違法であるとの見解があるが、最高裁判所は「教科書の検定は憲法第26条ないし教育の自由を侵害するものではなく、教科用図書検定基準は、＊**教育基本法第10条**の趣旨を逸脱するものではない。教科書検定は発表前の表現物の内容の審査あるいはその発表の禁止という検閲の備えるべき特質を欠くので、憲法第21条第2項前段にいう検閲には当たらず、また、検定による制限は、合理的でやむを得ない限度のものであり、憲法第21条第1項に違反するものではない。」（最判三小　平成5年3月16日）とし、検定制度やその運用について合憲・合法であるとの判決を出した。

　なお、検定制度の公正さや透明性を確保するために、検定審査資料のうち申請図書、検定意見書、修正表、最終見本などについては公開手続きがなされている。

＊教育基本法第10条：旧法の第10条第１項、「教育は、不当な支配に服することなく、国民全体に対し直接に責任を負つて行われるべきものである。」のことである。

(5)　教科書の採択

　教科ごとに検定教科書は複数ある。その中から学校で使用する教科書を選ぶことを採択という。公立の小・中・義務教育学校では市町村の教育委員会が、国立や私立の小・中・義務教育学校では校長が採択する（義務教育諸学校の教科用図書の無償措置に関する法律第10条・第13条第１項、地教行法第21条六号）。

　都道府県立の特別支援学校（小・中学部）の場合は都道府県の教育委員会が採択を行う（教科書無償措置法第13条第２項）。

　高等学校の教科書の採択について法令に規定はないが、公立についてはその学校を設置する地方公共団体の教育委員会にあり、公立以外については校長にある、と解される。

　①　採択期限

　義務教育諸学校において使用する教科用図書の採択は、当該教科用図書を使用する年度の前年度の８月31日までに行わなければならない（義務教育諸学校の教科用図書の無償措置に関する法律施行令第14条第１項）。

　②　採択期間

　教科書無償措置法第14条の規定により種目ごとに同一の教科用図書を採択する期間（以下この条において「採択期間」という。）は、学校教育法（括弧内省略）附則第９条に規定する教科用図書を採択する場合を除き、４年とする（義務教育諸学校の教科用図書の無償措置に関する法律施行令第15条第１項）。

(6)　義務教育の無償と教科書代

　憲法第26条第2項後段の「義務教育は、これを無償とする。」は、授業料不徴収の意味とされている（最大判　昭和39年2月26日）。義務教育諸学校の教科書代が無償なのは、「義務教育諸学校の教科用図書の無償に関する法律」が昭和37年4月1日から施行されたからである。その法の第1条第1項には、「義務教育諸学校の教科用図書は、無償とする。」とある。また、その第2項では、「前項に規定する措置に関し必要な事項は、別に法律で定める。」としている。

　上記の法を受けて、「義務教育諸学校の教科用図書の無償措置に関する法律」が定められ、その第3条の規定により、国は、毎年度、義務教育諸学校の児童及び生徒が各学年の課程において使用する教科用図書を購入し、設置者に無償で給付している。また、同法第5条第1項の規定により、義務教育諸学校の設置者は、国から無償で給付された教科用図書を、それぞれ当該学校の校長を通じて児童又は生徒に給与している。

(7)　補助教材（学校教育法第34条第4項）

> 4　教科用図書及び第2項に規定する教材以外の教材で、有益適切なものは、これを使用することができる。

　学校で学習活動をする場合、教科用図書以外にも、図書その他の教材の使用を認める規定である。教科用図書以外の、「図書その他の教材」を総称して、いわゆる補助教材ともいう。学校教育上、主たる教材である教科書の役割は重要であるが、より充実した学習活動のためには補助教材を適切に使用することは有益と考えられるからである。

　補助教材としては、小学校の体育のように教科書が発行されていない教科で使用されるいわゆる準教科書、学習帳、ワークブック、新聞、雑誌、映画、紙芝居、CDなどその種類は多岐にわたる。

　補助教材であれば何でも使用できるのではなく、「有益適切なもの」のみ使

用できる。

　「有益適切なもの」とは、補助教材の内容が教育基本法、学校教育法、学習指導要領等の趣旨に従っていること。内容が正確中正であること、学習の進度に即応していること、表現が正確適切であること等が考えられる。

　また、教材の選定に当たっては保護者の経済的負担について、特に考慮しなければならない。義務教育では、立法政策により教科用図書を無償として保護者の経済的負担を軽減する策をとっているのに、高価な補助教材を購入させることは、不適切である。学校や学年、学級に数点あれば足りるものを、単なる利便性から児童・生徒全員に購入させることも問題である。

　一方、学校その他の教育機関では著作物に対し一定の条件の下で複製等が認められているが、保護者の経済的負担を考慮するあまり、販売目的で作成された教材会社の学習帳やドリル等をコピーしてクラス全員に配布することは、著作権法に違反すると考えられており、十分注意を要する（著作権法第35条第1項）。教材会社にとっては違法なコピーが横行することは死活問題でもある。悪質な行為に対しては損害賠償請求の訴訟を提起されることもある。

　公立学校で補助教材を使用するには教育委員会への届出又は承認が必要である（地教行法第33条第2項）。学校において補助教材の使用、不使用を最終的に決定するのは校長である（学教法第37条第4項）。

9　備付表簿等とその保存期間

(1)　備付表簿、その保存期間（学校教育法施行規則第28条第1項・第2項）

　学校において備えなければならない表簿は、概ね次の通りとする。
　一　学校に関係ある法令
　二　学則、日課表、教科用図書配当表、学校医執務記録簿、学校歯科医執務記録簿、学校薬剤師執務記録簿及び学校日誌
　三　職員の名簿、履歴書、出勤簿並びに担任学級、担任の教科又は科目

及び時間表

四　指導要録、その写し及び抄本並びに出席簿及び健康診断に関する表簿

五　入学者の選抜及び成績考査に関する表簿

六　資産原簿、出納簿及び経費の予算決算についての帳簿並びに図書機
　　械器具、標本、模型等の教具の目録

七　往復文書処理簿

2　前項の表簿（第24条第2項の抄本又は写しを除く。）は、別に定める
　 もののほか、5年間保存しなければならない。ただし、指導要録及びそ
　の写しのうち入学、卒業等の学籍に関する記録については、その保存期
　間は、20年間とする。

　学校にはその運営のために必要な表簿を整備し、一定期間残すことにより運営に万全を期している。

　備え付け表簿の保存期間は本条第2項により原則として5年間である。ただし、指導要録は、「学籍に関する記録」と「指導に関する記録」の二葉からなっており、成績や出席状況などが記載してある「指導に関する記録」は原則の5年間の保存である。一方、指導要録の原本及びその写しのうち、入学、卒業等の「学籍に関する記録」については、20年間である。

(2)　**指導要録（学校教育法施行規則第24条第1項）**

　校長は、その学校に在学する児童等の指導要録（学校教育法施行令第31
　条に規定する児童等の学習及び健康の状況を記録した書類の原本をいう。
　以下同じ。）を作成しなければならない。

　指導要録とは、「児童生徒の学籍並びに指導の過程及び結果の要約を記録し、その後の指導及び外部に対する証明等に役立たせるための原簿となるもの」（初等中等教育局長通知　平成13年4月27日）と説明されている。

　指導要録及び抄本の様式、その記入要領及び取扱要領の決定は、公立学校にあっては管轄の教育委員会である（地教行法第21条、初等中等局長回答　昭和36年5月29日委発78号）。指導要録の作成や記入要領等については文部科学省が示した参考様式や、都道府県教育委員会が作成した基準が利用される（初等中等局長通知　平成13年4月27日）。

　指導要録は、前述したように「学籍に関する記録」と「指導に関する記録」の二葉に分かれており、前者には本人や保護者の氏名や住所、入学日、卒業日、進学先等及び校長名や担任名が記入される。後者には各教科や特別の教科である道徳の学習の記録、総合的な学習の時間や特別活動の記録、行動の記録や総合所見及び指導上参考となる諸事情そして出欠の記録などが記入される。小学校や義務教育学校前期課程の独自の記入内容として外国語活動の記録がある。

　校長は、児童等が進学した場合は、当該児童等の指導要録の抄本又は写しを作成し、これを進学先の校長に送付しなければならない（学教規第24条第2項）。また、校長は、児童等が転学した場合は、その作成に係る当該児童等の指導要録の写しを作成し、その写し及び前項の抄本又は写しを転学先の校長、保育所の長又は認定こども園の長に送付しなければならない（学教規第24条第3項）。

　なお、本条は校長が指導要録を作成しなければならない、と規定してあるが、実際に指導要録を作成（記入）するのは通常は担任であり、校長はその作成について責任を負うということである。このような実際の作成者と責任の所在者が異なる表記は他にも見られる。例えば、学校教育法施行規則第25条には、「校長（学長を除く。）は、当該学校に在学する児童等について出席簿を作成しなければならない。」とあるが、上記と同様の内容である。

　指導要録の記載内容の本人への開示について、情報公開条例や個人情報保護条例に基づいて請求されることがある。どの程度本人に開示するかについては下級裁判所の判断が分かれていたが、最高裁判所は指導要録の客観的部分について開示を認めるが、主観に左右される「所見」などについては、開示すれば指導要録が適切な教育を行う基礎資料とならなくなるおそれがあり非開示が妥当であると判示した（区立小学校指導要録請求事件：最判三小　平成15年11月11日）。

(3) 出席簿（学校教育法施行令第19条）

小学校、中学校、義務教育学校、中等教育学校及び特別支援学校の校長は、常に、その学校に在学する学齢児童又は学齢生徒の出席状況を明らかにしておかなければならない。

校長には、義務教育年齢である学齢児童生徒の就学の状況を的確に把握することが求められている規定である。そのために学校教育法施行規則第25条に「校長（学長を除く。）は、当該学校に在学する児童等について出席簿を作成しなければならない。」として、出席簿の作成義務を校長に課している。なお、学校教育法施行規則第25条に規定している出席簿は、学齢児童生徒だけに限らない。出席状況は進級や卒業判定の資料としても重要なので高校生でも出席簿の作成は求められている。

(4) 通知表

備え付け表簿ではないが、いわゆる通知表は学校によっては「あゆみ」「通信簿」などと呼ばれ、ほとんどの学校で作成されている。通知表は法規上は規定が無く、学校に作成義務はない。しかし、通知表は児童生徒の学校での学習や生活の様子などを保護者に伝える役割をもっており、児童生徒の教育を学校と家庭が相互に連携・協力して行ううえからも有効と考えられている。

10　学年・学期・授業日・休業日

(1) 学年（学校教育法施行規則第59条）

小学校の学年は、4月1日に始まり、翌年3月31日に終わる。

　この規定は、幼稚園、中学校、義務教育学校、高等学校、中等教育学校、特別支援学校、高等専門学校にも準用される。

　学校教育法施行規則第104条第2項には、高等学校で、「修業年限が3年を超える定時制課程を置く場合は、その最終の学年は、4月1日に始まり、9月30日に終わるものとすることができる。」とされている。

　学年の始期については、いくつかの大学において9月が検討されているが、このことが本格化すれば、いずれは高等学校ひいては小・中・義務教育学校への影響が及ぶものと考えられる。上記のことと直接関連するものではないが、学校教育法施行規則第104条第3項で、学期の途中での入学や学年の修了及び卒業を認めることが出来ると規定している。これは、「外国の学校とわが国の学校とでは卒業・入学の時期に相当のずれがあることから、帰国生徒など外国においてわが国の中学校に相当する学校教育の課程を修了した者について、4月・3月以外の時期にわが国の高等学校に入学させ及び卒業させようとする場合の特例を規定している。この場合においては、教育課程について特別な編成を行うなど教育上支障がないよう配慮するとともに、生徒の進級及び卒業の取扱いについて、修業年限に従い適切なものとなるようにする必要があるとする。」（文部事務次官通達　昭和63年10月8日文初高72）からである。

(2)　学期・授業日・休業日

1)　学期及び休業日（学校教育法施行令第29条）

　公立の学校（大学を除く。以下この条において同じ。）の学期並びに夏季、冬季、学年末、農繁期等における休業日又は家庭及び地域における体験的な学習活動その他の学習活動のための休業日（次項において「体験的学習活動等休業日」という。）は、市町村又は都道府県の設置する学校にあつては当該市町村又は都道府県の教育委員会が、公立大学法人の設置する学校にあつては当該公立大学法人の理事長が定める。

2　市町村又は都道府県の教育委員会は、体験的学習活動等休業日を定め

るに当たつては、家庭及び地域における幼児、児童、生徒又は学生の
体験的な学習活動その他の学習活動の体験的学習活動等休業日におけ
る円滑な実施及び充実を図るため、休業日の時期を適切に分散させて
定めることその他の必要な措置を講ずるよう努めるものとする。

　完全学校週5日制を実施している公立の小・中学校では授業時数の確保とい
う観点などから、三学期制から二学期制に移行した自治体もあるが、いずれの
学校とも二学期制は、2割強程度でとどまっている。二学期制は授業時数確保
という点からはさほど効果的でないことと、いわゆる夏休みや冬休みなどの長
期休業日が終了した後に新学期を迎えることが生活実感からも合っているとい
うこともあり、二学期制についての見直しがなされているところもある。ただ
し、大学の入学時期が9月や10月などの秋季入学となれば、小・中・高等学校
等の学年や学期について何らかの影響があることも考えられることは前述した。
　本条は平成29年9月13日に改正され、「体験的学習活動等休業日」が、新し
く設けられた。これは、「自己肯定感を高め、自らの手で未来を切り拓く子供
を育む教育の実現に向けた、学校、家庭、地域の教育力の向上（第十次提言）」
（平成29年6月1日教育再生実行会議）等において、大人と子供が触れ合いな
がら充実した時間を過ごすことができるよう、学校の休業日の分散化等に取り
組むことが盛り込まれたことを踏まえ、家庭や地域における体験的な学習活動
等多様な活動の充実を図るために、大学を除く公立の学校の休業日として、家
庭及び地域における体験的な学習活動等のための休業日を定めること等を規定
したものである。
　文部科学省によれば、今回の改正の趣旨・目的は、地域における保護者の有
給休暇を促進することと合わせて、長期休業日の一部を学期中の授業日に移す
こと等により学校休業日を分散化することで、児童生徒等と保護者等が共に体
験的な学習活動等に参加すること等を通じて、児童生徒等の心身の健全な発達
を一層促進する環境を醸成することを期待するものであるとしている。
　どのような形の「体験的学習活動等休業日」が考えられるかについては、学

校教育法施行令の一部を改正する政令等の施行について（通知）「29文科発第840号　平成29年9月13日」の留意事項の中に例が示されているが、現実の計画・運用に当たっては各教育委員会でのかなりな創意工夫が必要と思われる。

　留意事項の8には、体験的学習活動等休業日の設定に当たっては、児童生徒等が保護者や地域と触れ合う時間を確保するという本政令改正の趣旨に鑑み、各学校設置者において、各学校の教職員の業務負担の増加につながることのないようにするとともに、当該休業日に併せた教職員の有給休暇取得の奨励に努めることとある。教職員の働き方改革の点からも十分検討を要する内容である。

2)　公立小学校の休業日（学校教育法施行規則第61条）

　公立小学校における休業日は、次のとおりとする。ただし、第三号に掲げる日を除き、当該学校を設置する地方公共団体の教育委員会（中略）が必要と認める場合は、この限りでない。
　一　国民の祝日に関する法律（昭和23年法律第178号）に規定する日
　二　日曜日及び土曜日
　三　学校教育法施行令第29条第1項の規定により教育委員会が定める日

　公立の小学校の休業日については、本条により定められている。これは、公立の幼稚園、中学校、義務教育学校、高等学校、中等教育学校、特別支援学校にも準用されている。

　この規定は一部が改訂され、平成25年11月25日に公布・施行された。改訂前は、ただし書き以下は「第三号に掲げる日を除き、特別の必要がある場合は、この限りではない。」となっていた。国民の祝日や土曜日及び日曜日を授業日とするには特別の必要がある場合である。具体的には運動会や学芸会、音楽会そして授業参観などのように保護者や地域住民の便宜をはかって、授業日としていたのが特別に必要がある場合であったし、法の趣旨でもあった。ところが、年間授業時数確保や平日の教育活動のゆとりの為にとの名目や、中には教育委

員会や学校の教育へ取り組む姿勢を保護者に理解してもらうということで、月に1回、多いところで月2回程度、土曜日に授業を行う自治体が出てきた。

　教育の充実のためとはいえ、本来の法の趣旨に反するものであったことから、法の改訂がなされたものである。しかし、法の改訂は、別の課題を生じるおそれがある。教職員の多忙感の増大と勤務条件の悪化という課題である。

　平日の教育活動に余裕をもたせ、年間授業時数を確保するためであれば、長期休業日を短くすることが考えられる。そのためには、エアコンなどの教室環境の整備も視野に入れなければならない。また、教職員の多忙感や勤務条件の悪化を減少させるための一方策としては、長期休業中に実施している林間学校や臨海学校等や水泳指導などを社会教育に移行させることが考えられる。同様のことは、部活動についても言える。部活動の社会教育化については久しく言われながらも賛否両論があり、なかなか進んでいないのが現状である。

　自治体によって土曜日授業の取り組みについて温度差があることは、特に義務制の学校については、教育の機会均等や教育水準の維持の点から望ましいことではない。このようなことから学校の休業日の考えについては、法の改正が望まれる。また、公教育という点からは、次に述べる私立学校の休業日との違いをどこまで認めるかも課題である。

3)　私立小学校の学期及び休業日（学校教育法施行規則第62条）

私立小学校における学期及び休業日は、当該学校の学則で定める。

　私立学校の学期及び休業日は、それぞれの学校の学則によるが、学習指導要領に定められた授業時数は確保しなければならない。ただし、公立の小・中・高等学校等と異なり、私立学校には学校教育法施行規則第61条は適用されないので土曜日を休業日としていない学校も多い。

　本条は、私立の幼稚園、中学校、義務教育学校、高等学校、中等教育学校、特別支援学校にも準用されている。

4)　休業日のほかの臨時休業

上記の休業日のほかに以下の臨時休業がある。

①　非常変災等による臨時休業（学校教育法施行規則第63条）

非常変災その他急迫の事情があるときは、校長は、臨時に授業を行わないことができる。この場合において、公立小学校についてはこの旨を当該学校を設置する地方公共団体の教育委員会に報告しなければならない。

非常変災その他急迫の事情とは、地震、台風、伝染病の流行、食中毒の発生などである。このような事情は各学校によって状況が異なることと急を要するので校長の判断によって臨時休業を可としている。

なお、この規定は幼稚園、中学校、義務教育学校、高等学校、中等教育学校、特別支援学校にも準用される。

②　感染症予防による臨時休業（学校保健安全法第20条）

学校の設置者は、感染症の予防上必要があるときは、臨時に、学校の全部又は一部の休業を行うことができる。

学校全部の休業を学校閉鎖、一部の休業を学年・学級閉鎖と言うことが多い。感染症予防による臨時休業については第6章で述べる。

(3)　授業終始の時刻（学校教育法施行規則第60条）

授業終始の時刻は、校長が定める。

授業の終始時刻を各学校ごとに定められるとしたのは、学校や地域(保護者)の実情に応ずるためである。授業日は休業日以外のすべての日である。

第 5 章

児童・生徒

　公立中学校の教育実習に行ったら、私立中学校を退学になった２年生Ａ
がいた。退学の理由は校則違反である。喫煙の事実が発覚し、何度も指導
されたが改めなかったために退学となったそうである。実習先の先生たち
もＡが校内外で喫煙しないように指導していたが、教師たちの目をかすめ
て校舎の屋上や学区域の公園などでの喫煙の事実が発覚した。生徒指導担
当の先生や校長先生などが何度も指導したが改まる様子がない。退学処分
になるのかと思っていたら、教育実習の指導教員に公立の義務制の学校に
は退学処分はないと教えられた。退学ほどの重い処分ではないが、停学に
はできないのでしょうかと尋ねたら、それもできないと教えられた。退学
や停学についてのきまりはどうなっているのだろう。私立中学校では退学
が認められているのに、公立中学校には認められないのはどうしてだろう。

　義務教育における児童や生徒への懲戒処分の問題である。私立中学校と公立
中学校とでは法律上の扱いが異なるようである。どのように異なるのかその理
由も含めて、学習を進める中で考えてみよう。

1　義務教育

(1)　義務教育の期間（学校教育法第16条）

　保護者（子に対して親権を行う者（親権を行う者のないときは、未成年
後見人）をいう。以下同じ。）は、次条に定めるところにより、子に９年
の普通教育を受けさせる義務を負う。

　義務教育の期間は、前述したように、旧教育基本法では９年と定められてい

た（旧教育基本法第4条第1項）。現在の教育基本法にはその定めがなくなったが、学校教育法に義務教育の年限が定められた。義務教育の年限を教育基本法から学校教育法に委ねたのは時代の要請に迅速かつ柔軟に対応するためであると教育基本法改正に関する国会で説明されている。すなわち、義務教育年限変更の可能性を視野に置いた改正である。

　義務教育は国民に課された義務であり、外国人（日本国籍を有しない者）には及ばない。したがって、日本国内に居住する就学年齢者であっても、その者が外国人である限り、その子の保護者には小・中学校等へ就学させる義務はない。外国人には就学義務は課せられないが、在日外国人にとっても基礎的な教育の必要性や国際交流の見地から、外国人が公立小・中学校に入学を希望する場合にはその機会が認められている。

⑵　就学させる義務（学校教育法第17条）

　　保護者は、子の満6歳に達した日の翌日以後における最初の学年の初めから、満12歳に達した日の属する学年の終わりまで、これを小学校、義務教育学校の前期課程又は特別支援学校の小学部に就学させる義務を負う。ただし、子が、満12歳に達した日の属する学年の終わりまでに小学校の課程、義務教育学校の前期課程又は特別支援学校の小学部の課程を修了しないときは、満15歳に達した日の属する学年の終わり（それまでの間においてこれらの課程を修了したときは、その修了した日の属する学年の終わり）までとする。

2　保護者は、子が小学校の課程、義務教育学校の前期課程又は特別支援学校の小学部の課程を修了した日の翌日以後における最初の学年の初めから、満15歳に達した日の属する学年の終わりまで、これを中学校、義務教育学校の後期課程、中等教育学校の前期課程又は特別支援学校の中学部に就学させる義務を負う。

3　前2項の義務の履行の督促その他これらの義務の履行に関し必要な事

項は、政令で定める。

「満6歳に達した日の翌日以後における最初の学年の初めから」というのは、「年齢計算に関する法律」により出生の日より起算するとともに民法143条が適用される。したがって4月1日生まれの子は前日の3月31日に6歳に達しており、その年の学年の始まりである4月1日に就学することになる。一方、前述の4月1日生まれの子と同じ年の4月2日生まれの子は、学年の始まりの前日にはまだ5歳であるから翌年の4月1日に就学となる。

なお、学校教育法第36条では「学齢に達しない子は、小学校に入学させることができない。」と規定されている。このことは、学齢前の就学が法律上不能という意味である。したがって、このような子を入学させてもその者は児童たる地位を法律上有しないと解される。

小学校の課程や義務教育学校の前期課程又は特別支援学校の小学部の課程を修了しない限り、中学校に入学することはできない。ただし、外国から帰国した子については、中学校教育を受けるに相当する年齢に達している15歳未満の者については、小学校等の課程を修了していなくても、中学校等に就学できるとされている。

就学義務を履行させるためには、学齢児童や学齢生徒の出席状況が明らかでなければならない。そこで、学校教育法施行令第19条に「小学校、中学校、義務教育学校、中等教育学校及び特別支援学校の校長は、常に、その学校に在学する学齢児童又は学齢生徒の出席状況を明らかにしておかなければならない。」と規定している。出席状況を明らかにするものとして出席簿がある。学校教育法施行規則第25条に「校長（学長を除く。）は、当該学校に在学する児童等について出席簿を作成しなければならない。」とある。

(3) 長期欠席者等の教育委員会への通知 （学校教育法施行令第20条）

小学校、中学校、義務教育学校、中等教育学校及び特別支援学校の校長

は、当該学校に在学する学齢児童又は学齢生徒が、休業日を除き引き続き
７日間出席せず、その他その出席状況が良好でない場合において、その出
席させないことについて保護者に正当な事由がないと認められるときは、
速やかに、その旨を当該学齢児童又は学齢生徒の住所の存する市町村の教
育委員会に通知しなければならない。

学校教育法第17条第３項に就学「義務の履行の督促その他これらの義務の履
行に関し必要な事項は、政令で定める。」とあるが、学校教育法施行令第19条
や本条がその政令である。

学齢児童又は学齢生徒を正当な事由がなく、保護者が出席させないときには、
校長は速やかに市町村の教育委員会に通知しなければならないと、なっている
が、現実は通知しないで校内で対応している場合が多い。

同令第21条には、同令20条の通知を校長から受けた市町村の教育委員会は、
保護者に対して、当該学齢児童又は学齢生徒の出席を督促しなければならない。
と、規定しているが、学校からの通知が前段のような状況下では、教育委員会
による出席の督促もほとんど行われていない。学校による不登校解消に向けて
の努力は必要であるが、教育委員会との連携も大切である。

就学させる義務の履行の督促を受けても、履行しない保護者に対しては10万
円以下の罰金に処する規定もある（学教法第144条）。しかし、この規定も実効
性が薄いことからほぼ死文化している。男女共学に反対する保護者が娘３人を
小学校や中学校に就学させないで罰金千円を科された例（最判小　昭和32年９
月19日）や就学督促を無視したとして罰金八千円に処せられた例（岐阜家裁
昭和51年２月12日）など、正当な理由のない長期の不登校の学齢児童や学齢生
徒が多数存在する割には、保護者が罰金に処せられる例は希有である。

⑷　就学義務の猶予・免除（学校教育法第18条）

前条第１項又は第２項の規定によつて、保護者が就学させなければなら

ない子（以下それぞれ「学齢児童」又は「学齢生徒」という。）で、病弱、発育不完全その他やむを得ない事由のため、就学困難と認められる者の保護者に対しては、市町村の教育委員会は、文部科学大臣の定めるところにより、同条第1項又は第2項の義務を猶予又は免除することができる。

一定の理由によって、就学義務を猶予・免除される場合の規定である。

「病弱や発育不完全」な学齢児童又は学齢生徒に対しては特別支援学校での就学が考えられるが、そこでの教育にも耐えることができない程度の場合である。

「その他やむを得ない事由」としては、児童生徒が失踪して行方不明の場合や少年院の在院者や外国から帰国した学齢児童又は学齢生徒の保護者が、日本語を修得させるために一定期間就学の猶予を願い出た場合（文部省初等中等教育局長回答　昭和49年12月6日）などがある。

本条文中の、「文部科学大臣の定めるところにより」とは、就学義務の猶予・免除を願い出る手続きに関する学校教育法施行規則第34条である。そこには、「学齢児童又は学齢生徒で、学校教育法第18条に掲げる事由があるときは、その保護者は、就学義務の猶予又は免除を市町村の教育委員会に願い出なければならない。この場合においては、当該市町村の教育委員会の指定する医師その他の者の証明書等その事由を証するに足る書類を添えなければならない。」と規定されており、保護者による就学義務の猶予・免除の願い出がない限り就学義務の猶予・免除は行えない。

「医師その他の者」の、その他の者とは、少年院に入院した場合の院長、行方不明の場合の市町村長、外国から帰国した場合は、市町村教育委員会が指定する学校の校長等をいう。

就学義務の猶予・免除の理由に経済的理由は含まれない。経済的事由によって就学困難と認められる学齢児童又は学齢生徒には後述するように就学援助の制度があるからである。

⑸　学齢児童又は学齢生徒使用者の義務（学校教育法第20条）

　学齢児童又は学齢生徒を使用する者は、その使用によつて、当該学齢児童又は学齢生徒が、義務教育を受けることを妨げてはならない。

　年少労働による就学阻害を防止し、義務教育の完全な実施と年少者の心身の健全な成長を保障するための規定である。違反した者は10万円以下の罰金に処せられる（学教法第145条）。このことに関連して、労働基準法第56条第1項に「使用者は、児童が満15歳に達した日以後の最初の3月31日が終了するまで、これを使用してはならない。」としている。これに違反した者は、1年以下の懲役又は50万円以下の罰金に処される（同法第118条第1項）。ただし、同法第56条第2項に二つの例外が認められている。その一つは中学生の新聞配達業務のように健康及び福祉に有害でなく、その労働が軽易なものについては13歳以上の者を修学時間外に使用する場合で、労働基準監督署長の許可を受けたときである。二つ目は映画や演劇の子役の場合で、この場合は13歳未満の者でも一定の手続きで許可を受ければ使用できる。但し、労働時間や勤務時間帯には制限がある（労基法第60条第2項、同法第61条第5項）。

⑹　就学の援助（学校教育法第19条）

　経済的理由によつて、就学困難と認められる学齢児童又は学齢生徒の保護者に対しては、市町村は、必要な援助を与えなければならない。

　日本国憲法第26条第2項や学校教育法第17条で規定している就学の義務を実効ならしめるために、経済的理由によって就学困難と認められる者への就学の援助に関する規定である。国や地方公共団体が経済的理由によって修学が困難な者に対して、奨学の措置を講ずることは教育の機会均等にも関係する（教育基本法第4条第3項）。

　本条で市町村に経済的理由によって就学が困難と認められる学齢児童・生徒の保護者に対して必要な援助を与える義務を定めた。援助についての具体的な内容は市町村で定めることになる。市町村が行う就学援助が充実するために国は法律に基づき補助を行っている。法律による補助は以下の通りである。

① 　学用品又はその購入費、通学に要する交通費、修学旅行費
　学齢児童・生徒の保護者で生活保護法に規定する要保護者に対して、国は経費の一部を市町村に補助する（就学困難な児童及び生徒に係る就学奨励についての国の援助に関する法律第1条・第2条、同法施行令第1条～第3条）。

② 　学校給食費
　公立の小・中・義務教育学校又は中等教育学校の設置者が学校給食を受ける児童・生徒の保護者で生活保護法に規定する要保護者に対して、学校給食費の全部又は一部を補助する場合に、国は経費の一部を設置者に補助する（学校給食法第12条第2項、同法施行令第7条）。

③ 　保健医療費
　地方公共団体は、その設置する義務教育諸学校の児童・生徒が感染症又は学習に支障を生ずるおそれのある疾病にかかり、学校において治療の指示を受けたときは、その保護者が要保護者又は準要保護者である場合には、必要な医療費の援助を行う（学校保健安全法第24条、同法施行令第9条）が、国は、地方公共団体に対して、援助に要する経費の一部を補助する（学校保健安全法第25条、同法施行令第10条第1項）。

(7)　生活保護法による教育扶助
　前述の就学援助以外に生活保護法による教育扶助がある。教育扶助には、義務教育に伴って必要な学用品、通学用品、学校給食その他必要なものについて行われる（生活保護法第13条）。

2　義務教育諸学校の入学・転学・退学・卒業等

(1)　学齢未満の子の入学禁止（学校教育法第36条）

学齢に達しない子は、小学校に入学させることができない。

「学齢に達しない子」とは、満6歳未満の者及び満6歳に達しているが就学の始期に至っていない者である。就学の始期は、子の満6歳に達した日の翌日以後における最初の学年の初めからである。

　小学校入学までの手続きに関する事務はほとんどが市町村の教育委員会で行われる。

①　市町村の教育委員会は、毎学年の始めから5ヶ月前までに、10月1日現在において当該市町村の住民台帳に基づいて、前学年の始めから終わりまでの間に満6歳に達する者について学齢簿を作成しなければならない（学教令第1条・第2条、学教規第31条）。

②　市町村の教育委員会は、学齢簿作成後で就学4ヶ月前までの間に就学時の健康診断を実施しなければならない（学保安法第11条、学保安令第1条・第2条）。

③　市町村の教育委員会は、就学2ヶ月前までに、就学予定者のうち、認定特別支援学校就学者以外の者について、その保護者に対して、指定の小学校の入学期日の通知を行わなければならない（学教令第5条）。

④　市町村の教育委員会は、就学時の健康診断の結果について就学時健康診断票を作成し、翌学年の初めから15日前までに、入学する学校の校長に送付しなければならない（学保安令第4条）。

＊特別支援学校への入学については、特別支援教育の章で述べる。

(2)　編入学

　編入学とは、異種類の学校への入学者や海外の学校からの帰国者などが第1

学年の途中又は第2学年以上に入学を許可される場合をいう。許可される資格は、編入される学年に相当する年齢に達し、当該学年に在学する者と同等以上の学力があると認められ場合である（学教規第91条）。

(3)　進　学

　進学とは、ある等級の学校を卒業した者が、より上位の等級の学校に入学することをいう。進学した場合は、校長は作成した児童等の指導要録の抄本又は写しを作成し（転学してきた者については、転入前の学校の写しを含む）、さらに健康診断票をも進学先の校長に送付しなければならない（学教規第24条第2項、学保安規第8条第2項）

(4)　転　学

　いわゆる転校のことである。一般的には学齢児童又は学齢生徒の住所地に変更があった場合に行われ、同種の他の学校の相当学年に移ることをいう。公立の義務教育諸学校の場合、受け入れ先の市町村に同種の学校が2校以上あるときは転入学すべき学校を教育委員会が指定する。この場合、転出校の校長は、転入を指定された学校の校長に、当該児童等の指導要録の写し及び健康診断表を送付しなければならない（学教規第24条第3項、学保安規第8条第3項）。

(5)　休　学

　義務教育諸学校の児童・生徒の場合は休学の規定はない。学校を長期間欠席するのに正当な理由がある場合には、就学義務の猶予や免除を受ける必要が生じる場合がある。
　高等学校以上における休学は、学校に在籍する生徒・学生が、病気その他の理由によって、ある期間授業を受けない状態をいう。高等学校では、「生徒が、休学又は退学しようとするときは、校長の許可を受けなければならない。」（学教規第94条）。

⑹　退　学

退学とは、在学中の児童・生徒が、当該学校の全課程を修了するに至らないで、その身分を失うことである。公立の義務教育諸学校（併設型中学校及び中等教育学校前期課程を除く。）においては、学齢児童又は学齢生徒に対して懲戒処分としての退学は認められていない（学教規第26条第3項）。

公立の義務教育諸学校では、以下のような場合は退学となる。

①　区域外就学をしていた児童・生徒が住所地の学校に就学する場合（学教令第9条）。

②　在学中の学齢児童又は学齢生徒が視覚障害者等になり、特別支援学校に就学する場合（学教令第12条・第14条）。

③　少年院への入院や児童自立支援施設への入所など就学義務の猶予・免除を受けた場合。

④　外国にある学校に就学するために退学する場合。

⑺　修了・卒業

修了とは児童・生徒が各学年の課程を終えた場合である。卒業とは、児童・生徒が学校の全課程を修了したと認められ、在学関係が終了することである。

修了や卒業を認めるに当たっては、校長が児童・生徒の平素の成績を評価して定めなければならないとされている（学教規第57条）。日常、児童・生徒の指導に当たっている教員が、成績の評価を行っているが、最終的に課程修了の認定を行い、進級や卒業を決めるのは校長である。しかし、平素の成績だけを基準に進級や卒業の可否を認定しているわけではない。出席日数が課程の修了や卒業を認める際の基準となるかについては明確な定めはない。このことについて「学校の定めた総授業時数に満たない生徒についても適当な方法でその成績を評価することにより卒業を認定することはあり得ることである。しかし、一般的にいって、第3学年の総授業時数の半分以上も欠席した生徒については、特別の事情のない限り、卒業の認定は与えられないのが普通であろう。」（初中局長発　昭和28年3月12日　委初第28号）とある。ただし、この初等中等教育

局長名で出されたものは、学校統廃合に絡む寺子屋授業という異常事態であった。このことをもって一般的な基準とすることは難しいであろう。現在、学校の長期欠席児童・生徒の進級や卒業認定はかなりゆるやかである。

　なお、校長は、全課程を修了したと認めた者には、卒業証書を授与しなければならない（学教規第58条）。

(8)　原級留置

　原級留置とは、平素の成績の評価やその他の事由によって校長が進級が適当でないと認めた場合で、原級に留め置くことで、いわゆる「落第」である。これは、義務教育諸学校でも適用される。日本の義務教育制度は、就学義務の始めと終わりを年齢によって規定する年齢主義をとっている。したがって、満15歳を超えて原級にとどまった場合、就学義務は延長されない（初中局長回答　昭和28年3月12日　委初第28号）。なお、多様な児童・生徒を受け入れている公立の義務教育諸学校では、学習成績によって課程の修了の有無を決めることは行われていない。

3　児童・生徒等への懲戒・体罰の禁止

(1)　児童・生徒・学生への懲戒（学校教育法第11条）

　校長及び教員は、教育上必要があると認めるときは、文部科学大臣の定めるところにより、児童、生徒及び学生に懲戒を加えることができる。ただし、体罰を加えることはできない。

　懲戒とは、一般的には不正や不当な行為に対して制裁を加えることをいう。親権者や校長・教員だから必然的に懲戒権があるわけではない。親権者は民法第820条によって子の監護教育上懲戒を加えることが認められている。一方、校長及び教員よる児童等への懲戒は、教育上の必要により認められたものであ

るから、教育活動の一環として許されるものである。従って、児童等に対する懲戒は、不正や不当な行為に対して制裁を加えることといっても、刑罰や公務員への懲戒処分とは、内容を異にするのである。すなわち、法の発する禁止や命令の違反行為に対する制裁である刑罰は、違反行為者の責任を追及し、よって社会秩序を維持するとともに新たな犯罪の予防を目的としている。また、非違行為を行った公務員の責任を追及する公務員への懲戒処分は、行政機関の自浄と維持を期するとともに社会からの信頼を回復することを目的としている。

　これに対して、児童等に対する懲戒は、教育的な配慮を前提として児童等の成長を目的に行われるものである。従って、刑罰や公務員の懲戒処分とは異なる内容であり、児童等の問題となっている言動や生活態度を反省・改めさせるための一手段として行われるものである。懲戒は生徒指導の一つと考えられ、児童等の実態や言動等の状況を総合的に判断した上で行われる。懲戒以外の指導方法により児童等の改善を図ることが妥当と思われる場合は自己改善能力を育てるためにも懲戒は執るべき手段ではない。

　幼稚園の園児には懲戒を加えることはできない。心身未発達の幼児に対して懲戒を加えて強制善導することは適切ではないからである。

　「文部科学大臣の定めるところ」とは、学校教育法施行規則第26条に規定されている内容のことである。

　いずれにしても、いかなる場合にも体罰は認められない。正当行為や正当防衛の必要上、校長や教員に有形力の行使を認められる場合があるが、それは体罰ではない。正当行為や正当防衛は違法性が阻却され、その状況にある人なら刑法上は誰にでも認められる行為である。

　「認められる体罰」や「許される体罰」があるのではないかとの主張があるが、いずれも認めることができないし、用語上も適切ではない。

(2)　懲戒（学校教育法施行規則第26条）

　　校長及び教員が児童等に懲戒を加えるに当つては、児童等の心身の発

達に応ずる等教育上必要な配慮をしなければならない。

2　懲戒のうち、退学、停学及び訓告の処分は、校長（大学にあつては、学長の委任を受けた学部長を含む。）が行う。

3　前項の退学は、公立の小学校、中学校（学校教育法第71条の規定により高等学校における教育と一貫した教育を施すもの（以下「併設型中学校」という。）を除く。）、義務教育学校又は特別支援学校に在学する学齢児童又は学齢生徒を除き、次の各号のいずれかに該当する児童等に対して行うことができる。

一　性行不良で改善の見込がないと認められる者

二　学力劣等で成業の見込がないと認められる者

三　正当の理由がなくて出席常でない者

四　学校の秩序を乱し、その他学生又は生徒としての本分に反した者

4　第2項の停学は、学齢児童又は学齢生徒に対しては、行うことができない。

(3)　懲戒の種類

1)　法的効果を伴う懲戒

学校教育法施行規則第26条第1項には学校教育法第11条を受けて、校長及び教員が懲戒を行うことができるとある。しかし、懲戒の中でも第2項の退学、停学及び訓告などの法的な効果を伴う処分は、校長のみが行うことができることになっている。このうちの退学及び停学については、児童・生徒が特定の学校で教育を受けることができるという地位に法律的変動をきたすものであるために、後述するようにその行使には一定の制限がある。

①　退学

懲戒としての退学とは、在学中の者の在学生としての身分を排除することである。懲戒としての退学は、就学義務との関係から、公立の小学校・中学

校・特別支援学校に在学する学齢児童又は学齢生徒には行われない。しかし、国立や私立の小学校・中学校等に在学する学齢児童又は学齢生徒には退学処分を行うことはできる。これは、懲戒処分により退学となっても公立の学校に就学できるからである。

② 停学

　停学とは、学生・生徒の教育を受ける権利を一定期間停止することである。停学については、義務教育を受ける機会を奪わないために、国・公・私立の小・中学校等を問わず、学齢児童・生徒に対しては行うことができない。

③ 訓告

　訓告とは、不正や不当な行為をした児童・生徒・学生に対し文書や口頭等で注意を与え、反省を促すことである。退学や停学のように児童・生徒・学生の法的な地位に変動を与えるものではないが、事実行為としての懲戒と区別する意味から学校教育法施行規則第26条第 2 項に規定されていると考えられる。

2) 事実行為としての懲戒と体罰

　事実行為としての懲戒とは、叱責、訓戒や短時間正座させたり、立たせたりすることなどを校長及び教員が行うことである。懲戒の中でも事実行為としての懲戒は校長だけでなく教員も行うことができる。事実行為としての懲戒は、児童・生徒を指導している頻度から教員の方が行使することが多い。

　事実行為としての懲戒と体罰の境目はデリケートである。学校教育法の禁止する体罰とは、懲戒権の行使として相当と認められる範囲を超えて有形力を行使して児童・生徒・学生の身体を侵害し、あるいは児童等に対して肉体的苦痛を与えることと解される。しかし、例えば、正座・直立等、特定の姿勢を長時間にわたって保持させるような懲戒は体罰の一種と考えられるが、どの程度の時間を越えると体罰に当たるのか判断が難しい場合がある。児童等の発達段階を考慮して個々の事例に即して具体的に判断することになる（有形力行使体罰否定事件：最判三小　平成21年 4 月28日）。

　懲戒と体罰の異同について参考となるのが、**「児童懲戒権の限界について」**である（法務調査意見長官回答　昭和23年12月22日）。以下にその要旨を示す。

・児童懲戒権の限界について
　学校教育法第11条にいう「体罰」とは、懲戒の内容が身体的性質のものである場合を意味する。すなわち、①身体に対する侵害を内容とするなぐる・けるの類が該当することはいうまでもないが、さらに、②被罰者に肉体的苦痛を与えるような懲戒も体罰に該当する。たとえば端座直立等、特定の姿勢を長時間にわたって保持させるというような懲戒は体罰と考えられる。しかし、どのような場合が②の意味の「体罰」に該当するかどうかは、機械的に判定することはできない。たとえば、同じ時間直立させるにしても教室内の場合と炎天下または寒風中の場合とでは被罰者の身体に対する影響が全く異なるので、当該児童の年齢・健康・場所的及び時間的環境等、種々の条件を考え合わせて肉体的苦痛の有無を判定しなければならないとしている。

　さらに、具体的事例として参考になるものに、以下の**「生徒に対する体罰禁止に関する教師の心得」**がある（法務府発表　昭和24年8月21日）。

・生徒に対する体罰禁止に関する教師の心得
① 　用便に行かせなかったり食事時間が過ぎても教室にとどめ置いたりすることは肉体的苦痛を伴うから体罰になる。
② 　遅刻した生徒を教室に入れず、授業を受けさせないことはたとえ短時間でも義務教育では許されない。
③ 　授業時間中、怠けたり、騒いだりしたからといって生徒を教室外に出すことは許されない。教室内に立たせることは体罰にならない限り懲戒権内として認めてよい。
④ 　人の物を盗んだり、こわしたりした場合など、こらしめる意味で、体罰にならない程度に、放課後残しても差し支えない。
⑤ 　盗みの場合などその生徒や証人を放課後訊問することはよいが、自白や供述を強制してはならない。
⑥ 　遅刻や怠けたことによって掃除当番などの回数を多くするのは差し支えないが、不当な差別待遇や酷使はいけない。
⑦ 　遅刻防止のための合同登校は構わないが軍事教練的色彩を帯びないように注意すること。

　以上のことから、体罰の範囲を肉体的苦痛にとどめているが、精神的な苦痛や強制なども事実上の懲戒を超え、違法なものとしている。叩いたり殴ったりする行為は刑法上の暴行罪（刑法第 208 条）に抵触する。暴行の結果、傷を負わせた場合は傷害罪（刑法第 204 条）となり、死亡させた場合で殺意がないときは傷害致死罪（刑法第 205 条）として刑事上の責任を問われる。たとえ体罰に当たらなくても、授業中に、解答を間違えた児童に、「犬の方がおりこうさん」や「親もバカなら子どももバカだ」などと言うことは、名誉毀損罪（刑法第 230 条第 1 項）に、「お前は手を挙げない方が良い」と言うことは侮辱罪（刑法第 231 条）に抵触する可能性がある。また、教員に侮辱や罵倒された結果、精神的苦痛を覚え、身体に変調を来したような場合は傷害罪となることもある（嫌がらせ電話により精神疾患を来した事例　東京地裁　昭和 54 年 8 月 10 日）。部活動で土日関係なく練習を強要され、休むと「往復ビンタ 10 回」の罰を加えると脅かされ、休むことを許されないような状況下にある場合には脅迫罪（刑法第 222 条第 1 項）、反論できないような状況下で「日曜日に練習を休んだから、往復ビンタ 50 回を貰うのが嫌だったら」、と言って「部員のユニフォームを 1 ヶ月間洗濯させる」ことは強要罪（刑法第 223 条第 1 項）にそれぞれ抵触する。

　肉体的な苦痛に至らなくても、精神的苦痛・負担や肉体的負担を与える行為は、不適切な指導や行き過ぎた指導などと表現される場合があるが、誤解を招く表現である。精神的苦痛・負担や肉体的苦痛を与える行為は指導という名に値しない。それは指導の一種ではなく指導に名を借りた違法行為である。

刑法に関する参考条文と若干の解説

第208条（暴行罪）　暴行を加えた者が人を傷害するに至らなかったときは、2年以下の懲役若しくは30万円以下の罰金又は拘留若しくは科料に処する。
　・殴打等の典型例の他に、髪を根元から切る行為（大審院判例　明治45年6月20日）塩を振りかける行為（福岡高判　昭和6年10月11日）なども暴行罪となる。
第204条（傷害罪）　人の身体を傷害した者は、15年以下の懲役又は50万円以下の罰金に処する。
　・ケガをさせる気は全くなく顔面等を殴打した結果、傷害を負わせた場合でも傷害罪は成立する（暴行致傷罪という刑はない）。

第205条（傷害致死罪）　身体を傷害し、よって人を死亡させた者は、3年以上の有期懲
　　役に処する。
　　・加害者に殺意がなくて、暴行や傷害の故意で被害者が死亡した場合である。殺意
　　があって、被害者が死亡すれば殺人罪となる。
第230条第1項（名誉毀損罪）　公然と事実を摘示し、人の名誉を毀損した者は、その事
　　実の有無にかかわらず、3年以下の懲役若しくは禁錮又は50万円以下の罰金に処する。
第231条（侮辱罪）　事実を摘示しなくても、公然と人を侮辱した者は、拘留または科
　　料に処する。
第222条第1項（脅迫罪）　生命、身体、自由、名誉又は財産に対し害を加える旨を告知
　　して人を脅迫した者は、2年以下の懲役又は30万円以下の罰金に処する。
第223条第1項（強要罪）　生命、身体、自由、名誉若しくは財産に対し害を加える旨を
　　告知して脅迫し、又は暴行を用いて、人に義務のないことを行わせ、又は権利の行使
　　を妨害した者は、3年以下の懲役に処する。

──────────────────────────────

　保護者や教師の一部には「愛の鞭」と称して体罰容認論があるが、決して認
められるものではない。部活動の中には、勝利至上主義のもとに暴力を容認す
る風潮があるが、指導の意味をはき違えている犯罪行為である。校則違反のス
カート丈を注意したが、口答えと受け取れるような言動をした女子生徒に激怒
し、顔面を平手打ちにし、肩部付近を突き、さらに左手で頭部付近を突き上げ、
被害者の頭部をコンクリート柱等に激突させて死亡させた教師を有罪とした事
例で、判決文は以下のように述べている。「高校生の人格の完成度が低い故に
多大の忍耐力が要求される」という箇所を始め、いくつか躊躇を覚える文言は
あるが参考のために掲載する。

　「高校生に対する生活指導を含め教育の現場においては当然のことながら対
象者の人格の完成度が低い故に多大の忍耐力が要求されることは多言を要しな
いところであり、生徒に対する懲戒権について定めた学校教育法第11条がただ
し書で体罰を禁止しているのは、体罰がとかく感情的行為と区別し難い一面を
具有している上、それらを加えられる者の人格の尊厳を著しく傷つけ、相互の
信頼と尊敬を基調とする教育の根本理念と背馳しその自己否定につながるおそ
れがあるからであって、問題生徒の数が増え問題性もより深化して教師の指導
がますます困難の度を加えつつある原状を前提としても、その趣旨は学校教育

の現場においてなによりも尊重、遵守されなければならないことはいうまでもない。ましてや、生徒が反抗的態度を取ったからと言って、教師が感情的になって暴行を振るうことは厳に戒められるべきことである。」(福岡高判　平成8年6月25日)

　体罰をする教師はとかく指導力がなかったり、人権意識が欠如したりしている場合が多い。

　体罰が認められない理由としては、以下のようなことが考えられる。

①　体罰は、児童等に肉体的な苦痛のみならず精神的な苦痛をも与え、心を深く傷つける人権侵害行為である。それは生涯にわたるトラウマとなる虞(おそれ)がある。

②　体罰は、児童等に屈辱感を与え自己肯定感を喪失させ、一方では教員に対する恐怖心、不信感、怒りなどの感情を抱かせることになり、信頼関係の崩壊につながる。

③　体罰が横行するような学校や学級では、道徳心や正常な倫理観を養うことはできず、暴力によって物事を解決するような傾向になりやすい。また、いじめや暴力行為を生む土壌ともなりかねない。

④　体罰からは、児童達の自由な発想から生まれる活気ある授業や学級経営は育たない。

⑤　体罰を受けた者が負の連鎖として、次の世代の者へ体罰を行うことがある。

　一方では、体罰禁止に対して学校や教育委員会が過剰反応を起こし、指導が萎縮して、児童生徒等の理不尽とも思える行為や要求に毅然とした対処ができない弊害も生じている。そこで、文部科学省は以下の**「問題行動を起こす児童生徒に対する指導について」**(初等中等教育局長通知　平成19年2月5日)を出した。

　・問題行動を起こす児童生徒に対する指導について
【1】　生徒指導の充実について

(1) 学校においては、日常的な指導の中で、児童生徒一人一人を把握し、性向等についての理解を深め、教師と児童生徒との信頼関係を築き、すべての教育活動を通じてきめ細かな指導を行う。また、全教職員が一体となって、児童生徒の様々な悩みを受け止め、積極的に教育相談やカウンセリングを行う。

(2) 児童生徒の規範意識の醸成のため、各学校は、いじめや暴力行為等に関するきまりや対応の基準を明確化したものを保護者や地域住民等に公表し、理解と協力を得るよう努め、全教職員がこれに基づき一致協力し、一貫した指導を粘り強く行う。

(3) 問題行動の中でも、特に校内での傷害事件をはじめ、犯罪行為の可能性がある場合には、学校だけで抱え込むことなく、直ちに警察に通報し、その協力を得て対応する。

【2】 出席停止制度の活用について

(1) 出席停止は、懲戒行為ではなく、学校の秩序を維持し、他の児童生徒の教育を受ける権利を保障するために採られる措置であり、各市町村教育委員会及び学校は、このような制度の趣旨を十分理解し、日頃から規範意識をはぐくむ指導やきめ細かな教育相談等を粘り強く行う。

(2) 学校がこのような指導を継続してもなお改善が見られず、いじめや暴力行為など問題行動を繰り返す児童生徒に対し、正常な教育環境を回復するため必要と認める場合には、市町村教育委員会は、出席停止制度の措置を採ることをためらわずに検討する。

(3) この制度の運用に当たっては、教師や学校が孤立することがないように、校長はじめ教職員、教育委員会や地域のサポートにより必要な支援がなされるよう十分配慮する。

学校は、当該児童生徒が学校へ円滑に復帰できるよう学習を補完したり、学級担任等が計画的かつ臨機に家庭への訪問を行い、読書等の課題をさせる。

市町村教育委員会は、当該児童生徒に対し出席停止期間中必要な支援がなされるように個別の指導計画を策定するなど、必要な教育的措置を講じる。

都道府県教育委員会は、状況に応じ、指導主事やスクールカウンセラーの派遣、教職員の追加的措置、当該児童生徒を受け入れる機関との連携の促進など、市町村教育委員会をバックアップする。

地域では、警察、児童相談所、保護司、民生・児童委員等の関係機関の協力を得たサポートチームを組織することも有効である。

(4) その他の出席停止制度の運用等については、「出席停止制度の運用の在り方について」（文部科学省初等中等教育局長通知 平成13年11月6日付け）による。

【3】 懲戒・体罰について

(1) 校長及び教員（以下「教員等」という。）は、教育上必要があると認めるときは、児童生徒に懲戒を加えることができ、懲戒を通じて児童生徒の自己教育力や規範意識の育成を期待することができる。しかし、一時の感情に支配されて、安易な判断のもとで懲戒が行われることがないように留意し、家庭との十分な連携を通じて、日頃から教員等、児童生徒、保護者間での信頼関係を築いておくことが大切である。

(2) 体罰がどのような行為なのか、児童生徒への懲戒がどの程度まで認められるかにつ

いては、機械的に判定することが困難である。また、このことが、ややもすると教員等が自ら指導に自信がもてない状況を生み、実際の指導において過度の萎縮を招いているとの指摘もなされている。ただし、教員等は児童生徒への指導に当たり、いかなる場合においても、身体に対する侵害（殴る、蹴る等）、肉体的苦痛を与える懲戒（正座・直立等特定の姿勢を長時間保持させる等）である体罰を行ってはならない。体罰による指導により正常な倫理観を養うことはできず、むしろ児童生徒に力による解決への思考を助長させ、いじめや暴力行為などの土壌を生む恐れがあるからである。

(3)　懲戒権の限界及び体罰の禁止については、これまで「児童懲戒権の限界について」（昭和23年12月22日付け法務庁法務調査意見長官回答）等が過去に示されており、教育委員会や学校でも、これらを参考として指導を行ってきた。しかし、児童生徒の問題行動は学校のみならず社会問題となっており、学校がこうした問題行動に適切に対応し、生徒指導の一層の充実を図ることができるよう、文部科学省としては、懲戒及び体罰に関する裁判例の動向等も踏まえ、今般、**「学校教育法第11条に規定する児童生徒の懲戒及び体罰に関する考え方」（別紙）**を取りまとめた。懲戒・体罰に関する解釈・運用については、今後、この「考え方」によることとする。

- -

（別紙）学校教育法第11条に規定する児童生徒の懲戒・体罰に関する考え方

1　体罰について

(1)　児童生徒への指導にあたり、体罰はいかなる場合においても行ってはならない。ただし、教員等が児童生徒に対して行った懲戒の行為が体罰に当たるかどうかは、当該児童生徒の年齢、健康、心身の発達状況、当該行為が行われた場所的および時間的環境、懲戒の態様等の諸条件を総合的に考え、個々の事案ごとに判断する必要がある。

(2)　(1)により、その懲戒の内容が身体的性質のもの、すなわち、身体に対する侵害を内容とする懲戒（殴る、蹴る等）、被罰者に肉体的苦痛を与えるような懲戒（正座・直立等特定の姿勢を長時間にわたって保持させる等）に当たると判断された場合は、体罰に該当する。

(3)　個々の懲戒が体罰に当たるか否かは、単に、懲戒を受けた児童生徒や保護者の主観的な言動により判断されるのではなく、諸条件を客観的に考慮して判断されるべきであり、特に児童生徒一人一人の状況に配慮を尽くした行為であったかどうか等の観点が重要である。

(4)　児童生徒に対する有形力（目に見える物理的な力）の行使により行われた懲戒は、その一切が体罰として許されないというものではなく、裁判例においても、「いやしくも有形力の行使と見られる外形をもった行為は学校教育法上の懲戒行為として一切許容されないとすることは、本来学校教育法の予想するところではない」としたもの（昭和56年4月1日東京高裁判決）、「生徒の心身の発達に応じて慎重な教育上の配慮

130

のもとに行われる限りにおいては、状況に応じ一定の限度内で懲戒のための有形力の行使が許容される」としたもの（昭和60年２月22日浦和地裁判決）などがある。

(5)　有形力の行使以外の方法により行われた懲戒については、例えば、以下のような行為は、児童生徒に肉体的苦痛を与えるものでない限り、通常体罰には当たらない。

○　放課後等教室に残留させる（用便のためにも室外に出ることを許さない、又は食事時間を過ぎても長く留め置く等肉体的苦痛を与えるものは体罰に当たる）。

○　授業中、教室内に起立させる。

○　学習課題や清掃活動をさせる。

○　学校当番を多く割り当てる。

○　立ち歩きの多い児童生徒を叱って席につかせる。

(6)　なお、児童生徒から教員や他の児童・生徒等に対する暴力行為に対して、教員等が防衛のためにやむを得ずした有形力の行使は、もとより教育上の措置たる懲戒行為として行われたものではなく、これにより身体への侵害または肉体的苦痛を与えた場合は体罰には該当しない。また、他の児童生徒に被害を及ぼすような暴力行為に対して、これを制止したり、目前の危険を回避するためにやむを得ずした有形力の行使についても、同様に体罰に当たらない。これらの行為については、正当防衛、正当行為等として刑事上または民事上の責めを免れうる。

2　児童生徒を教室外に退去させる等の措置について

(1)　単に授業を遅刻したこと、授業中学習を怠けたこと等を理由として、児童生徒を教室に入れずまたは教室から退去させ、指導を行わないままに放置することは、義務教育における懲戒の手段としては許されない。

(2)　授業中、児童生徒を教室内に入れずまたは教室から退去させる場合であっても、当該授業の間、その児童生徒のために当該授業に代わる指導が別途行われるのであれば、懲戒の手段としてこれを行うことは差し支えない。

(3)　児童生徒が学習を怠り、喧嘩その他の行為により他の児童生徒の学習を妨げるような場合には、他の児童生徒の学習上の妨害を排除し教室内の秩序を維持するため、必要な間、やむを得ず教室外に退去させることは懲戒に当たらず、教育上必要な措置として差し支えない。

(4)　さらに、近年児童生徒の間に急速に普及している携帯電話を児童生徒が学校に持ち込み、授業中にメール等を行い、学校の教育活動全体に悪影響を及ぼすような場合、保護者等と連携を図り、一時的にこれを預かり置くことは、教育上必要な措置として差し支えない。

体罰は、児童等や保護者の信頼を裏切り苦しませる行為であるとともに、真摯に学校教育に打ち込んでいる多くの教職員への裏切り行為でもある。文部科学省や教育委員会、そして何よりも多くの教職員の体罰根絶に向けての努力に

も関わらず、残念であるが体罰はなくならない。

　平成24年末に生じた大坂市立桜宮高等学校のバスケットボール部顧問教諭による体罰を契機とした部員の自殺事件を受けて、文部科学省は以下の**「体罰の禁止及び児童生徒理解に基づく指導の徹底について（通知）」**（24文科初第1269号　文部科学省初等中等局長、文部科学省スポーツ・青少年局長通知）を平成25年３月13日に出した。長文ではあるが、教職に携わる者にとっては重要な内容であるので、全文を掲載する。

・体罰の禁止及び児童生徒理解に基づく指導の徹底について（通知）

　昨年末、部活動中の体罰を背景とした高校生の自殺事件が発生するなど、教職員による児童生徒への体罰の状況について、文部科学省としては、大変深刻に受け止めております。体罰は学校教育法で禁止されている、決して許されない行為であり、平成25年１月23日初等中等局長、スポーツ・青少年局長通知「体罰禁止の徹底及び体罰に係る実態把握について」においても、体罰禁止の徹底を改めてお願いいたしました。

　懲戒、体罰に関する解釈・運用については、平成19年２月に、裁判例の動向等も踏まえ、「問題行動を起こす児童生徒に対する指導について」（18文科初第1019号　文部科学省初等中等局長通知）別紙「学校教育法第11条に規定する児童生徒の懲戒・体罰に関する考え方」を取りまとめましたが、懲戒と体罰の区別等についてより一層適切な理解促進を図るとともに、教育現場において、児童生徒理解に基づく指導が行われるよう、改めて本通知において考え方を示し、別紙において参考事例を示しました。懲戒、体罰に関する解釈・運用については、今後、本通知によるものとします。

　また、部活動は学校教育の一環として行われるものであり、生徒をスポーツや文化等に親しませ、責任感、連帯感の涵養等に資するものであるといった部活動の意義をもう一度確認するとともに、体罰を厳しい指導として正当化することは誤りであるという認識を持ち、部活動の指導に当たる教員等は、生徒の心身の健全な育成に資するよう、生徒の健康状態等の十分な把握や、望ましい人間関係の構築に留意し、適切に部活動指導をすることが必要です。

　貴職におかれましては、本通知の趣旨を理解の上、児童生徒理解に基づく指導が徹底されるよう積極的に取り組むとともに、都道府県・指定都市教育委員会にあっては所管の学校及び域内の市町村教育委員会に対して、都道府県知事にあっては所轄の私立学校に対して、国立大学法人学長にあっては附属学校に対して、構造改革特別区域法第12条第１項の認定を受けた地方公共団体の長にあっては認可した学校に対して、本通知の徹底を図り、適切な御指導をお願いいたします。

記

1 体罰の禁止及び懲戒について

　体罰は、学校教育法第11条において禁止されており、校長及び教員（以下「教員等」という。）は、児童生徒への指導に当たり、いかなる場合も体罰を行ってはならない。体罰は、違法行為であるのみならず、児童生徒の心身に深刻な悪影響を与え、教員等及び学校への信頼を失墜させる行為である。

　体罰により正常な倫理観を養うことはできず、むしろ児童生徒に力による解決への志向を助長させ、いじめや暴力行為などの連鎖を生む恐れがある。もとより教員等は指導に当たり、児童生徒一人一人をよく理解し、適切な信頼関係を築くことが重要であり、このために日頃から自らの指導の在り方を見直し、指導力の向上に取り組むことが必要である。懲戒が必要と認める状況においても、決して体罰によることなく、児童生徒の規範意識や社会性の育成を図るよう、適切に懲戒を行い、粘り強く指導することが必要である。

　ここでいう懲戒とは、学校教育法施行規則に定める退学（公立義務教育諸学校に在籍する学齢児童生徒を除く。）、停学（義務教育諸学校に在籍する学齢児童生徒を除く。）、訓告のほか、児童生徒に肉体的苦痛を与えるものでない限り、通常、懲戒権の範囲内として判断されると考えられる行為として、注意、叱責、居残り、別室指導、起立、宿題、清掃、学校当番の割り当て、文書指導などがある。

2 懲戒と体罰の区別について

(1) 教員等が児童生徒に対して行った懲戒行為が体罰に当たるかどうかは、当該児童生徒の年齢、健康、心身の発達状況、当該行為が行われた場所的及び時間的環境、懲戒の態様等の諸条件を総合的に考え、個々の事案ごとに判断する必要がある。この際、単に、懲戒行為をした教員等や、懲戒行為を受けた児童生徒・保護者の主観のみにより判断するのではなく、諸条件を客観的に考慮して判断すべきである。

(2) (1)により、その懲戒の内容が身体的性質のもの、すなわち、身体に対する侵害を内容とするもの（殴る、蹴る等）、児童生徒に肉体的苦痛を与えるようなもの（正座・直立等特定の姿勢を長時間にわたって保持させる等）に当たると判断された場合は、体罰に該当する。

3 正当防衛及び正当行為について

(1) 児童生徒の暴力行為等に対しては、毅然とした姿勢で教職員一体となって対応し、児童生徒が安心して学べる環境を確保することが必要である。

(2) 児童生徒から教員等に対する暴力行為に対して、教員等が防衛のためにやむを得ずした有形力の行使は、もとより教育上の措置たる懲戒行為として行われたものではなく、これにより身体への侵害又は肉体的苦痛を与えた場合は体罰には該当しない。ま

た、他の児童生徒に被害を及ぼすような暴力行為に対して、これを制止したり、目前の危険を回避するためにやむを得ずした有形力の行使についても、同様に体罰に当たらない。これらの行為については、正当防衛又は正当行為等として刑事上又は民事上の責めを免れうる。

4　体罰の防止と組織的な指導体制について

(1)　体罰の防止

1. 教育委員会は、体罰の防止に向け、研修の実施や教員等向けの指導資料の作成など、教員等が体罰に関する正しい認識を持つように取り組むことが必要である。

2. 学校は、指導が困難な児童生徒の対応を一部の教員に任せきりにしたり、特定の教員が抱え込んだりすることのないよう、組織的な指導を徹底し、校長、教頭等の管理職や生徒指導担当教員を中心に、指導体制を常に見直すことが必要である。

3. 校長は、教員が体罰を行うことがないよう、校内研修の実施等により体罰に関する正しい認識を徹底させ、「場合によっては体罰もやむを得ない」などといった誤った考え方を容認する雰囲気がないか常に確認するなど、校内における体罰の未然防止に恒常的に取り組むことが必要である。また、教員が児童生徒への指導で困難を抱えた場合や、周囲に体罰と受け取られかねない指導を見かけた場合には、教員個人で抱え込まず、積極的に管理職や他の教員等へ報告・相談できるようにするなど、日常的に体罰を防止する体制を整備することが必要である。

4. 教員は、決して体罰を行わないよう、平素から、いかなる行為が体罰に当たるかについて考え方を正しく理解しておく必要がある。また、機会あるごとに自身の体罰に関する認識を再確認し、児童生徒への指導の在り方を見直すとともに、自身が児童生徒への指導で困難を抱えた場合や、周囲に体罰と受け取られかねない指導を見かけた場合には、教員個人で抱え込まず、積極的に管理職や他の教員等へ報告・相談することが必要である。

(2)　体罰の実態把握と事案発生時の報告の徹底

1. 教育委員会は、校長に対し、体罰を把握した場合には教育委員会に直ちに報告するよう求めるとともに、日頃から、主体的な体罰の実態把握に努め、体罰と疑われる事案があった場合には、関係した教員等からの聞き取りのみならず、児童生徒や保護者からの聞き取りや、必要に応じて第三者の協力を得るなど、事実関係の正確な把握に努めることが必要である。あわせて、体罰を行ったと判断される教員等については、体罰が学校教育法に違反するものであることから、厳正な対応を行うことが必要である。

2. 校長は、教員に対し、万が一体罰を行った場合や、他の教員の体罰を目撃した場合には、直ちに管理職へ報告するよう求めるなど、校内における体罰の実態把握のために必要な体制を整備することが必要である。

　　また、教員や児童生徒、保護者等から体罰や体罰が疑われる事案の報告・相談があ

った場合は、関係した教員等からの聞き取りや、児童生徒や保護者からの聞き取り等により、事実関係の正確な把握に努めることが必要である。

　加えて、体罰を把握した場合、校長は直ちに体罰を行った教員等を指導し、再発防止策を講じるとともに、教育委員会へ報告することが必要である。

3. 教育委員会及び学校は、児童生徒や保護者が、体罰の訴えや教員等との関係の悩みを相談することができる体制を整備し、相談窓口の周知を図ることが必要である。

5　部活動指導について

(1) 部活動は学校教育の一環であり、体罰が禁止されていることは当然である。成績や結果を残すことのみに固執せず、教育活動として逸脱することなく適切に実施されなければならない。

(2) 他方、運動部活動においては、生徒の技術力・身体的能力、又は精神力の向上を図ることを目的として、肉体的、精神的負荷を伴う指導が行われるが、これらは心身の健全な発達を促すとともに、活動を通じて達成感や、仲間との連帯感を育むものである。ただし、その指導は学校、部活動顧問、生徒、保護者の相互理解の下、年齢、技能の習熟度や健康状態、場所的・時間的環境等を総合的に考えて、適切に実施しなければならない。

　指導と称し、部活動顧問の独善的な目的を持って、特定の生徒たちに対して、執拗かつ過度に肉体的・精神的負荷を与える指導は教育的指導とは言えない。

・学校教育法第11条に規定する児童生徒の懲戒・体罰等に関する参考事例

　本紙は、学校現場の参考に資するよう、具体の事例について、通常どのように判断されるかを示したものである。本紙は飽くまで参考として、事例を簡潔に示して整理したものであるが、個別の事案が体罰に該当するか等を判断するに当たっては、本通知2(1)の諸条件を総合的に考え、個々の事案ごとに判断する必要がある。

(1) 体罰（通常、体罰と判断されると考えられる行為）

　○　身体に対する侵害を内容とするもの

・　体育の授業中、危険な行為をした児童の背中を足で踏みつける。

・　帰りの会で足をぶらぶらさせて座り、前の席の児童に足を当てた児童を、突き飛ばして転倒させる。

・　授業態度について指導したが反抗的な言動をした複数の生徒らの頬を平手打ちする。

・　立ち歩きの多い生徒を叱ったが聞かず、席につかないため、頬をつねって席につかせる。

・　生徒指導に応じず、下校しようとしている生徒の腕を引いたところ、生徒が腕を振り払ったため、当該生徒の頭を平手で叩く。

- 　給食の時間、ふざけていた生徒に対し、口頭で注意したが聞かなかったため、持っていたボールペンを投げつけ、生徒に当てる。
- 　部活動顧問の指示に従わず、ユニフォームの片付けが不十分であったため、当該生徒の頬を殴打する。
- ○　被罰者に肉体的苦痛を与えるようなもの
- 　放課後に児童を教室に残留させ、児童がトイレに行きたいと訴えたが、一切、室外に出ることを許さない。
- 　別室指導のため、給食の時間を含めて生徒を長く別室に留め置き、一切室外に出ることを許さない。
- 　宿題を忘れた児童に対して、教室の後方で正座で授業を受けるよう言い、児童が苦痛を訴えたが、そのままの姿勢を保持させた。

(2)　認められる懲戒（通常、懲戒権の範囲内と判断されると考えられる行為）（ただし肉体的苦痛を伴わないものに限る。）
＊学校教育法施行規則に定める退学・停学・訓告以外で認められると考えられるものの例
- 　放課後等に教室に残留させる。
- 　授業中、教室内に起立させる。
- 　学習課題や清掃活動を課す。
- 　学校当番を多く割り当てる。
- 　立ち歩きの多い児童を叱って席につかせる。
- 　練習に遅刻した生徒を試合に出さずに見学させる。

(3)　正当な行為（通常、正当防衛、正当行為と判断されると考えられる行為）
- ○　児童生徒から教員等に対する暴力行為に対して、教員等が防衛のためやむを得ずした有形力の行使
- 　児童が教員の指導に反抗して教員の足を蹴ったため、児童の背後に回り、体をきつく押さえる。
- ○　他の児童生徒に被害を及ぼすような暴力行為に対して、これを制止したり、目前の危険を回避するためにやむを得ずした有形力の行使
- 　休み時間に廊下で、他の児童を押さえつけて殴るという行為に及んだ児童がいたため、この児童の両肩をつかんで引き離す。
- 　全校集会中に、大声を出して集会を妨げる行為があった生徒を冷静にさせ、別の場所で指導するため、別の場所に移るように指導したが、なおも大声を出し続けて抵抗したため、生徒の腕を手で引っ張って移動させる。
- 　他の生徒をからかっていた生徒を指導しようとしたところ、当該生徒が教員に暴言を吐きつばを吐いて逃げ出そうとしたため、生徒が落ち着くまでの数分間、肩を

　　両手でつかんで壁へ押しつけ、制止させる。

・　試合中に相手チームの選手とトラブルになり、殴りかかろうとする生徒を、押さ
　えつけて制止させる。

参考条文

刑法

第35条（正当行為）　法令又は正当な業務による行為は、罰しない。

第36条（正当防衛）　急迫不正の侵害に対し、自己又は他人の権利を防衛するため、や
　むを得ずにした行為は、罰しない。

2　防衛の限度を超えた行為は、情状により、その刑を減軽し、又は免除することがで
　きる。

民法

第720条（正当防衛）　他人の不法行為に対し、自己又は第三者の権利又は法律上保護
　される利益を防衛するため、やむを得ず加害行為をした者は、損害賠償の責任を負わ
　ない。ただし、被害者から不法行為をした者に対する損害賠償の請求を妨げない。

---

(4)　体罰根絶に向けた取組

　大阪市立桜宮高等学校での体罰事件を契機として、体罰に対する教育委員会
や学校の姿勢が問題となった。体罰の実態把握や報告について不徹底があり、
そのことは体罰への対応の甘さが指摘されることとなった。そこで、文部科学
省は、以下の**「体罰根絶に向けた取組の徹底について（通知）」**を平成25年8
月9日に出した（25文科初第574号　文部科学省初等中等局長・文部科学省
スポーツ・青少年局長通知）。

　・体罰根絶に向けた取組の徹底について（通知）

　平成24年度に発生した体罰の状況について、実態把握の結果を別添のとおり取りま
とめたところですが、全国の国公私立学校における体罰の件数が6700件を超え、これ
まで、体罰の実態把握や報告が不徹底だったのでないかと、重く受け止めています。

　体罰は、学校教育法に違反するのみならず、児童生徒の心身に深刻な悪影響を与え、
力による解決の志向を助長し、いじめや暴力行為などの土壌を生む恐れがあり、いかな
る場合でも決して許されません。

　体罰防止に関する取組については、これまでも「体罰禁止の徹底及び体罰に係る実態

把握について（平成25年1月23日付け24文科初第1073号初等中等局長、スポーツ・青少年局長通知）」、「体罰の禁止及び児童生徒理解に基づく指導の徹底について（平成25年3月13日付け24文科初第1269号初等中等局長、スポーツ・青少年局長通知）」において示してきたところです。今回の実態把握の結果を踏まえ、厳しい指導の名の下で、若しくは保護者や児童生徒の理解を理由として、体罰や体罰につながりかねない不適切な指導を見過ごしてこなかったか、これまでの取組を検証し、体罰を未然に防止する組織的な取組、徹底した実態把握、体罰が起きた場合の早期対応及び再発防止策など、体罰防止に関する取組の抜本的な強化を図る必要があります。

　貴職におかれては、下記の点に御留意の上、都道府県教育委員会及び指定都市教育委員会にあっては所管の学校及び域内の市町村教育委員会等に対し、都道府県知事にあっては所轄の私立学校に対し、国立大学法人学長にあっては附属学校に対し、構造改革特別区域法第12条第1項の認定を受けた各地方公共団体の長にあっては認可した学校に対し、実態把握の結果について連絡するとともに、改めて体罰根絶へ向けた取組を点検し、更なる強化を図るようお願いいたします。
記

1．体罰の未然防止

(1)　体罰禁止

　　校長及び教員（以下「教員等」という。）は、決して体罰を行わないよう、校内研修等を通じて体罰禁止の趣旨を徹底し、懲戒・体罰の区別等のより一層適切な理解を深めること。

　　教育委員会は、体罰の未然防止を徹底するため、学校の管理職、指導教諭、生徒指導担当教員、部活動顧問の教員等を対象とした実践的な研修の実施等所要の措置を行うとともに、必要に応じて体罰に関する懲戒処分基準の見直しを行うこと。

　　教育委員会及び学校は、体罰根絶の指導方針について保護者や地域住民等と認識を共有するよう努めること。

(2)　組織的な指導体制の確立と指導力の向上

　　学校の管理職は、指導が困難な児童生徒の対応を一部の教員に任せきりにしたり、特定の教員が抱え込んだりすることのないよう、指導教諭、生徒指導担当教員、部活動顧問の教員等による組織的な指導を徹底すること。

　　教員等は、児童生徒理解に基づく適切な指導ができるよう、日頃より指導力向上に努めること。また、たとえ指導上の困難があったとしても、決して体罰によることなく、粘り強い指導や適切な懲戒を行い、児童生徒が安心して学べる環境を確保すること。

(3)　部活動指導における体罰防止のための取組

　　中学校及び高等学校では「部活動」において最も多くの体罰が報告されていること等に鑑み、部活動における体罰の防止について特に留意する必要があること。

　　教育委員会及び学校は、平成25年5月27日に取りまとめられた「運動部活動の在り方に関する調査研究報告書」に掲げる「運動部活動での指導のガイドライン」の趣

旨、内容を理解の上、運動部活動の指導者（顧問教員、外部指導者）による体罰等の根絶及び適切かつ効果的な指導に向けた取組を実施すること。

2. 徹底した実態把握及び早期対応

(1) 体罰の実態把握

　　教育委員会及び学校は、実態把握の方法が十分であるか点検し、日頃から主体的に体罰の実態把握ができる方策を講じ、継続的に体罰の実態把握に努めること。

(2) 報告及び相談の徹底

　　学校の管理職は、教員が体罰や体罰と疑われる行為（以下「体罰等」という。）を行った場合に、教員が管理職等へ直ちに報告や相談を行う環境を整備すること。教育委員会は、体罰等が発生した場合に迅速に対応できるよう、生徒指導担当部局と服務担当部局との適切な連携体制等を整備すること。

　　体罰等の報告・相談があった場合、学校の管理職は、直ちに関係する児童生徒や教員等から状況を聴取し、その結果を教育委員会へ報告するとともに、被害児童生徒の受けた心身の苦痛等を踏まえ、その回復のため真摯に対応すること。また、教育委員会は、学校からの体罰等の発生の報告を受け、事実関係の正確な把握など必要な対応を迅速に行うこと。加えて、県費負担教職員の服務監督権者である市町村教育委員会においては、都道府県教育委員会に事案及び対応措置を報告すること。

(3) 事案に応じた厳正な処分等

　　教育委員会は、体罰を行ったと判断された教員等については、客観的な事実関係に基づき、厳正な処分等を行うこと。特に、以下の場合は、より厳重な処分を行う必要があること。

　　1　教員等が児童生徒に傷害を負わせるような体罰を行った場合

　　2　教員等が児童生徒への体罰を常習的に行っていた場合

　　3　体罰を起こした教員等が体罰を行った事実を隠蔽した場合等

3. 再発防止

　　教育委員会及び学校は、実態把握の結果を踏まえ、体罰発生の背景や傾向を考察の上、再発防止策を適切に講じること。体罰を起こした教員等に対しては、二度と繰り返すことのないよう、体罰を起こした原因等を踏まえた研修等を行うなど、再発防止を徹底すること。

(5) 体罰を行った場合の法的責任

　校長や教員（以下「教員等」という。）が体罰を加えた場合には、国公私立学校を問わず法的には以下の3つの責任が考えられる。

① 就業上の規則違反による責任である。国公立学校の教員等であれば、公務

員法上の懲戒処分の対象となる。これを行政上の責任という。例えば、公立学校の教員等が体罰を加えた場合は地方公務員法第29条第1項に抵触する。その第1項第一号には、地方公務員法第3章第6節に定められている服務の規定に違反した場合は懲戒処分をすることができるとある。体罰は学校教育法第11条に定めてある体罰禁止に違反するものであり、それは地方公務員法第32条の「法令等及び上司の職務上の命令に従う義務」や第33条「信用失墜行為の禁止」にも抵触することになる。第32条に抵触する行為は、第29条第1項第二号に規定する「職務上の義務違反」でもあり、また、第33条に抵触する行為は、第29条第1項第三号に規定する「全体の奉仕者たるにふさわしくない非行のあつた場合」にも抵触する。

　私立学校の教員等の就業上の規則違反は、それぞれの就業規則によって懲戒解雇を含めた就業規則違反が問われることになる。

　校長自身が体罰をしていなくても、部下である教員が体罰を行った場合は、学校教育法第37条第4項により監督上の責任を問われることがある。公立学校の校長の場合は、地方公務員法第30条の「服務の根本基準」や第35条の「職務に専念する義務違反」に問われることがあり、それは第29条第1項一号や第二号にも抵触し、懲戒処分に問われることがある。私立学校の校長の場合は、就業規則上の監督責任が問われる。

②　刑事上の責任である。体罰は、刑法第208条（暴行罪）、第204条（傷害罪）、第205条（傷害致死罪）、第223条第1項（強要罪）などに抵触することが考えられる。いずれも親告罪ではないので被害者側の告訴を必要としないが、被害状況や諸般の事情によっては、刑事訴訟法第248条の起訴便宜主義によって、必ずしもすべての事件が起訴されるとは限らない。以上のことは国公私立学校の教員等を問わない。

　校内で体罰のような犯罪が発生した場合には、国公立学校の教員等は告発をしなければならない（刑事訴訟法第239条第2項）。

③　民事上の責任である。児童生徒等が体罰で暴行や傷害を受けたり、命を無くしたり、精神的な苦痛を受けたりした場合には、児童生徒等や一定の親族か

ら損害賠償を請求できる。国公立学校の場合は、民法第709条・第710条・第711条及び国家賠償法第1条・第3条が適用される。公立学校の小・中学校の県費負担教員等が加害者の場合は、被害者側は勤務地の市町村及び都道府県のいずれか、又は両方を被告として損害賠償を請求できる。現行法上は被害者側である原告は加害者である教員等を被告として損害賠償を請求できない。しかし、加害者である教員等の責任を追及するには不十分であることや後述の私立学校の場合との不均衡から、加害者を被告に加えるべきであるとの立法論や解釈上可能であるとする考えがある。ただし、市町村や都道府県は被害者側に損害賠償を支払ったら、その金額を加害者である教員等に求償できる(国家賠償法第1条第2項)。

　私立学校の場合には、被害者側は民法第709条、第710条、第711条、第715条などの規定により請求できる。この場合は、加害者本人も損害賠償請求の被告となる。国公私立を問わず使用者に損害賠償を請求できるようにしたのは、使用者としての責任の面と体罰を行った者の支払い能力などを勘案し、被害者の救済を十分に行うためである。

　大阪市立桜宮高等学校でのバスケットボール部顧問による体罰事件を例にとって法的責任を述べると以下の通りである。

事件の概要

　大阪市立桜宮高等学校のバスケットボール部の顧問教諭Kは、その部では試合に勝つために必要なことであるとして、日頃から部員である生徒を叩いたり殴ったりしていた。ある試合の時も、満足できるプレーができなかったとして、試合の休憩時間や終了後に主将Aの顔を平手で10数回殴打し、全治3週間の傷を負わせた。男子生徒Aは体罰を苦にして自殺した。

① 　行政上の責任　K教諭は懲戒免職　校長は停職1月　教頭は停職10日

② 　刑事上の責任　K教諭に傷害罪で懲役1年執行猶予3年

③ 　民事上の責任　大阪市の教育委員会は体罰と自殺の因果関係を認めた。被害者の損害賠償請求権を相続した遺族から大阪市は、約17400万円の請求訴訟を提起された。裁判の結果、大阪市が被害者側（遺族）へ遅延金も含め

て約 8723 万円支払うこととなった（東京地裁・平成 28 年 2 月 24 日）。大阪市は、損害賠償金の半額約 4361 万円を K 教諭に請求し、認められた（大阪地裁・平成 29 年 2 月 16 日）。

参考条文

刑事訴訟法

第248条（起訴便宜主義）　犯人の性格、年齢及び境遇、犯罪の軽重及び情状並びに犯罪後の情況により訴追を必要としないときは、公訴を提起しないことができる。

第239条第 2 項（告発）　官吏又は公吏は、その職務を行うことにより犯罪があると思料するときは、告発をしなければならない。

民法

第709条（不法行為による損害賠償）　故意又は過失によって他人の権利又は法律上保護される利益を侵害した者は、これによって生じた損害を賠償する責任を負う。

第710条（財産以外の損害の賠償）　他人の身体、自由若しくは名誉を侵害した場合又は他人の財産権を侵害した場合のいずれであるかを問わず、前条の規定により損害賠償の責任を負う者は、財産以外の損害に対しても、その賠償をしなければならない。

第711条（近親者に対する損害の賠償）　他人の生命を侵害した者は、被害者の父母、配偶者及び子に対しては、その財産権が侵害されなかった場合においても、損害の賠償をしなければならない。

第715条（使用者等の責任）　ある事業のために他人を使用する者は、被用者がその事業の執行について第三者に加えた損害を賠償する責任を負う。ただし、使用者が被用者の選任及びその事業の監督について相当の注意をしたとき、又は相当の注意をしても損害が　生ずべきであったときは、この限りではない。

2　使用者に代わって事業を監督する者も、前項の責任を負う。

3　前 2 項の規定は、使用者又は監督者から被用者に対する求償権の行使を妨げない。

　体罰が根絶できない原因の一つとして「体罰」という用語自体が、悪いことをした者へ「罰の一種としての体罰」というものがあり得るのではないか、との誤解を生みかねない言葉である。

　全日本の女子柔道部での指導者による女子選手に対する暴行事件が露呈したとき、マスコミ等は当初「体罰」と表現していた。しかし、今日の日本では、刑罰として鞭打ち刑や入れ墨刑などのいわゆる「体罰」は存在しない。「体罰」は学校教育法上で使用されている用語であることから女子選手に対する暴行は

「体罰」ではなく、暴行や暴力と言い換えられた。学校教育法でも、「ただし、体罰を加えることができない。」から「懲戒として暴行等は許されない。」としたら、少しは体罰に対する意識が変わり、根絶に向かうのかもしれない。

4　出席停止

性行不良による出席停止（学校教育法第35条）

　　市町村の教育委員会は、次に掲げる行為の一又は二以上を繰り返し行う等性行不良であつて他の児童の教育に妨げがあると認める児童があるときは、その保護者に対して、児童の出席停止を命ずることができる。
　一　他の児童に傷害、心身の苦痛又は財産上の損失を与える行為
　二　職員に傷害又は心身の苦痛を与える行為
　三　施設又は設備を損壊する行為
　四　授業その他の教育活動の実施を妨げる行為
　2　市町村の教育委員会は、前項の規定により出席停止を命ずる場合には、あらかじめ保護者の意見を聴取するとともに、理由及び期間を記載した文書を交付しなければならない。
　3　前項に規定するもののほか、出席停止の命令の手続に関し必要な事項は、教育委員会規則で定めるものとする。
　4　市町村の教育委員会は、出席停止の命令に係る児童の出席停止の期間における学習に対する支援その他の教育上必要な措置を講ずるものとする。

　出席停止は2種類ある。一つは性行不良であって他の児童等の教育に妨げがあると認める場合であり、他は一つは感染症の拡大予防のための出席停止である。感染症に関する出席停止については第6章で述べる。
　本条の出席停止は中学校及び義務教育学校にも準用される。
　本条の出席停止の制度は、本人に対する懲戒という観点からではなく、学校

の秩序を維持し、他の児童・生徒の義務教育を受ける権利を保障するという観点から設けられた制度である。出席停止制度の運用の詳細については、下記の**「出席停止制度の運用の在り方」**（平成13年11月6日　13文科初725号　文部科学省初等中等教育局長通知（一部省略））が参考になる。そこには制度の趣旨・意義や出席停止を適用する際の要件、事前の手続き、期間中・期間後の対応、教育委員会規則の整備等について詳細に述べてある。

・出席停止制度の運用の在り方について（通知）

（文部科学省初等中等局長通知　平成13年11月6日13文科初725号）

1　制度運用の基本的な在り方について

(1)　制度の趣旨・意義

　出席停止の制度は、本人に対する懲戒という観点からではなく、学校の秩序を維持し、他の児童生徒の義務教育を受ける権利を保障するという観点から設けられた制度である。

　もとより、学校は児童生徒が安心して学ぶことができる場でなければならず、その生命及び心身の安全を確保することが学校及び教育委員会に課せられた基本的な責務である。こうした責務を果たしていくため、教育委員会においては出席停止制度を一層適切に運用することが必要である。この制度の運用に当たっては、他の児童生徒の安全や教育を受ける権利を保障すると同時に、出席停止の期間において当該児童生徒に対する学習の支援など教育上必要な措置を講ずることが必要である。

(2)　市町村教育委員会の権限と責任

　出席停止の措置は、国民の就学義務とも関わる重要な措置であることに鑑み、市町村教育委員会の権限と責任において行われるものとされている。具体的には、出席停止に関し、事前の指導、措置の適用の決定、期間中及び期間後の指導、関係機関との連携等にわたって市町村教育委員会が責任を持って対処する必要がある。

　こうしたことを踏まえ、市町村教育委員会において、出席停止を命ずる権限を校長に委任することや、校長の専決によって出席停止を命ずることについては、慎重である必要がある。もとより、校長は、学校の実態を把握し、その安全管理や教育活動について責任を負う立場にあることから、市町村教育委員会が出席停止制度を運用する際には、校長の意見を十分尊重することが望ましい。

(3)　事前の指導の在り方

　児童生徒の問題行動に対応するためには、日ごろからの生徒指導を充実することが、まずもって必要であり、学校が最大限の努力を行っても解決せず、他の児童生徒の教育が妨げられている場合に、出席停止の措置が講じられることになる。このため、特に次のような点に留意して指導に当たることが大切である。なお、公立の小学校及び中学校については、自宅謹慎、自宅学習を命ずることは法令上許されていない。

① 各教科、道徳、特別活動、総合的な学習の時間など学校の教育活動全体を通じ、教職員が一致協力して社会性や規範意識など豊かな人間性を育成する指導を徹底すること。その際、ボランティア活動など社会奉仕体験活動、自然体験活動その他の体験活動を効果的に取り入れること。

② 教職員が児童生徒の悩みや不安を受け止め、カウンセリングマインドを持って接するよう努めること。併せてスクールカウンセラーを有効に活用するなど校内の教育相談の充実を図ること。

③ 問題行動の兆候を見逃さず、適切な対応を行うとともに、問題行動の発生に際しては、教職員が共通理解の下に毅然とした態度で指導に当たること。暴力行為に及ぶ児童生徒に対し教職員は、正当防衛としての行為をするなどの対応もあり得ること。体罰については、学校教育法第11条により厳に禁止されているものであること。

④ 問題を抱え込むことなく、家庭や地域社会、さらには児童相談所や警察などの関係機関との連携を密にすること。生徒指導の方針や実情について説明責任を果たし、外部の意見を教育活動に適切に反映させること。実情に応じて、サポートチーム（個々の児童生徒の状況に応じ、問題行動の解決に向けて学校、教育委員会及び関係機関等が組織するチーム）など、地域ぐるみの支援体制を整備して指導に当たること。

⑤ 深刻な問題行動を起こす児童生徒については、前述の対応や個別の指導・説諭を行うほか、必要と認められる場合には、学校や児童生徒の実態に応じて十分に配慮しつつ、一定期間、校内において他の児童生徒と異なる場所で特別の指導計画を立てて指導すること。さらに、児童生徒に対する指導の過程において、家庭との連携を図り、保護者への適切な指導・助言・援助を行うこと。

2　要件について

出席停止の適用に当たっては、「性行不良」であること、「他の児童生徒の教育に妨げがあること」と認められることの2つが基本的な要件となっている。法律上の要件を明確にする観点から、「性行不良」に関して、4つの行為類型をそれぞれの各号に掲げ、それらを「1又は2以上繰り返し行う」ことを例示として規定したものである。

第1号は、他の児童生徒に傷害、心身の苦痛又は財産上の損失を与える行為であり、その例としては、他の児童生徒に対する威嚇、金品の強奪、暴行等が挙げられる。なお、いじめについては、その態様は様々であるが、傷害に至らなくとも一定の限度を超えて心身の苦痛を与える行為に関しては、出席停止の対象とすることがあり得るところであり、いじめられている児童生徒を守るため、適切な対応をとる必要がある。

第2号は、職員に傷害または心身の苦痛を与える行為であり、その例としては、職員に対する威嚇、暴言、暴行等が挙げられる。なお、財産上の損失を与える行為については、職員の場合、成人であることを考慮し、児童生徒と異なり本号では規定していない。

第3号は、施設又は設備を損壊する行為であり、その例としては、窓ガラスや机、教育機器などを破壊する行為が挙げられる。

第4号は、授業その他の教育活動を妨げる行為であり、その例としては、授業妨害の

他、騒音の発生、教室への勝手な出入り等が挙げられる。

3　事前の手続について

　市町村教育委員会が出席停止を命ずる場合の事前の手続として、あらかじめ保護者の意見を聴取するとともに、理由及び期間を記載した文書を交付しなければならない。

(1)　事前の説明等

　学校においては、保護者会等の全体に対して、生徒指導に関する基本方針等について説明を行うときなど適切な機会をとらえて、出席停止制度の趣旨に関する説明を行い、適切な理解を促すことが望ましい。

　なお、深刻な問題行動を起こす児童生徒については、個別の指導記録を作成し、問題行動の事実関係や児童生徒及び保護者に対する指導内容等を事実に即して記載しておくことが適当である。

(2)　意見の聴取

　当該児童生徒による問題行動が繰り返され、市町村教育委員会等において出席停止を講じようとする場合、これを命ずるに先立って、正当な理由なく意見聴取に応じない場合を除き、当該保護者の意見を聴取しなければならない。意見聴取は、緊急の場合を除き、保護者と直接対面して行い、今後の指導の方針などの説明を併せて行うことが望ましい。なお、意見聴取は主として保護者からの弁明を聴くものであって、保護者の同意を得ることまでは必要ないが、保護者の監護の下で指導を行うという制度の趣旨を踏まえると、保護者の理解と協力が得られるよう努めることが望ましい。

　問題行動の被害者である児童生徒や保護者については、事実関係等を的確に把握するために事情を聴くとともに、事後の対応に関して説明するなど適切に対処することが必要である。また、出席停止の適用について適切な判断を下すとともに、事後の指導を円滑に行う観点から、かねてから当該児童生徒に対する指導に関わってきた関係機関の専門的な職員等の意見を参考とすることも考えられる。

(3)　適用の決定

　出席停止の適用の決定は、市町村教育委員会において、教育委員会規則の規定にのっとり、問題行動の態様及び学校の実情を踏まえ、校長の判断を尊重しつつ、保護者等からの意見聴取を行った上で行わなければならない。また、出席停止が、他の児童生徒の安全や教育を受ける権利を保障するための制度であることを十分に踏まえ、適時に適用を決定することが必要である。

　問題行動を起こす児童生徒に対する措置としては、出席停止のほか、児童福祉法や少年法に基づく措置等があり、かねてからの関係機関との連携の下、当該児童生徒の立ち直りのため、望ましい処遇の在り方を検討する必要がある。出席停止を講ずる際には、必要に応じて関係機関への連絡を行うことが適当である。特に問題行動が生命や身体に対する危険をもたらすものである場合、警察の協力を得る等の措置を併せとることが必要である。また、家庭の監護能力に著しく問題があると認められる場合には、児童福祉法に基づいて児童相談所に対して通告等を行い、その協力を求めることが適当である。

　出席停止の期間は、出席停止の制度の意義にかんがみ、学校の秩序の回復を第一に考慮し、併せて当該児童生徒の状況、他の児童生徒の心身の安定、保護者の監護等を考慮して、総合的な判断の下に決定する必要がある。期間は、個々の事例により異なるものであるが、出席停止が教育を受ける権利に関わる措置であることから、措置の目的を達成するための必要性を踏まえて、可能な限り短い期間となるよう配慮する必要がある。なお、出席停止期間中の当該児童生徒の状況によっては、決定の手続に準じて、出席停止を解除することができる。

(4)　文書の交付

　出席停止を保護者に命ずる際には、理由及び期間を記載した文書を交付しなければならない。命令の伝達は文書の手交又は郵送によることとし、口頭のみにより命ずることは認められない。

　出席停止を命ずる文書には、理由及び期間のほか、当該児童生徒の氏名、学校名、保護者の氏名、命令者である市町村教育委員会名、命令年月日等について記載することが適当である。

　また、理由の記載に当たっては、根拠となる法律の条項や要件に該当する事実を明示することが必要である。

　出席停止を命ずるに当たっては、市町村教育委員会の教育長等の関係者又は校長や教頭が立ち会い、保護者及び児童生徒を同席させて、出席停止を命じた趣旨や、個別指導計画の内容など今後の指導の方針について説明する等の配慮をすることが望ましい。

(5)　教育委員会の役割と連携

　市町村教育委員会は、平素から管下の学校や児童生徒の実態を十分把握しておき、問題行動を起こす児童生徒への対応に関して学校への指導・助言・援助を行うとともに、出席停止の事前手続に適正を期する必要がある。一方、学校は、問題行動を起こす児童生徒があるときには、市町村教育委員会に対し学校や児童生徒の状況を随時報告する等連絡体制を十分とり、必要な指示や指導を受けながら、対処する必要がある。出席停止の適用を決定する際には、市町村教育委員会において、学校及び関係機関等との連携を図りつつ、出席停止期間中の当該児童生徒に対する個別指導計画を策定することが必要である。

　また、市町村教育委員会は、出席停止の要件に該当する深刻な問題行動を起こす児童生徒があるときには、適時に都道府県教育委員会との連携をとりつつ対応することが望ましい。その際、都道府県教育委員会は、市町村教育委員会あるいは学校の自主性・自律性に配慮しつつ、指導主事やスクールカウンセラー等の派遣、教職員配置の工夫などの措置を通じて支援を行うことが望ましい。

4　期間中の対応について

　市町村教育委員会が、当該児童生徒の出席停止の期間における学習に対する支援その他の教育上必要な措置を講ずるものとすることが定められたところであり、出席停止期間中の対応が適切になされるよう、以下の点に留意する必要がある。

(1)　市町村教育委員会及び保護者の責務

　市町村教育委員会は、出席停止を措置する場合、自らの責任の下、学校の協力を得つつ当該児童生徒に関する個別指導計画を策定し、出席停止の期間における学校あるいは学校外における指導体制を整備して、学習への支援など教育上必要な措置を講じ、当該児童生徒の立ち直りに努めることが必要である。その際、当該児童生徒の在籍する学校における取組の充実を図るとともに、関係機関との連携を十分視野に入れて、適切に対処することが大切である。

　出席停止期間中においては、当該児童生徒に対して保護者が責任を持って指導に当たることが基本であり、出席停止の措置に当たって、市町村教育委員会及び学校が保護者に対し自覚を促し、監護の義務を果たすよう積極的に働きかけることが極めて重要である。このため、市町村教育委員会及び学校は、保護者に対して、事前の手続等において、個別指導計画の内容等について十分に説明し、理解と協力を得るよう努めるとともに、必要に応じ、家庭環境の改善を図るため、関係機関の協力を得て指導や援助（子育て相談を含む）を行うことが適当である。また、家庭の監護に問題がある場合、出席停止期間中、家庭以外の場において当該児童生徒に対する指導を行うことも考えられる。

　もとより、出席停止は学校の秩序の回復を図るものであり、市町村教育委員会としては、当該児童生徒への対応のみならず、他の児童生徒に対する正常な教育活動が円滑になされるよう、適切な措置をとることが必要である。

(2)　当該児童生徒に対する指導

　出席停止期間においては、当該児童生徒が学校や学級へ円滑に復帰することができるよう、規範意識や社会性、目的意識等を培うこと、学校や学級の一員としての自覚を持たせること、学習面において基礎・基本を補充すること、悩みや葛藤を受け止めて情緒の安定を図ることなどを旨として指導や援助に努めることが必要である。

　学校としては、学級担任、生徒指導主事等の教員が計画的かつ臨機に家庭への訪問を行い、反省文、日記、読書その他の課題学習をさせるなど適切な方法を採ることになるが、このほか、家庭の監護に問題がある場合などでは、市町村教育委員会が主導性を発揮し、状況に応じて次のような対応をとることが有効である。

①　教育委員会及び学校の職員やスクールカウンセラー等のほか、児童相談所、警察、保護司、民生・児童委員等の関係機関からなるサポートチームを組織し、適切な役割分担の下に児童生徒及び保護者への指導や援助を行うこと。

②　教育センターや少年自然の家等の社会教育施設などの場を活用して、教科の補充指導、自然体験や生活体験などの体験活動、スポーツ活動、教育相談などのプログラムを提供すること（宿泊を伴う活動を含む）。

③　地域の関係機関や施設、ボランティア等の協力を得て、社会奉仕体験や勤労体験・職業体験などの体験活動の機会を提供すること。

　　なお、出席停止期間における当該児童生徒に対する指導については、学校外において行うことが基本であるが、校内での指導を取り入れることが当該児童生徒の立ち直

148

りを図る上で有効であると認める場合には、他の児童生徒の教育の妨げとならない限りにおいて、これを行うこともあり得る。

　こうした指導が適切に行われるようにするため、市町村教育委員会は、指導主事を学校等へ派遣して実態の把握と指導・助言に当たるほか、実情に応じて、学校外での指導の場や機会の確保、地域の関係機関等への積極的な働きかけ（協議会の設置など）、サポートチームの運営や当該児童生徒への直接の指導に当たる人材の確保などを行うことが適当である。また、都道府県教育委員会は、市町村教育委員会において適切な措置が十分に講じられるよう、指導主事やスクールカウンセラー等の派遣、教職員定数の加配等の人的措置、教育センターの機能の活用、関係機関への働きかけなどの支援を行うことが望ましい。

　家庭の監護能力に著しく問題があると認められるなど児童福祉法に関わる事案については、児童相談所において当該児童生徒に関する調査を行った上で処遇の在り方を検討し、総合的な判断を行うことになるので、教育委員会及び学校は、平素から児童相談所との連携を密にし、出席停止期間中の指導への協力を求めることが適当である。さらに、出席停止期間において当該児童生徒が深刻な問題行動を起こす場合、教育委員会として、保護者の意向にも配慮しつつ、児童相談所に対して児童福祉法上の対応（例：在宅指導、一時保護、児童福祉施設入所措置等）について検討を要請することも考えられる。

　出席停止期間中、当該児童生徒の非行が予想される場合には、警察等との連携を図り、その未然防止に努めることが必要である。

(3) 他の児童生徒に対する指導

　学校においては、他の児童生徒の動揺を鎮め、校内の秩序を回復するとともに、当該児童生徒が再び登校してきた場合に円滑な受け入れができるよう、他の児童生徒に対して友情の尊さを理解させ、協力し合って学校や学級の生活を向上させることが必要であることを認識させる等適切な指導を行う必要がある。また、当該児童生徒の問題行動の被害者である児童生徒の心のケアについて配慮することが大切である。

5　期間後の対応について

(1) 学校復帰後の指導

　出席停止の期間終了後においても、学校においては、保護者や関係機関との連携を強めながら、当該児童生徒に対し将来に対する目的意識をもたせるなど、適切な指導を継続していくことが必要である。その際、当該児童生徒や地域の実情に応じて社会奉仕体験や自然体験、勤労体験・職業体験などの体験活動を効果的に取り入れていくことが望ましい。

(2) 指導要録等の取扱い

　出席停止の措置を行った場合における当該児童生徒の指導要録の取扱いについては、次の点に留意して、適切に行うことが必要である。

①　「出欠の記録」の「出席停止・忌引き等の日数」欄に出席停止の期間の日数が含まれ、その他所定の欄（例えば「備考」など）に「出席停止・忌引き等の日数」に関する特

記事項が記入されることになる。

②　「総合所見及び指導上参考となる諸事項」については、その後の指導において特に
配慮を要する点があれば記入することとなること。

③　対外的に証明書を作成するに当たっては、単に指導要録の記載事項をそのまま転記
することは必ずしも適当でないので、証明の目的に応じて、必要な事項を記載するよ
うに注意することが必要であること。

学校では、他の児童生徒の教育に妨げがありながらも、出席停止制度があま
り活用されていないのが現状である。それは、なんとか学校の力で改善を図ろ
うとの思いがあり、教育者として出席停止制度そのものを活用することにため
らいがあるのが理由の一端にある。一方、出席停止を講じなければならないよ
うな事例の場合、家庭の監護能力に著しく問題があることが想定され、その効
果が期待できない場合があるからである。平素から児童相談所や警察などの関
係機関と連携協力がとれていないと、出席停止を適用したためにかえって当該
児童・生徒が問題行動を起こしかねないとして学校は躊躇する場合もある。ま
た、出席停止期間中のサポート体制が必ずしも整っていないのが現状である。

　参考資料に記載してある内容を十分に実践するには、人的な措置がなくして
は難しいと思われる。

　出席停止制度は公立小・中・義務教育学校にのみ適用される。高等学校や中
等教育学校では、性行不良の生徒に対しては退学や停学の処分があり、それで
対応できるからである。また、出席停止を措置するのは市町村教育委員会であ
ることと国立や私立の小・中・義務教育学校には、懲戒としての退学が認めら
れていることから、出席停止制度は公立の小・中・義務教育学校のみが対象で
ある。また、特別支援学校は、視覚障害者、聴覚障害者、知的障害者、肢体不
自由者又は病弱者（身体虚弱者を含む。）に対して教育を行う場であり、出席
停止を必要とするような状況を想定していない。

　出席停止と懲戒処分としての停学との相違は実態上は必ずしも明確とは言え
ない。停学処分を行使できない義務教育段階において、それに代わる措置とし
て用いられている可能性も否定できない。

第 6 章

学校保健・安全・給食

　　Aは教員に採用されたばかりの、公立小学校の３年担任である。Aは新採なので、校長先生の配慮により食物アレルギーの子がいないクラスを担当している。教育実習の時と異なり給食がこんなに大変だとは思わなかった。勤務校の給食時間は45分間である。当番の児童が学級全員に配膳を終わらせるまで、少なくとも20分間はかかる。その間、担任であるAは衛生や安全（熱い汁物だと火傷にも気をつける）に気を配りながら当番の手助けをしている。食事の時間は15分から20分程度である。偏食や時間内に終わりそうにない児童の指導をしながら、子どもたちのグループを毎日順々に回って食事を摂っている。

　　片付けの時間のために給食時間終了のほぼ５分前には「ごちそうさま」をするのであるが、次の掃除時間との関係で、食事が遅い児童をゆっくり食べさせることもできない。こんなことなら弁当の方が余裕のある食事時間になると思うのだが、給食はきまりか何かで実施しなければならないのだろうか。また、給食の意義はいったい何だろうか。意義についても何か規定があるのだろうか。給食の大変さからそんなことを、ふと思うAである。

　楽しいはずの食事の時間が、新規採用の教員にとってはなかなか大変なようである。食物アレルギーの児童の除去食の対応や福島の原子力発電所の事故のことだけが原因ではないが、食材について生産地を献立表に記入するようにと保護者の給食に関しての要望も多様になっている。除去食といえば、別の学年では宗教上の理由から食べることができない食物のことで対応が大変だと職員朝会で報告があった。それに保護者の中には、給食当番の白衣の洗濯をどうして自宅でやらせるのだと苦情を言っている人もいると聴いた。

　教育法規を学ぶ意義のところで触れたが、給食費の未払いの対応も担任にとっては頭の痛い問題である。最終的には、教育委員会の対応になるが、かなり

の程度のところまでは担任が対応しているのが現実である。

　給食に関しては運用上の問題もあるが、法規上はどのようになっているかについて、理解しよう。

1　学校保健

(1)　目的（学校保健安全法第 1 条）

　　この法律は、学校における児童生徒等及び職員の健康の保持増進を図るため、学校における保健管理に関し必要な事項を定めるとともに、学校における教育活動が安全な環境において実施され、児童生徒等の安全の確保が図られるよう、学校における安全管理に関し必要な事項を定め、もつて学校教育の円滑な実施とその成果の確保に資することを目的とする。

　学校保健安全法は平成20年に改正されるまでは、学校保健法であった。昭和33年に学校保健法が制定された頃は、学校における保健管理に関する事項のみが規定されていた。学校における安全管理に関する規定が初めておかれたのは昭和53年の法改正による。平成20年に学校保健法が学校保健安全法と改称されたのは、以下の理由である。児童生徒等や教職員の安全を脅かす事件・事故の発生や防止等に総合的に対応することが求められたことや教育委員会を始めとする学校関係者及び地域住民や保護者等に学校の安全に対する意識が高まりをみせたことから、学校保健とは別に学校安全に関する章を新設し、学校安全に関する規定を充実させる必要があった。学校保健安全法は、平成21年 4 月 1 日から施行されている。

　保健管理とは、学校教育の円滑な運営に資するために、専門的な知識や技術等を用いて、児童生徒等及び職員の健康を保持増進するための教育管理活動をいう。

　保健管理には、①健康管理や環境管理、生活管理などに伴う保健指導、②健

康診断、健康相談、疾病予防などの健康管理、③環境点検・安全点検、環境衛生検査、清掃・美化、施設設備管理などの環境管理、④通学関係、学級編制、時間割編成、休憩時間などの生活管理などがあげられる。

　安全管理とは、児童生徒等及び職員の安全を守るための教育管理活動であり、保健管理と同様に専門的な技術や知識等を用いて学校の円滑な運営に資するためのものである。

　安全管理には、①心身の安全管理、②生活や行動の安全管理などの人的管理、③学校環境の安全管理のような物的管理があげられる。

(2)　学校保健計画の策定等（学校保健安全法第5条）

　　学校においては、児童生徒等及び職員の心身の健康の保持増進を図るため、児童生徒等及び職員の健康診断、環境衛生検査、児童生徒等に対する指導その他保健に関する事項について計画を策定し、これを実施しなければならない。

　現在の学校保健計画の前身は、学校保健安全計画であった。しかし、学校保健安全法が施行されたことによって、学校保健・学校安全についての充実を図るために、それぞれ別々に計画を策定し実施することになった。

　「児童生徒等の健康の保持増進に関する施策について」（昭和47年　保健体育審議会答申）によれば、『学校保健計画は、学校における児童生徒、教職員の保健に関する事項の具体的な実施計画であるが、この計画は、学校における保健管理と保健教育との調整にも留意するとともに、体育、学校給食など関連する分野との関係も考慮して策定することが大切である。また、この計画を適正に策定し、それを組織的かつ効果的に実施するためには学校における健康の問題を研究協議し、それを推進していくための学校保健委員会の設置を促進し、その運営の強化を図ることが必要である。』と、なっている。すなわち、学校保健計画は、学校における保健に関する具体的な実施計画であり、その内容は、

学校における保健管理と保健教育及び学校保健委員会などの組織活動に関する事項である。

(3) 学校環境衛生基準（学校保健安全法第6条）

　　文部科学大臣は、学校における換気、採光、照明、保温、清潔保持その他環境衛生に係る事項（中略）について、児童生徒等及び職員の健康を保護する上で維持されることが望ましい基準(以下この条において「学校環境衛生基準」という。）を定めるものとする。

2　学校の設置者は、学校環境衛生基準に照らしてその設置する学校の適切な環境の維持に努めなければならない。

3　校長は、学校環境衛生基準に照らし、学校の環境衛生に関し適正を欠く事項があると認めた場合には、遅滞なく、その改善のために必要な措置を講じ、又は当該措置を講ずることができないときは、当該学校の設置者に対し、その旨を申し出るものとする。

学校環境衛生基準を維持・管理することは健康的な学習環境を確保する上で重要であり、それは児童生徒等の健康の保持増進、学習能率の向上などに資するものである。環境衛生に関しては以下の規則がある。

環境衛生検査（学校保健安全法施行規則第1条）

　　学校保健安全法第5条の環境衛生検査は、他の法令に基づくもののほか、毎学年定期に、法第6条に規定する学校環境衛生基準に基づき行わなければならない。

2　学校においては、必要があるときは、臨時に、環境衛生検査を行うものとする。

日常における環境衛生（学校保健安全法施行規則第2条）

　　学校においては、前条の環境衛生検査のほか、日常的な点検を行い、環境衛生の維持又は改善を図らなければならない。

⑷　保健室（学校保健安全法第7条）

　学校には、健康診断、健康相談、保健指導、救急処置その他の保健に関する措置を行うため、保健室を設けるものとする。

　学校教育法第１条に規定する学校には、保健室を設けなければならない。保健室の設置については学校教育法第３条を受けて、学校教育法施行規則第１条第１項に「学校には、その学校の目的を実現するために必要な校地、校舎、校具、運動場、図書館又は図書室、保健室その他の設備を設けなければならない。」とある。さらに、小学校、中学校等の学校種別に定めのある各設置基準においても保健室の設置について規定がある。

　学校教育における学校保健の役割は、児童生徒等の心や身体の健康課題の変化によって様変わりしている。保健室の役割も変化するとともに必要性も増している。児童・生徒の心と身体の健康課題への対応や保健教育及び保健管理の調整そして家庭と地域社会との連携は今までの保健室経営でも行われてきたところである。今日では、特別な教育ニーズを必要とする児童・生徒への教育支援などもあり、益々、保健室の学校保健活動センターとしての役割は高まっている。

⑸　健康診断等（学校教育法第12条）

　学校においては、別に法律で定めるところにより、幼児、児童、生徒及び学生並びに職員の健康の保持増進を図るため、健康診断を行い、その他その保健に必要な措置を講じなければならない。

　本条で規定する「別に法律で定めるところにより」という法律は、学校における保健管理と安全管理の基本法である学校保健安全法である。

　学校教育法第12条でいう健康診断は、学校保健安全法上、①就学時の健康診断、②児童・生徒等の健康診断、③職員の健康診断の３種に類別できる。この

うちの②と③は定期と臨時の健康診断の2種類がある。

1)　就学時の健康診断（学校保健安全法第11条）

　　市（特別区を含む。以下同じ。）町村の教育委員会は、学校教育法第17条第1項の規定により翌学年の初めから同項に規定する学校に就学させるべき者で、当該市町村の区域内に住所を有するものの就学に当たつて、その健康診断を行わなければならない。

・　実施義務者：市町村の教育委員会
・　実施時期：学齢簿が作成された後翌学年の初めから4ヶ月前までの間
・　受診者：翌学年の初めから就学させるべき者で、当該市町村の区域内に住所を有する者（学保安令第1条）
・　検査項目（学保安令第2条）
　　①栄養状態　②脊柱及び胸郭の疾病及び異常の有無　③視力及び聴力　④眼の疾病及び異常の有無　⑤耳鼻咽頭疾患及び皮膚疾患の有無　⑥歯及び口腔の疾病及び異常の有無　⑦その他の疾病及び異常の有無
・　診断後：市町村の教育委員会は、健康診断の結果に基づき、治療を勧告し、保健上必要な助言を行い、受診者によっては学校教育法第17条第1項に規定する義務の猶予若しくは免除又は特別支援学校への就学に関し指導を行うなど適切な措置をとらなければならない（学保安法第12条）。

2)　児童生徒等の健康診断（学校保健安全法第13条）

　　学校においては、毎学年定期に、児童生徒等（通信による教育を受ける学生を除く。）の健康診断を行わなければならない。
　2　学校においては、必要があるときは、臨時に、児童生徒等の健康診断を行うものとする。

イ　定期の健康診断（学保安法第13条第１項）

- ・　実施義務者：学校
- ・　実施時期：毎学年、６月30日までに行う（学保安規第５条）
- ・　受診者：在学児童・生徒・学生
- ・　検査項目（学保安規第６条）

　①身長、体重　②栄養状態　③脊柱及び胸郭の疾病及び異常の有無　④視力及び聴力　⑤眼の疾病及び異常の有無　⑥耳鼻咽頭疾患及び皮膚疾患の有無　⑦歯及び口腔の疾病及び異常の有無　⑧結核の有無　⑨心臓の疾病及び異常の有無　⑩尿　⑪その他の疾病及び異常の有無

- ・　診断後：学校においては、健康診断の結果に基づき、疾病の予防処置を行い、又は治療を指示し、並びに運動及び作業を軽減する等適切な措置をとらなければならない（学保安法第14条）。
- ・　健康診断票：児童生徒等の健康診断票を作成し、進学・転学の際には校長は、進学・転学先の校長、保育所の又は認定こども園の長に送付しなければならない（学保安規第８条）。

ロ　臨時の健康診断（学保安法第13条第２項）

- ・　臨時の健康診断の内容　以下に掲げるような場合で必要があるときに、必要な検査項目について行う（学保安規第10条）。
- ①　感染症又は食中毒の発生したとき。
- ②　風水害等により感染症の発生のおそれのあるとき。
- ③　夏季における休業日の直前又は直後
- ④　結核、寄生虫病その他の疾病の有無について検査を行う必要のあるとき。
- ⑤　卒業のとき。

3)　職員の健康診断　（学校保健安全法第15条）

　　学校の設置者は、毎学年定期に、学校の職員の健康診断を行わなけれ

　　ばならない。

　2　学校の設置者は、必要があるときは、臨時に、学校の職員の健康診断
　を行うものとする。

イ　定期の健康診断（学保安法第15条第1項）
　・　実施義務者：学校の設置者
　・　実施時期：学校の設置者が定める適切な時期（学保安規第12条）
　・　受診者：学校の職員
　・　検査項目（学保安規第13条第1項）
　　　①身長、体重及び腹囲　②視力及び聴力　③結核の有無　④血圧　⑤尿
　　　⑥胃の疾病及び異常の有無　⑦貧血検査　⑧肝機能検査　⑨血中脂質検査
　　　⑩血糖検査　⑪心電図検査　⑫その他の疾病及び異常の有無
　・　健康診断票：学校の設置者は、職員健康診断票を作成しなければならな
　　　い。職員が他の学校へ異動した場合は、異動後の学校へ送付しなければな
　　　らない（学保安規第15条）。

ロ　臨時の健康診断（学保安法第15条第2項）
　・　臨時の健康診断の内容は児童生徒の臨時の健康診断を準用（学保安規第
　　　17条）

(6)　出席停止（学校保健安全法第19条）

　　校長は、感染症にかかつており、かかつている疑いがあり、又はかかる
　おそれのある児童生徒等があるときは、政令で定めるところにより、出席
　を停止させることができる。

　本条の「校長」とは、学校教育法第1条に規定する学校の校長始め幼稚園の
園長及び大学の学長を含む。

　学校は、児童生徒等の集団生活の場であるため、感染症が発生した場合は、感染が拡大しやすく、健康状態や教育活動に与える影響は大きい。出席停止により感染症の流行を予防することは、教育の場・集団生活の場として望ましい学校環境を維持し、児童生徒等が健康な状態で教育を受けるようにするために重要である。

　感染症予防は緊急性を要するものであり、校長の判断で出席を停止させることができるとした。

　校長は、出席停止の指示をしたときは一定の事項を記載した書面をもって、その旨を学校の設置者に報告しなければならない（学保安令第7条、学保安規第20条）。

　「政令の定めるところにより」、学校保健安全法施行令第6条第1項において、「校長は、法第19条の規定により出席を停止させようとするときは、その理由及び期間を明らかにして、幼児、児童又は生徒（高等学校（中等教育学校の後期課程及び特別支援学校の高等部を含む。以下同じ。）の生徒を除く。）にあつてはその保護者に、高等学校の生徒又は学生にあつては当該生徒又は学生にこれを指示しなければならない。」とあり、同法施行令第6条第2項には、「出席停止の期間は、感染症の種類等に応じて、文部科学省令で定める基準による。」とある。

　学校保健安全法施行令第6条の規定を受け、学校保健法施行規則第18条では、学校において予防すべき感染症の種類を第1種から第3種に分けて規定している。

　第1種の感染症は、「感染症の予防及び感染症の患者に対する医療に関する法律」の1類感染症と結核を除く2類感染症を規定している。

　第2種の感染症は、空気感染又は飛沫感染するもので、児童生徒等の罹患が多く、学校において流行を広げる可能性が高い感染症を規定している。

　第3種の感染症は、学校教育活動を通じ、学校において流行を広げる可能性がある感染症を規定している。

　また、同法施行規則第19条では、出席停止の期間の基準を規定している。各感染症の出席停止の期間は、感染様式と疾患の特性を考慮して、人から人への

感染力を有する程度に病原体が排出されている期間を基準としている。

《感染症の種類》 学校保健安全法施行規則第18条第1項

学校において予防すべき感染症の種類は、次のとおりとする。

一 第1種 エボラ出血熱、クリミア・コンゴ出血熱、痘そう、南米出血熱、ペスト、マールブルグ病、ラッサ熱、急性灰白髄炎、ジフテリア、重症急性呼吸器症候群（病原体がコロナウイルス属SARSコロナウイルスであるものに限る。）及び鳥インフルエンザ（病原体がインフルエンザウイルスA属インフルエンザAウイルスであつてその血清亜型がH五N一であるものに限る。次号及び第19条第1項第二号イにおいて「鳥インフルエンザ（H五N一）」という。」

二 第2種 インフルエンザ（鳥インフルエンザ（H五N一）を除く。）百日咳、麻しん、流行性耳下腺炎、風しん、水痘、咽頭結膜熱、結核及び髄膜炎菌性髄膜炎

三 第3種 コレラ、細菌性赤痢、腸管出血性大腸菌感染症、腸チフス、パラチフス、流行性角結膜炎、急性出血性結膜炎その他の感染症

⑺ 臨時休業（学校保健安全法第20条）

学校の設置者は、感染症の予防上必要があるときは、臨時に、学校の全部又は一部の休業を行うことができる。

同じ感染症予防上の措置である学校保健安全法第19条による出席停止は、児童生徒等の個々の者に対するものであるが、本条の臨時休業は、臨時に学校の全部又は一部授業を行わない措置であり、感染症の流行を予防するためのより強力なものである。

同じ感染症予防のための措置でも、校長が行う出席停止と異なり、学校の臨時休業は設置者が行う。臨時休業を実施できるのは学校の設置者とした訳は、学校の全部又は一部の授業を行わないということは重大な行為であることと、

臨時休業を行うほど感染症が流行しているときは、地域の学校全体にかかわる場合があるからである。

　臨時休業は罹患した児童生徒等だけを出席停止とするのではなく、他の児童生徒等への蔓延を防ぐ点からも、学校や学年、学級単位で学校の授業そのものを休業にすることである。休業の単位によって、いわゆる学校閉鎖、学年閉鎖、学級閉鎖と言われる。

2　学校安全

(1)　学校安全に関する学校の設置者の責務（学校保健安全法第26条）

　　学校の設置者は、児童生徒等の安全の確保を図るため、その設置する学校において、事故、加害行為、災害等（以下この条及び第29条第3項において「事故等」という。）により児童生徒等に生ずる危険を防止し、及び事故等により児童生徒等に危険又は危害が現に生じた場合（同条第1項及び第2項において「危険等発生時」という。）において適切に対処することができるよう、当該学校の施設及び設備並びに管理運営体制の整備充実その他の必要な措置を講ずるよう努めるものとする。

　本条は、学校安全に関して、学校の設置者が果たすべき役割の重要性から法律上の責務を明確にしたものである。

　「学校の設置者」とは、国立学校は国、公立学校は地方公共団体、私立学校は学校法人であると学校教育法第2条第1項に規定されているが、具体的な事務の処理はそれぞれの管理機関が行う。したがって、ここでいう学校の設置者が行うとは、国立大学法人が設置する学校は国立大学法人の長、大学以外の公立学校は当該地方公共団体の教育委員会、私立学校は当該大学法人の理事長がそれぞれ行うことになる。

　「事故」とは、児童生徒等や教員等の不注意により生じる児童生徒同士の衝

突や転倒、理科の実験での火傷や施設設備の瑕疵による負傷等である。

　「加害行為」とは、他者の故意によって、児童生徒等に危害を生じさせる行為であり、学校に侵入した不審者が児童生徒等に対して危害を加えるような場合を想定している。また、児童生徒同士によるいじめや暴力行為なども「加害行為」に含まれる。

　本条の児童生徒等には、教職員や保護者等の来校者も含まれると考える。不審者による「加害行為」によって今までも教職員が命を落としたり負傷を負ったりしている。教職員がこのような「加害行為」に遭うことは、児童生徒等にとっても精神的な苦痛を生じるものである。また、教職員の安全の確保は児童生徒等の安全にもつながる。本来は、「児童生徒等」ではなく、「児童生徒及び教職員等」の安全の確保を図るためと表記すべきである。

　「災害」とは、地震、風水害、津波などの自然災害や火災、原子力災害などの人的災害である。

　「事故、加害行為、災害等」の「等」としては、施設設備からの有害物質の発生などが想定され得る。

　大阪教育大学附属池田小学校事件に象徴されるような不審者による学校での殺傷事件が契機となって、加害行為に対しての条件整備は徐々に整いつつあるが、東日本大震災の際の地震や津波への対応では多くの教訓を残している。

　すなわち、学校の施設設備や管理運営体制の整備充実の例として、防犯カメラやインターホンの導入、警備員やスクールガードリーダーの配置など学校安全に対する整備は、どちらかと言えば不審者対策が主である。今後は防災（減災）対策等を含め、危険等発生時に適切に対処することができるような対策が望まれる。その点からは、教職員、保護者、地域住民が一体となった研修会や講習会の開催へ向けての教育委員会の役割も重要である。

⑵　学校安全計画の策定等（学校保健安全法第27条）

　学校においては、児童生徒等の安全の確保を図るため、当該学校の施設

及び設備の安全点検、児童生徒等に対する通学を含めた学校生活その他の
日常生活における安全に関する指導、職員の研修その他学校における安全
に関する事項について計画を策定し、これを実施しなければならない。

前条は設置者の責務としての学校安全についての規定であるが、本条では、
学校という場において取り組む学校安全に関する内容である。

学校安全計画の内容には、①学校の施設・設備の安全点検、②児童生徒等に対
する通学を含めた学校生活その他の日常生活における安全に関する指導、③教職
員の学校安全に関する研修に関する3つの必須事項を含まなければならない。

安全点検（学校保健安全法施行規則第28条）

法第27条の安全点検は、他の法令に基づくもののほか、毎学期1回以上、
児童生徒等が通常使用する施設及び設備の異常の有無について系統的に行
わなければならない。

2　学校においては、必要があるときは、臨時に、安全点検を行うものとする。

日常における環境の安全（学校保健安全法施行規則第29条）

学校においては、前条の安全点検のほか、設備等について日常的な点検
を行い、環境の安全の確保を図らなければならない。

(3)　学校環境の安全の確保（学校保健安全法第28条）

校長は、当該学校の施設又は設備について、児童生徒等の安全の確保を
図る上で支障となる事項があると認めた場合には、遅滞なく、その改善を
図るために必要な措置を講じ、又は当該措置を講ずることができないとき
は、当該学校の設置者に対し、その旨を申し出るものとする。

校長は自校の施設又は設備で、児童生徒等の安全を確保する上で支障となる

事項があると認めたときは、すぐにでも改善の措置を講じなければならない。大規模改修のように費用やその他の事情で自校で改善することができないときは、設置者にその旨を申し出ることになっている。申し出を受けた設置者は、適切な対応に努める必要がある。

(4)　危険等発生時対処要領の作成等（学校保健安全法第29条）

　　学校においては、児童生徒等の安全の確保を図るため、当該学校の実情に応じて、危険等発生時において当該学校の職員がとるべき措置の具体的内容及び手順を定めた対処要領（次項において「危険等発生時対処要領」という。）を作成するものとする。

2　校長は、危険等発生時対処要領の職員に対する周知、訓練の実施その他の危険等発生時において職員が適切に対処するために必要な措置を講ずるものとする。

3　学校においては、事故等により児童生徒等に危害が生じた場合において、当該児童生徒等及び当該事故等により心理的外傷その他の心身の健康に対する影響を受けた児童生徒等その他の関係者の心身の健康を回復させるため、これらの者に対して必要な支援を行うものとする。この場合においては、第10条の規定を準用する。

　学校の安全神話が崩壊した現状では、学校は危険等が発生した場合の対処要領を作成したり、対処措置を講じたりしておく必要がある。危険等発生時対処要領は、いわゆる「危機管理マニュアル」と言われているものである。学校は「学校の危機管理マニュアル－子どもを犯罪から守るために－」（平成19年　文部科学省）等を参考としながら、学校の実情に応じた「危機管理マニュアル」を作成している。

　ケガをしないために安全能力を身に付けることは大切だが、それだけにとどまらず、犯罪被害の防止や自他の生命の尊重、効率だけを追い求めるのではな

164

く安全を最優先するという「安全文化」の創造に向けての努力が、学校にも求められているのである。

　危機の予防が最良の危機管理と言われているが、残念ながら事故等により児童生徒等に危害が生じた場合には、事後の危機管理として必要な支援の内容が第3項に規定されている。支援例としては、スクールカウンセラー等による児童・生徒等へのカウンセリングや関係医療機関の紹介などが行われている場合が多い。

(5)　地域の関係機関等との連携（学校保健安全法第30条）

> 　学校においては、児童生徒等の安全の確保を図るため、児童生徒等の保護者との連携を図るとともに、当該学校が所在する地域の実情に応じて、当該地域を管轄する警察署その他の関係機関、地域の安全を確保するための活動を行う団体その他の関係団体、当該地域の住民その他の関係者との連携を図るよう努めるものとする。

　児童生徒等の安全の確保は校内だけとは限らない。登下校の通学路や校外での学習の場合もある。学校の内外を問わず、児童生徒等の安全を確保することは学校のみの対応では限界がある。保護者や地域住民、地域の関係機関等と連携を図ることで、変質者や不審者、危険な場所等の情報が集まりやすく安全確保も図りやすくなる。保護者や地域住民が自転車の荷物入れに「パトロール中　○○小学校見守り隊」などと書いたビニルシートを付けたり、店の入り口や個人住宅の玄関などにステッカーで「子ども110番の家」の表示をしたりして、何者かに危害を加えられそうになったり、それを目撃したりしたときなどは自由に逃げ込めるように取り組んでいるところもある。これらは、子どもに対する犯罪を抑止する効果があるとも言われている。

　地域との絆や人とのかかわりが薄れている今日においては、学校だけの安全確保に限定することなく、日頃から高齢者や孤立者を見守るなど幅広いネット

ワークづくりが必要である。

- -

　　　○学校安全緊急アピール
　　　　－子どもの安全を守るために－

　　　　　　　　　　　　　　　　　平成16年1月20日　文部科学省

　　今、「子どもの安全」が脅かされている。

　　近年、学校を発生場所とする犯罪の件数が増加している。凶悪犯が増加するとともに、外部の者が学校へ侵入した事件が、平成14年には2,168件と平成11年（1,042件）と比べて2倍を超える状況にある。

　　平成11年12月には京都市立日野小学校において、平成13年6月には大阪教育大学教育学部附属池田小学校において、あまりにも痛ましく、安全であるべき学校において、決してあってはならない事件が発生した。

　　文部科学省では、学校における事件・事故が大きな問題になっている近年の状況を重く受け止め、学校安全の充実にハード・ソフトの両面から取り組む「子ども安心プロジェクト」を推進している。このプロジェクトの中で、「学校への不審者侵入時の危機管理マニュアル」の作成（平成14年12月）や、「学校施設整備指針」における防犯対策関係規定の充実（平成15年8月）、防犯や応急手当の訓練により教職員や子どもの安全対応能力の向上を図る「防犯教室」の開催の支援など、様々な施策を推進してきた。

　　これらを踏まえ、全国各地の学校では、学校や地域の実情に応じた学校安全に関する取組が行われてきているものの、附属池田小学校の事件の後も、昨年12月の京都府や兵庫県の小学校の事件など、学校に不審者が侵入して子どもの安全を脅かす事件や、通学路で子どもに危害が加えられる事件が後を絶たない。

　　関係者には、「私たちの学校や地域では事件は起こるまい」などと楽観せず、「事件はいつ、どこでも起こりうるのだ」という危機感を持っていただきたい。その上で、様々な対策を意図的に講じていかなければ学校の安全は確保できないという認識の下、緊張感を持って子どもの安全確保に取り組んでいただきたい。

　　また、子どもの健全な育成が学校、家庭、地域社会との連携・協力なしになし得ないのと同様、「安全・安心な学校づくり」、「安全・安心な子どもの居場所づくり」も地域ぐるみの取組なしにはなし得るものではない。

　　保護者の方々、地域社会の方々、警察・消防・自治会・防犯協会等の関係機関・団体の方々におかれては、学校や子どもの安全をめぐる危機的な状況を是非御理解いただき、次世代を担う子どもの安全を守るための取組に積極的に御協力願いたい。

　　このたび、各学校でより具体的な安全確保の取組を推進していただくため、学校や設置者が子どもの安全確保のための具体的な取組を行うに当たっての留意点や学校、家庭、地域社会、関係機関・団体の連携により子どもの安全を確保するための方策等について、**別紙**のようにまとめた。

　これを関係する全ての方々にお読みいただき、それぞれの学校や地域で子どもの安全確保のための取組が積極的に推進されることを願ってやまない。

　なお、文部科学省では、平成16年度においても、「子ども安心プロジェクト」ととして、「防犯教室」の開催の支援に関する事業や、地域との連携を重視した学校安全に関する実践的な取組を行う「地域ぐるみの学校安全推進モデル事業」等を引き続き推進するほか、新たに、教職員の危機管理意識を向上させるための「防犯教育指導者参考資料」の作成・配布を行うこととしている。また、学校施設の防犯対策に関する事例集の作成をはじめとする、学校施設の安全対策に関する事業も推進することとしている。

　今後も、文部科学省としては、学校安全に関する施策について、組織的、継続的に対応していきたい。

別紙　　　　　　　　学校安全に関する具体的な留意事項等

【学校による具体的取組についての留意点】
　・実効ある学校マニュアルの策定
　・学校安全に関する校内体制の整備
　・教職員の危機管理意識の向上
　・校門等の適切な管理
　・防犯関連設備の実効性ある運用
　・子どもの防犯教育の充実
　・日常的な取組体制の明確化

【設置者による具体的取組についての留意点】
　・設置する学校の安全点検の日常化
　・教職員に対する研修の実施

【地域社会に協力願いたいこと】
　・学校安全の取組に御協力いただける方の組織化を
　・不審者情報等を地域で共有できるネットワークの構築を
　・「子ども110番の家」の取組への一層の御協力を
　・安全・安心な「子どもの居場所づくり」を

【地域の関係機関・団体に協力願いたいこと】
　・学校との一層の連携を

3　学校給食

第1章　総則

(1)　この法律の目的（学校給食法第1条）

この法律は、学校給食が児童及び生徒の心身の健全な発達に資するものであり、かつ、児童及び生徒の食に関する正しい理解と適切な判断力を養う上で重要な役割を果たすものであることにかんがみ、学校給食及び学校給食を活用した食に関する指導の実施に関し必要な事項を定め、もつて学校給食の普及充実及び学校における食育の推進を図ることを目的とする。

学校給食法は昭和29年に制定されたが、当時と今日では食生活において大きな変化がある。本条は、食生活の変化に対応すべく平成20年に改正されたものである。主な改正点は、学校給食の役割を「国民の食生活の改善に寄与する」から「児童及び生徒の食に関する正しい理解と適切な判断力を養う上で重要な役割を果たす」に変更し、学校給食が食育と重要なかかわりがあることを明示した。そして、食育の具現化のため、「学校給食を活用した食に関する指導の実施に関し必要な事項を定める」とした点である。

すなわち本条では、学校給食の目的とともにその役割を示し、学校給食が単に食事の提供にとどまるのではなく、教育の中に位置づけられていることを明確にしているということである。それは、学習指導要領の特別活動の学級活動において、小学校・中学校及び義務教育学校に共通した内容として、「食育の観点を踏まえた学校給食と望ましい食習慣の形成」として位置づけられている。

(2) 学校給食の目標 (学校給食法第2条)

　学校給食を実施するに当たつては、義務教育諸学校における教育の目的を実現するために、次に掲げる目標が達成されるよう努めなければならない。

一　適切な栄養の摂取による健康の保持増進を図ること。

二　日常生活における食事について正しい理解を深め、健全な食生活を営むことができる判断力を培い、及び望ましい食習慣を養うこと。

三　学校生活を豊かにし、明るい社交性及び協同の精神を養うこと。

四　食生活が自然の恩恵の上に成り立つものであることについての理解を深め、生命及び自然を尊重する精神並びに環境の保全に寄与する態度を養うこと。

五　食生活が食にかかわる人々の様々な活動に支えられていることについての理解を深め、勤労を重んずる態度を養うこと。

六　我が国や各地域の優れた伝統的な食文化についての理解を深めること。

七　食料の生産、流通及び消費について、正しい理解に導くこと。

　本条は、学校給食が義務教育諸学校において教育の目的を実現するための教育活動であることを示している。学校教育法には義務教育の目標及び義務教育諸学校の教育の目的や目標が規定されている。本条の各号は、義務教育の目的及び目標のうち、学校給食を通じて達成されるべき内容を明示している。

　平成20年3月に告示された小学校学習指導要領においては、学校給食は特別活動の学級活動に位置付けられており、「2　内容〔共通事項〕(2)日常の生活や学習への適応及び健康安全」の「キ　食育の観点を踏まえた学校給食と望ましい食習慣の形成」として示されている。

　「小学校学習指導要領解説　特別活動編」には以下のような解説がある。

　「食育の観点を踏まえた学校給食と望ましい食習慣の形成とは、児童が食に関する知識や能力等を発達の段階に応じて総合的に身に付けることができるように学校教育全体で指導することであり、給食の時間はその中心的な指導の場

となる。給食の時間は、楽しく食事をすること、健康によい食事のとり方、給食時の清潔、食事環境の整備などに関する指導により、望ましい食習慣の形成を図るとともに、食事を通して望ましい人間関係の形成を図ることをねらいとし、給食の準備から後片付けを通して、計画的・継続的に指導する必要がある。また、心身の健康に関する内容にとどまらず、自然への恩恵などへの感謝、食文化、食糧事情などについても教科等の指導と関連を図りつつ指導を行うことが重要である。

　これらの指導に当たっては、内容によって、栄養教諭や学校栄養職員などの協力を得ることが必要である。また、これらの学校給食に関する内容については、学級活動の授業時数には充てない給食の時間を中心に指導することになるが、学級活動の時間でも取り上げ、その指導の特質を踏まえて計画的に指導する必要がある。その際、学校給食を教材として活用するなど多様な指導方法を工夫することが大切である。」

　このように、学校給食は義務教育諸学校における教育の一環として行われるものであるから、他の教育活動と同じように、原則としてすべての児童生徒を対象に実施されるものと考えられる。

(3)　定義（学校給食法第３条）

　　この法律で「学校給食」とは、前条各号に掲げる目標を達成するために、義務教育諸学校において、その児童又は生徒に対し実施される給食をいう。

　2　この法律で、「義務教育諸学校」とは、学校教育法に規定する小学校、中学校、義務教育学校、中等教育学校の前期課程又は特別支援学校の小学部若しくは中学部をいう。

　本条でいう「学校給食」は義務教育諸学校で第２条各号に規定されている学校給食の目標を達成するために、実施されている給食のことである。ここでは

学校給食を限定的に定義している。なぜならば、夜間課程を置く高等学校や特別支援学校の幼稚部及び高等部でも学校給食は実施されているからである。

　児童又は生徒を対象に実施される給食とあるが、教育の一環としての学校給食である。「教師は、児童生徒ともに会食することによって指導の徹底を期するべき」（「学校給食の実施について」文管学第219号文部省管理局長通知　昭和31年6月5日）ということからも、担任は児童生徒と同一の食事を同一の場所で摂り、適切な指導を行うことが求められる。従って、担任の食事時間は勤務時間とみなされる。

(4)　義務教育諸学校の設置者の任務（学校給食法第4条）

　　義務教育諸学校の設置者は、当該義務教育諸学校において学校給食が実施されるように努めなければならない。

　本条は、学校給食の実施についての努力義務を義務教育諸学校の設置者に求めている規定である。本条が学校給食の実施を義務付けているものではないから、学校給食を受けるかどうかを児童生徒が選択できるとする考えがある。しかし、学校給食は義務教育における教育の一環として行われていることから、固形物を受けつけられないなど体調上の特別の理由がない限り、原則としてすべての児童生徒を対象に実施されるものと考える。

第2章　学校給食の実施に関する基本的な事項
　　（省略　学校給食法第6条～第9条））

第3章　学校給食を活用した食に関する指導
栄養教諭の役割（学校給食法第10条）

　　栄養教諭は、児童又は生徒が健全な食生活を自ら営むことができる知

識及び態度を養うため、学校給食において摂取する食品と健康の保持増進との関連性についての指導、食に関して特別の配慮を必要とする児童又は生徒に対する個別的な指導その他の学校給食を活用した食に関する実践的な指導を行うものとする。この場合において、校長は、当該指導が効果的に行われるよう、学校給食と関連付けつつ当該義務教育諸学校における食に関する指導の全体的な計画を作成することその他の必要な措置を講ずるものとする。

2　栄養教諭が前項前段の指導を行うに当たつては、当該義務教育諸学校が所在する地域の産物を学校給食に活用することその他の創意工夫を地域の実情に応じて行い、当該地域の食文化、食に係る産業又は自然環境の恵沢に対する児童又は生徒の理解の増進を図るよう努めるものとする。

3　栄養教諭以外の学校給食栄養管理者は、栄養教諭に準じて、第1項前段の指導を行うよう努めるものとする。この場合においては、同項後段及び前項の規定を準用する。

　本条は、学校給食法の第3章として「学校給食を活用した食に関する指導」として新たに設けられた章である。昭和時代の後期から過食と運動不足による肥満傾向が子ども世代にも現れるようになった。一方では、過度の痩身願望による拒食や夜型生活のために朝食欠食の児童生徒もみられる。これらの食に関する今日的な課題に対応し、児童生徒が自ら生涯にわたって健全な心身を養い、豊かな人間性を育むために学校においては、学校教育活動全体を通して食に関する指導を行う必要が生じてきた。

　その一貫として、平成16年に栄養教諭制度が創設され、学校教育法第37条第13項において児童の栄養の指導及び管理をつかさどる職として規定された。中学校等には、それぞれ準用規定がある。

　本条第1項では、栄養教諭による学校給食に関する指導が効果的に行われるよう、校長は、学校給食と関連付けつつ食に関する指導の全体的な計画を作成すること、その他の必要な措置を講ずるものとなっている。食に関して特別の

配慮を必要とする児童又は生徒に対する個別的指導には、障害や食物アレルギー等のある児童生徒等への対応がある。このことについては、参考資料「障害のある幼児児童生徒の給食その他の摂食を伴う指導に当たっての安全確保について」と「新年度の学校給食における食物アレルギー等を有する児童生徒等への対応等について」を参照されたい。

また、平成17年には食育基本法が成立し、その第20条には学校において食育の指導にふさわしい教職員を設置し、食育の推進のための施策が規定された。

栄養教諭は食に関する指導の充実のための中核的な役割を果たすように期待されている。

第4章　雑則
経費の負担（学校給食法第11条）

　　学校給食の実施に必要な施設及び設備に要する経費並びに学校給食の運営に要する経費のうち政令で定めるものは、義務教育諸学校の設置者の負担とする。

2　前項に規定する経費以外の学校給食に要する経費（以下「学校給食費」という。）は、学校給食を受ける児童又は生徒の学校教育法第16条に規定する保護者の負担とする。

本条は、学校給食実施に要する費用についての、設置者と保護者の負担区分についての規定である。

第1項に規定する経費以外は「学校給食費」として保護者の負担とされる。近年問題となっているのは、学校給食費の未払い問題である。学校給食費の負担についての根拠は本条にあるが（本条が無くても支払い義務は生じる）、学校給食費を支払わない保護者の中には、日本国憲法第26条第2項の義務教育は無償とするとした規定に学校給食費を含めることを理由とする考えがある。しかし、憲法上の義務教育の無償とされているのは最高裁判所の判決により授業

料とされており、支払いを拒否する理由とはならない。

学校給食についての文部科学省の資料

「新年度の学校給食における食物アレルギー等を有する児童生徒等への対応等について」
（平成25年3月22日付　事務連絡）

　　学校給食の適切な実施については、かねてから格別の御配慮をお願いしているところです。

　　平成24年12月、東京都調布市の小学校で、食物アレルギーを有する児童が、学校給食終了後、アナフィラキシーショックの疑いにより亡くなるという事故があったところです。

　　新年度からの学校給食の実施に当たっては、児童生徒の新入学や転入のほか教職員の人事異動など多くの面で環境の変化が予想されますが、食物アレルギー等を有する児童生徒の対応に関して、以下の参考資料及び別紙も参照しながら、改めて、校内体制等の再確認を行っていただき、個々の児童生徒等の状況に応じた万全の体制での対応に努めていただくようお願いします。

　　つきましては、各都道府県教育委員会学校給食主管課においては、域内の市町村教育委員会並びに所管の学校及び学校給食施設に対し、各都道府県私立学校主管課においては、所管の学校法人等に対し、周知くださるようお願いします。

　　なお、文部科学省では、食物アレルギーに関する対応の充実を図るため、食物アレルギーの実態や学校における取組状況を把握するための調査並びに有識者会議における再発防止策の検討を行うこととしており、平成25年度予算案において、新規事業として「学校給食における食物アレルギー対応に関する調査研究」を計上しています。

別紙

学校給食における食物アレルギー等を有する児童生徒への対応について

　～「学校のアレルギー疾患に対する取り組みガイドライン」のポイント～

　　学校給食における食物アレルギー等を有する児童生徒等への対応について、特に留意すべきポイントについて以下にまとめた。対比の詳細については、「学校のアレルギー疾患に対する取り組みガイドライン」をご覧いただきたい。

⑴　学校生活管理指導表（アレルギー疾患用）の活用

　　アレルギー疾患の児童生徒に対する取組を進めるためには、<u>個々の児童生徒について症状等の特徴を正しく把握すること</u>が前提となる。そのためには、学校生活管理指導表の活用が有効である。

　管理指導表は、原則として学校における配慮や管理が必要だと思われる場合に使用されるものであり、次のように活用が想定される。

○学校・教育委員会は、アレルギー疾患のある児童生徒を把握し、学校での取組を希望する保護者に対して、管理指導表の提出を求める。学校は、提出された管理指導表等に基づき、保護者と協議し取組を実施する。
○管理指導表については、個人情報の取扱いに留意するとともに、緊急時に教職員誰もが閲覧できる状態で一括して管理する。

　食物アレルギーによる食物の除去が必要な児童生徒であっても、その多くは除去品目数が数品目以内にとどまる。あまりに除去品目数が多い場合には、不必要な除去を行っている可能性が高いとも考えられる。除去品目数が多いと、食物アレルギー対策が大変になるだけでなく、成長発達の著しい時期に栄養のバランスが偏ることにもなるので、そのような場合には生活管理指導表を参考に、保護者や主治医・学校医等とも相談しながら、適切な対応を求めることが必要である。

(2) 学校給食での食物アレルギー対応の実際
　学校給食での食物アレルギー対応は、レベルごとに、以下のように大別される。

○レベル1：詳細な献立表対応
　学校給食の原材料を詳細に記入した献立表を家庭に事前に配布し、それを基に保護者や担任などの指示もしくは児童生徒自身の判断で、学校給食から原因食品を除去しながら食べる対策。全ての対応の基本であり、レベル2以上でも詳細な献立表は提供すること。
○レベル2：一部弁当対応
　普段除去食や代替食対応をしている中で、除去が困難で、どうしても対応が困難な料理において弁当を持参させる。
○レベル3：除去食対応
　申請のあった原因食品を除いて給食を提供する。
○レベル4：代替食対応
　申請のあった原因食品を学校給食から除き、除かれることによって失われる栄養価を、別の食品を用いて補って給食を提供する。

　このうちレベル3・4がアレルギー食対応といわれ、学校給食における食物アレルギー対応の望ましい形といえる。
　学校及び調理場の状況（人員や設備の充実度、作業ゾーンなど）は千差万別であり、一律に対応を推進することはできない。学校及び調理場の状況と食物アレルギーの児童生徒の実態（重症度や除去品目数、人数など）を総合的に判断し、現状で行うことのできる最良の対応を検討することが大切である。

　一方で、保護者の求めるままに実情に合わない無理な対応を行うことは、かえって事故を招く危険性をはらんでいる。学校給食のアレルギー対応は、あくまでも医師の診断と指示に基づいて行うものであり、保護者の希望に添ってのみ行うものではない。家庭での対応以上の対応を学校給食で行う必要はないといえる。

(3)　アレルギー疾患の緊急時対応（アナフィラキシーへの対応）

　アレルギー反応により、じんましんなどの皮膚症状、腹痛や嘔吐などの消化器症状、ゼーゼー、呼吸困難などの呼吸器症状が、複数同時にかつ急激に出現した状態をアナフィラキシーという。児童生徒に起きるアナフィラキシーの原因のほとんどは食物である。

具体的な治療は重症度によって異なるが、意識障害などが見られる重傷の場合には、まず適切な場所に足を頭より高く上げた体位で寝かせ、嘔吐に備え、顔を横向きにする。そして、意識状態や呼吸、心拍の状態、皮膚色の状態を確認しながら、必要に応じ一次救命措置を行い、医療機関への搬送を急ぐ。アドレナリン自己注射薬（商品名「エピペン」）を携行している場合には、できるだけ早期に注射することが効果的である。

児童生徒がアドレナリン自己注射薬（商品名「エピペン」）の処方を受けている場合には、本注射薬に関する一般的知識や、処方を受けている児童生徒についての情報を、教職員全員が共有しておく必要がある。これは、予期せぬ場面で起きたアナフィラキシーに対して、教職員誰もが適切な対応をとるためには不可欠なことである。

第 7 章

特別支援教育

　　小学校の教員5年目である。今年の4月にB小学校に異動してきたら、特別支援学級「こだま」組があった。B小学校の総合的な学習の時間では、私が担任をしている通常の学級の4年生と「こだま」組が一緒に学ぶことがある。初めての交流授業の時は緊張したが、「こだま」組の子どもたちに親しそうに声をかけられて、私の中に新しい何かが芽生えたような気がした。そのことがきっかけとなって、将来は特別支援学級の先生になってみたいと思うようになった。

　　特別支援学級のことについての疑問点を管理職の先生に尋ねると、すぐに答えて下さるのだろうが、少しは自分で調べてみたいと思う。

　　教科書をあまり使っていないようだが、教育課程はどうなっているのだろうか。どのような障害のある子どもたちが入学するのだろうか。数学年の児童が一緒のクラスで学んでいるが、学級編制や学年編制はどうなっているのだろうか。私は小学校の普通免許状だけしかもっていないが、特別支援学校の免許状が無くても担任ができるのだろうか。

特殊教育から特別支援教育へ

　「特別支援教育」は平成18年に学校教育法の一部が改正されるまでは、「特殊教育」とされていた。「特殊教育」とは児童生徒等の障害の種類や程度に応じて特別な場で行う教育である。しかし、「特殊教育」の場の一つであった盲・聾・養護学校において児童生徒等の障害の重度・重複化や多様化の割合が高まるにつれ、障害のある児童生徒等一人一人の教育的ニーズに応じて適切な教育的支援を行う「特別支援教育」の必要性が「今後の特別支援教育の在り方について（最終報告）」（平成15年3月28日）で示された。そこでは、従来の特殊教育の対象である障害だけでなく、ＬＤ、ＡＤＨＤ、高機能自閉症などの軽度発達障

害のある児童生徒をも含めて自立や社会参加に向けて、その一人一人の教育的
ニーズを把握し、生活や学習上の困難を改善・克服するために、適切な教育や
指導を通じて必要な支援を行うための特別支援教育が求められた。平成18年に
学校教育法の一部改正がなされた際、盲・聾・養護学校は特別支援学校と名称
を変更した。

　なお、今までの障害理解教育では、障害者のできないことが強調され、疑似
体験ではできないことが体験させられ、それを受けて、「できない人」に優し
く接することや、何かを「してあげる」ことが無条件に良いことだと説かれて
きた。これは、いわゆるＩＣＤＩＨ（国際障害分類）の構造的理解と言える。
ＩＣＦ（国際生活機能分類）が発表されてからは、「できないことだけでなく
できること」の視点が生まれてきている。人が有しているリソース（資源・可
能性）を多く発見することが障害理解教育といえる。

1　特別支援学校

(1)　特別支援学校の目的（学校教育法第72条）

　　特別支援学校は、視覚障害者、聴覚障害者、知的障害者、肢体不自由者
　又は病弱者（身体虚弱者を含む。以下同じ。）に対して、幼稚園、小学校、
　中学校又は高等学校に準ずる教育を施すとともに、障害による学習上又は
　生活上の困難を克服し自立を図るために必要な知識技能を授けることを目
　的とする。

　特別支援学校は、視覚障害者、聴覚障害者、知的障害者、肢体不自由者又は
病弱者（身体虚弱者を含む）に対して教育を行う学校である。幼児、児童及び
生徒の障害の重複化に対応するために、従来の盲・聾・養護学校という障害種
別の学校の区分が廃止され、一つの学校で複数の障害種に対応する教育を行う
ことが今まで以上に可能となった。

　「準ずる教育を施す」とは、障害のある者に幼稚園、小学校、中学校、義務教育学校、高等学校の教育と全く同じ内容を同じ方法によって教育することはできないので、幼児、児童及び生徒の障害の状態や能力・適性等を十分に配慮してそれぞれの学校の教育目標の達成を目指す教育を行うことである。

　小学部、中学部及び高等部のそれぞれの教育課程には、自立活動という領域が特別に設けられ、障害による学習上又は生活上の困難を克服し自立を図るために必要な知識技能を授けられるようになっている（学教規第126条〜第128条）。

(2)　特別支援学校が行う教育内容の明示（学校教育法第73条）

　特別支援学校においては、文部科学大臣の定めるところにより、前条に規定する者に対する教育のうち当該学校が行うものを明らかにするものとする。

　本条は平成18年の改正によって、盲・聾・養護学校の区分がなくなったため、特別支援学校という学校名からは個々の学校がどのような障害種別を扱う学校かが明らかでなくなった。そこで、障害のある児童生徒等の就学を円滑にする必要性や、設置者が当該学校の教育についての対外的な説明責任を果たす観点から、各特別支援学校の扱う障害種別を明らかにすることとした。（参照：学校教育法等の一部を改正する法律の施行に伴う関係政令等の整備について　平成19年3月30日）

　多くの特別支援学校では今まで対象としてきた障害種別の児童生徒等が就学している。これは障害種別毎の学校によって施設・設備や備品（教材・教具等も含め）が異なったり、障害種別の専門的な教育職員が配置されていたりしていることも関係している。

　＊特別支援学校の教員の専門性ということでは課題もある。教育職員免許法上は、特定の教科を担任する場合を除いては特別支援学校の免許状を有していなくても特別支援学校の教員になることができ、特別支援学校の免許状を有し

ていることが資格要件となっていない（小・中・義務教育学校・高等学校の普通免許状を有していればよい）。

　特別支援学校の免許状を有していることと教員としての資質や専門性は必ずしも直結しないが、特別支援教育について専門的な知識を有していることは大切である。将来的には、特別支援学校の免許状を有していることを特別支援学校の教員の資格要件とすべきであろう（教育職員免許法附則第16項によって当分の間は、資格要件とはなっていない）。

　少数ではあるが、特別支援学校や特別支援学級が通常の学級での指導や学級経営に課題がある教員の異動先となっている場合がある。それは、特別支援学校や特別支援学級では、複数担任制の学級があり、指導に課題がある教員をある程度カバーできるところがあり、そのような教員の受け入れ先となっているからである。児童生徒はもとより保護者にとっても迷惑な話である。特別支援学校の免許状を有していることを資格要件とすれば、そのようなケースも少なくなると思われる。

(3)　特別支援学級への助言・援助（学校教育法第74条）

　特別支援学校においては、第72条に規定する目的を実現するための教育を行うほか、幼稚園、小学校、中学校、義務教育学校、高等学校又は中等教育学校の要請に応じて、第81条第１項に規定する幼児、児童又は生徒の教育に関し必要な助言又は援助を行うよう努めるものとする。

　本条は、特別支援学校の地域における特別支援教育のセンター的機能について規定しているものである。センター的機能を例示すれば以下の通りである。

(1)　小・中学校等の教員への支援機能

(2)　特別支援教育等に関する相談・情報機能提供

(3)　障害のある幼児・児童・生徒への指導・支援機能

(4)　福祉・医療・労働などの関係機関等との連絡・調整機能

(5)　小・中学校等の教員に対する研修協力機能

(6)　障害のある幼児・児童・生徒への施設設備等の提供機能

（参照　特別支援教育を推進するための制度の在り方について（答申）中央教育審議会　平成17年12月8日）

　平成16年に小・中学校の担任に調査した結果、全学齢児童生徒数が約1092万人の中に通常の学級に在籍している児童生徒の中で学習障害（ＬＤ）、注意欠陥多動性障害（ＡＤＨＤ)、高機能自閉症等を含む障害があると思われる数が約68万人（全学齢児童生徒数の6.3％程度）であった。

　また、平成24年に国が実施した「通常の学級に在籍する発達障害の可能性のある特別な教育的支援を必要とする児童生徒に関する調査結果について」では、知的発達に遅れはないものの学習面又は行動面で著しい困難を示すとされた児童生徒の割合は6.5％であった。

　このような児童生徒の教育的なニーズに適切に応えることが小・中学校の重要な課題となっている。

　小・中学校等では校長、特別支援教育コーディネーターを中心に校内体制の整備や配慮を要する児童生徒等へのサポートの在り方などについての研修や実践がなされている。このような実践をより充実させるためには、障害や障害児教育について専門的な知識や実践力を有する特別支援学校のセンター的な機能が重要である。

(4)　障害の程度（学校教育法第75条）

　　第72条に規定する視覚障害者、聴覚障害者、知的障害者、肢体不自由者又は病弱者の障害の程度は、政令で定める。

　本条は、どの程度の障害があれば、特別支援学校で教育を受ける対象となるかを、政令（学校教育法施行令第22条の3）に委任している。ただし、学校教

育法施行令第22条の3の表に規定されている障害の程度の者が必ず特別支援学校に就学するわけではない。そのことについては、後述の認定特別支援学校就学者を参照。

(5)　特別支援学校への就学までの流れ

(1)　市町村教育委員会は、10月1日現在で10月末日までに、当該市町村に住所を有する者で当該年度中に満6歳に達する就学予定児童について、あらかじめ学齢簿を作成する（学教令第1条・第2条、同法施行規則第31条）。

(2)①　市町村教育委員会は、学齢簿作成後原則として11月末までの間に、就学予定児童に対しあらかじめ就学時健康診断を行う（学保安法第11条、同法施行令第1条）。

②　市町村教育委員会は、就学時健康診断の結果に基づき就学義務の猶予若しくは免除又は特別支援学校への就学に関し適切な指導を行う（学保安法第12条）。

(3)　市町村教育委員会は認定特別支援学校就学者について、その氏名及び特別支援学校に就学させるべき旨を、都道府県教育委員会に12月末までに通知するとともに、その者の学齢簿を送付する（学教令第11条第1項・第2項）。

＊認定特別支援学校就学者：視覚障害者、聴覚障害者、知的障害者、肢体不自由者又は病弱者（身体虚弱者を含む。）で、その障害が、学校教育法施行令第22条の3の表に規定する程度のもののうち、当該市町村の教育委員会が、その者の障害の状態、その者の教育上必要な支援の内容、地域における教育の体制の整備状況その他の事情を勘案して、その住所の存する都道府県の設置する特別支援学校に就学させることが適当であると認める者をいう（学教令第5条第1項より抜粋）。

(4)①　都道府県教育委員会は、学校教育法施行令第11条の規定により市町村教育委員会から通知を受けた就学予定者の保護者に対し、1月末までに、特別支援学校の入学期日の通知、就学すべき学校の指定をしなければな

らない（学教令第14条第１項・第２項）。

② 都道府県教育委員会は、児童生徒等を就学させるべき特別支援学校の校長及び市町村教育委員会に対し、当該就学予定者の氏名及び入学期日の通知をしなければならない（学教令第15条）。

(6) 保護者及び視覚障害者等の就学に関する専門的知識を有する者の意見聴取（学校教育法施行令第18条の２）

障害のある者の就学すべき学校の指定には、適切な就学指導が行われることが重要である。そのために市町村教育委員会は障害のある者について認定特別支援学校就学者として特別支援学校の小学部に就学させるべき旨の通知を行う場合には、保護者及び教育学、医学、心理学その他の障害のある児童生徒等の就学に関する専門的知識を有する者の意見を聴くこととなっている。

(7) 教育（障害者基本法第16条）

国及び地方公共団体は、障害者が、その年齢及び能力に応じ、かつ、その特性を踏まえた十分な教育が受けられるようにするため、可能な限り障害者である児童及び生徒が障害者でない児童及び生徒と共に教育を受けられるよう配慮しつつ、教育の内容及び方法の改善及び充実を図る等必要な施策を講じなければならない。

2　国及び地方公共団体は、前項の目的を達成するため、障害者である児童及び生徒並びにその保護者に対し十分な情報の提供を行うとともに、可能な限りその意向を尊重しなければならない。

3　国及び地方公共団体は、障害者である児童及び生徒と障害者でない児童及び生徒との交流及び共同学習を積極的に進めることによつて、その相互理解を促進しなければならない。

4　国及び地方公共団体は、障害者の教育に関し、調査及び研究並びに人材の確保及び資質の向上、適切な教材等の提供、学校施設の整備その他の環境の整備を促進しなければならない。

⑻　特別支援学校の教育課程・保育内容・学科（学校教育法第77条）

特別支援学校の幼稚部の教育課程その他の保育内容、小学部及び中学部
の教育課程又は高等部の学科及び教育課程に関する事項は、幼稚園、小学
校、中学校又は高等学校に準じて、文部科学大臣が定める。

本条は、特別支援学校の教育課程については、それぞれ幼稚園、小学校、中学
校又は高等学校の教育（保育）内容をそのまま適用するのではなく、それぞれの
学校の教育（保育）内容に準じて文部科学大臣が定めるとしている。文部科学大
臣が定めるものとしては、学校教育法施行規則第126条〜第132条の4がある。

例えば、特別支援学校の小学部、中学部又は高等部の教育課程の領域には、
原則としてそれぞれ小・中・高等学校の教育課程の領域に「自立活動」が加え
られて編成されている（学教規第126条〜第128条）。

特別支援学校の小学部、中学部又は高等部においては、特に必要がある場合
は、各教科、各科目の全部又は一部について合わせて授業を行うことができる
（学教規第130条第1項）。また、上記の学校においては知的障害者又は複数の
種類の障害を併せ有する児童若しくは生徒を教育する場合において特に必要が
あるときは、各教科、特別の教科である道徳、外国語活動、特別活動及び自立
活動の全部又は一部について合わせて授業を行うことができる（学教規第130
条第2項）。複数の障害を併せ有する児童若しくは生徒を教育する場合又は障
害のため通学して教育を受けることが困難な児童若しくは生徒に教員を派遣し
て教育を行う場合には、特に必要があるときは、特別の教育課程によることが
できる（学教規第131条第1項）。

⑼　特別支援学校の設置義務（学校教育法第80条）

都道府県は、その区域内にある学齢児童及び学齢生徒のうち、視覚障害
者、聴覚障害者、知的障害者、肢体不自由者又は病弱者で、その障害が第

75条の政令で定める程度のものを就学させるに必要な特別支援学校を設置しなければならない。

　本条は特別支援学校の設置義務を都道府県とした規定である。小学校及び中学校の設置義務は市町村にあるが、都道府県に特別支援学校の設置義務を課した理由は、市町村単位では対象となる児童生徒の数が少なく、一定の人数を前提とした学校教育のねらいが達成が困難であるからである。また、財政的な面からも考慮されていると考えられる。（前述64頁）

2　特別支援学級

⑴　特別支援学級（学校教育法第81条）

　　幼稚園、小学校、中学校、義務教育学校、高等学校及び中等教育学校においては、次項各号のいずれかに該当する幼児、児童及び生徒その他教育上特別の支援を必要とする幼児、児童及び生徒に対し、文部科学大臣の定めるところにより、障害による学習上又は生活上の困難を克服するための教育を行うものとする。

　2　小学校、中学校、義務教育学校、高等学校及び中等教育学校には、次の各号のいずれかに該当する児童及び生徒のために、特別支援学級を置くことができる。

　一　知的障害者

　二　肢体不自由者

　三　身体虚弱者

　四　弱視者

　五　難聴者

　六　その他障害のある者で、特別支援学級において教育を行うことが適当なもの

3　前項に規定する学校においては、疾病により療養中の児童及び生徒に
　対して、特別支援学級を設け、又は教員を派遣して、教育を行うことが
　できる。

本条第1項は、小・中学校等において教育上特別の支援を必要とする児童等
に対し、障害による学習上又は生活上の困難を克服するための教育を特別支援
学級や通常の学級で行うことを規定するものである。

「次項各号のいずれかに該当する幼児、児童及び生徒」とは、特別支援学級
の対象となる幼児、児童及び生徒をいう。

「その他教育上特別の支援を必要とする幼児、児童及び生徒」とは、通常の
学級において障害による学習上や生活上などの困難に対して特別の支援を必要
とする児童等をいう。

本条第2項は小・中学校等に特別支援学級を置くことができる根拠規定であ
る。「特別支援学級」とは、特別支援学校への就学の対象とならない程度の障
害があり、一方、通常の学級では適切な教育を受けることが困難な児童生徒に
対して、特別に編制される学級である。第六号の「その他障害のある者で、特
別支援学級において教育を行うことが適当なもの」には、言語障害者、自閉症
者及び情緒障害者などが考えられる。

疾病により療養中の児童生徒の教育については、本条第3項により病院や療
養所等に特別支援学級を設置する場合がある。

教育課程については、通常の学級における場合と同様であるが、特に必要が
ある場合は、小学校、中学校、義務教育学校又は中等教育学校の前期課程の特
別支援学級は特別の教育課程によることができる（学教規第138条）

特別の教育課程による場合で、検定教科書を使用することが適当でない場合
には、特別支援学級を置く学校の設置者の定めるところにより、他の適切な教
科用図書を使用することができる（学教規第139条）。

なお、通常の学級の場合の原則と異なり、必ずしも同学年の児童生徒で学級
編制をする必要はない（標準法第3条第1項・標準令第1条）。公立の小・中・

義務教育学校及び中等教育学校の前期課程の特別支援学級については8人の学級編制が標準である（標準法第3条第2項）。

(2) 特別支援学級の種類

特別支援学級は、学校教育法第81条第2項各号の区分に従って置くものと学校教育法施行規則第137条に規定されている。

特別支援学級は、特別の事情のある場合を除いては、法第81条第2項各号の区分に従って設置すべであって、これらを一緒にした特別支援学級は望ましくない（学教規第137条）。

3　通級による指導

障害に応じた特別の教育課程（学校教育法施行規則第140条）

小学校、中学校、義務教育学校、高等学校又は中等教育学校において、次の各号のいずれかに該当する児童又は生徒（特別支援学級の児童及び生徒を除く。）のうち当該障害に応じた特別の指導を行う必要があるものを教育する場合には、文部科学大臣が別に定めるところにより、（中略）の規定にかかわらず、特別の教育課程によることができる。

一　言語障害者

二　自閉症者

三　情緒障害者

四　弱視者

五　難聴者

六　学習障害者

七　注意欠陥多動性障害者

八　その他障害のある者で、この条の規定により特別の教育課程による教育を行うことが適当なもの。

　通級による指導とは、通常の学級に在籍している比較的軽度な障害がある児童・生徒が週に 1 〜 2 回程度（障害による指導内容によって異なるが、通常は半日から 2 時間程度が多い）、いわゆる通級指導教室といわれている場へ校内から若しくは他校へ通って（いわゆる他校通級）指導を受けるものである。特別の指導は、主に障害による困難を改善・克服するためのものであるが、特に必要があるときは、障害の状態に応じて各教科の内容を補充するための特別の指導をすることもできる。

　通級による指導を他の学校で受けた場合には、当該児童生徒が在籍する学校の校長は、他校で受けた授業を当該児童生徒の在籍する学校の特別の教育課程に係る授業とみなすことができる（学教規第141条）。

　通級による指導の対象となる児童生徒の多くは他校通級ということになる。他校に設置された通級指導学級に通うことについて、①在籍学級の指導を受けられないことによる児童生徒の不安　②他校に異動する際の児童生徒や保護者の負担　③通級指導学級の担当教員と在籍学級担任との学校が異なることによる連携の図りにくさ　④通級指導学級での指導内容の分かりにくさ　というようなことが課題として指摘されている。

　そこで、東京都教育委員会などは児童生徒が通級するのではなく、通級による指導のための拠点校に特別支援教室を設置し、そこに巡回指導教員を配置し、その教員たちが通級による指導の対象となる児童生徒が在籍する学校を巡回指導することとした。

　特別支援教室が対象とする障害の種類は、自閉症者、情緒障害者、学習障害者、注意欠陥多動性障害者である。

　特別支援学級の児童生徒等は、その学級で障害による学習上又は生活上の困難を克服するための教育を受けるので、通級による指導の対象とはならない。

第 8 章

教職員

　　大学２年生のＡは先輩から、教員免許状は10年毎に更新のための講習を
受けて、試験に合格しないと失効してしまうと教えられた。講習や更新の
ための試験はどうなっているのだろうか。失効してしまうということは先
生として働いていても辞めなければならないのだろうか。10年毎の更新と
いうことは校長先生達も講習を受けているのだろうか。でも、校長先生の
中には教員免許状を持っていない人がいると聞いたけど、どうなっている
のだろう。大学で教員免許状を取得しても直ぐには教員にならないで、し
ばらく会社に勤めてから教員を目指したとき10年経っていたら、もう教員
免許状は失効して使えないのだろうか。

　平成19年度の教育職員免許法の改正によって教員の免許状が10年ごとの
更新制になった。一口に教員の免許状といっても、色々と種類があり、そ
れによって効力も異なるようだ。Ａは教育職員免許法をきちんと理解して
いないために戸惑いや不安もあるようである。本章では免許状の更新制に
ついてだけでなく、教職員に関わる内容について詳しく学ぶことにしよう。

1　校長及び教員等の配置

(1)　校長・教員の配置（学校教育法第７条）

学校には、校長及び相当数の教員を置かなければならない。

　本条の趣旨は、学校には人的構成要素として校長及び相当数の教員は欠かせ
ないということである。
　本条の「校長」に当たるものは、小学校、中学校、義務教育学校、高等学校、

中等教育学校、特別支援学校及び高等専門学校の「校長」であり、大学や短期大学の場合は「学長」、幼稚園の場合は「園長」である。

　「教員」にあたるものは大学、短期大学及び高等専門学校では、教授、准教授、助教、助手、講師であり、それ以外の学校では、副校長（副園長を含む。）、教頭、主幹教諭、指導教諭、教諭、助教諭、養護教諭、養護助教諭、栄養教諭及び講師である。

　「教員」という用語は、多義に使われている。例えば、教育基本法第9条の「教員」には校長、園長、学長も含まれると考えられる。一方、教育職員免許法第2条第1項では、「教員」の範囲は、幼稚園、小学校、中学校、義務教育学校、高等学校、中等教育学校及び特別支援学校並びに幼保連携型認定こども園の教員に限られ、かつ、副校長、副園長、教頭は除かれている。教育職員免許法では教員のことを「教育職員」と呼称しているが、この者たちは教員の免許状を有していることが資格要件となっている。

　「置かなければならない」＝「必置」の教職員とは、その教職員を必ず置かなければ違法であるということである。

　「置かないことができる」教職員とは、定められた特別の事情があるときは、その教職員を置かなくても違法ではないということである。

　「置くことができる」教職員とは、その教職員を置かなくても違法ではないが、置くかどうかは人事権を有する者（たとえば教育委員会）の裁量に委ねられているということである。

(2)　**幼稚園に配置される教職員（学校教育法第27条）**
- 必置の教職員：園長、教諭
- 置かないことができる：教頭
- 置くことができる教職員：副園長、主幹教諭、指導教諭、養護教諭、栄養教諭、事務職員、助教諭、講師、養護助教諭、その他必要な職員

(3)　**小・中学校及び義務教育学校に配置される教職員（学校教育法第37条・第**

49条）

- 必置の教職員：校長、教諭
- 置かないことができる教職員：教頭、養護教諭、事務職員
- 置くことができる教職員：副校長、主幹教諭、指導教諭、栄養教諭、助教諭、講師、養護助教諭、その他必要な職員

(4) **高等学校に配置される教職員（学校教育法第60条）**
- 必置の教職員：校長、教諭、事務職員
- 置かないことができる教職員：教頭
- 置くことができる教職員：副校長、主幹教諭、指導教諭、養護教諭、栄養教諭、助教諭、養護助教諭、講師、実習助手、技術職員、その他必要な職員

(5) **中等教育学校に配置される教職員（学校教育法第69条）**
- 必置の教職員：校長、教諭、事務職員
- 置かないことができる教職員：教頭、養護教諭
- 置くことができる教職員：副校長、主幹教諭、指導教諭、栄養教諭、実習助手、技術職員、助教諭、講師、養護助教諭、その他必要な職員

(6) **特別支援学校に配置される教職員（学校教育法第79条・第82条）**
- 必置の教職員：校長、教諭、事務職員、寄宿舎指導員（寄宿舎を設ける場合）
- 置かないことができる教職員：教頭、養護教諭（小・中学部）
- 置くことができる教職員：副校長、主幹教諭、指導教諭、栄養教諭、実習助手、技術職員、助教諭、講師、養護助教諭、その他必要な職員

＊　地方教育行政の組織及び運営に関する法律第31条第1項には、「地方公共団体が設置する学校には、法律で定めるところにより、学長、校長、園長、教

員、事務職員、技術職員その他の所要の職員を置く。」とある。法律上配置が
義務付けられている所要の職員は、学校医である。学校保健安全法第23条第1
項には、「学校には、学校医を置くものとする。」とあり、法律に定める学校の
全てに学校医の配置が義務付けられている。その第2項には、「大学以外の学
校には、学校歯科医及び学校薬剤師を置くものとする。」とあり、大学以外の
学校には、学校歯科医及び学校薬剤師の配置が義務付けられている。また、学
校運営協議会は全校に設置が義務付けられているわけではないが、学校運営協
議会の委員（地教行法第47条の6）も学校教育法以外の法律で定められている
所要の職員である。

　その他置くことができる職員には、学校評議員（学教規第49条）、学校用務
員（学教規第65条）、スクールカウンセラー（学教規第65条の2）、スクールソ
ーシャルワーカー（学教規第65条の3）のように学校教育法施行規則に根拠が
ある職員の他に、法令に根拠はないが条例等に定めがある場合として、学校警
備員、給食調理員などが考えられる。

2　教職員の配置とその職務（学校教育法第37条）

　(1)以下で、小学校の配置職員を例にその職名と職務内容について述べる。大
学と高等専門学校以外の学校で職名が同じ教職員の場合は職務内容については
学校教育法に準用規定がある（幼・第28条、中・第49条、義・第49条の8、高・
第62条、中等・第70条、特・第82条）。ただし、大学と高等専門学校でも事務
職員については準用規定がある（大・第114条、高専・第123条）。

(1)　配置職員
**小学校には、校長、教頭、教諭、養護教諭及び事務職員を置かなければならな
い。（学教法第37条第1項）**

小学校には、前項に規定するもののほか、副校長、主幹教諭、指導教諭、栄養

教諭その他必要な職員を置くことができる。（学教法第37条第２項）

第１項の規定にかかわらず、副校長を置くときその他特別の事情のあるときは教頭を、養護をつかさどる主幹教諭を置くときは養護教諭を、特別の事情のあるときは事務職員を、それぞれ置かないことができる。（学教法第37条第３項）

(2)　教育管理職

校長は、校務をつかさどり、所属職員を監督する。（学教法第37条第４項）

　「校務をつかさどり」とは、学校の仕事全体を掌握し、処理することであり、その内容は以下のように分類整理できる。

① 　教育の実施や組織の運営に関すること
- ・ 　校長の職務代理者について順序の定め（学教法第37条第６項・第８項）
- ・ 　児童生徒等の健康診断の実施（学保安法第13条）
- ・ 　危険等発生時対処要領の作成及び職員への周知、訓練等（学保安法第29条）
- ・ 　学齢児童又は学齢生徒の出席状況の明示（学教令第19条）
- ・ 　指導要録の作成及び進学先、転学先への抄本又は写しの送付（学教規第24条）
- ・ 　職員会議の主宰（学教規第48条第２項）
- ・ 　授業終始の時刻決定（学教規第60条）
- ・ 　非常変災等の臨時休業（学教規第63条）
- ・ 　教育課程の編成、実施（小学校学習指導要領第１章総則第１の１）

② 　児童生徒に関すること
- ・ 　児童生徒の懲戒処分（学教法第11条、学教規第26条第２項）
- ・ 　感染症に関する出席停止（学保安法第19条）
- ・ 　感染症の予防に関する処置（学保安規第21条）

- ・　児童生徒の就労について、修学に差し支えない旨の証明（労働基準法第57条第2項）
- ・　中途退学の学齢児童又は学齢生徒の教育委員会への通知（学教令第10条・第18条）
- ・　長期欠席の学齢児童又は学齢生徒の教育委員会への通知（学教令第20条）
- ・　全課程修了者の教育委員会への通知（学教令第22条）
- ・　就学義務猶予・免除者の相当学年への編入（学教規第35条）
- ・　各学年の課程の修了、卒業の認定（学教規第57条）
- ・　卒業証書の授与（学教規第58条）

③　教職員に関すること
- ・　教職員の採用・異動・懲戒など人事に関する事項について教育委員会への意見具申（地教行法第36条・第39条）

④　施設・設備の管理に関すること
- ・　学校環境の安全の確保（学保安法第28条）
- ・　社会教育のための学校施設利用に際しての意見（社教法第45条第2項）

　上記の職務内容は条文上は「校長は、何々する。」となっているが、校長自らが行っているとは限らない。校長の責任と権限の下に行われているということである。例えば、指導要録を校長自らが書いているわけではない。多くは担任の職務内容である。一方、「校長は、何々する。」ではなく「学校は、何々する。」とあっても、校長の責任と権限で行われている。例えば、学校の運営状況に関し保護者等への積極的な情報提供（学教法第43条）、学校運営状況についての自己評価、学校関係者評価の実施と評価結果の公表及び報告（学教規第66条～68条）等、多くの規定がある。
　校長の職務に関しては各教育委員会の管理運営規則や教育委員会規則などにもに規定されている場合が多い。
　学校教育法第37条第4項の「校長は、校務をつかさどり、所属職員を監督す

る。」の内容は、上記の法規にある内容だけではない。児童・生徒の指導にかかわったり、保護者や地域住民からの学校への依頼や苦情を聴いたりすることなども校務をつかさどるに入る。所属職員の健康状況を把握し気遣うことは、校務をつかさどり職員を監督することでもある。明文化されている校長の職務は、校長が実際に行っている職務の極一部である。このことは、教諭の職務内容のところで述べるが、他の教職員にも同様のことが言える。

副校長は、校長を助け、命を受けて校務をつかさどる。（学教法第37条第５項）

　校長のリーダーシップの下、組織的・機動的な学校運営が行われるよう、学校の組織運営体制や指導体制の充実のために、平成19年の法改正により、新たな職として副校長（幼稚園は副園長）、主幹教諭、指導教諭を置くことができるとした。

　副校長の職務は、校長から命を受けた範囲で校務の一部を自らの権限で処理することができる。一方、教頭の職務は、校長を助けることの一環として校務を整理するにとどまるものである。

教頭は、校長（副校長を置く小学校にあつては、校長及び副校長）を助け、校務を整理し、及び必要に応じ児童の教育をつかさどる。（学教法第37条第７項）

　校長や副校長には、児童の教育をつかさどるとの規定はないが、必要に応じて教育活動に関わることはできる。ただし、授業に関わる場合には、各相当学校の教諭の相当免許状を有している必要がある。教育職員免許状を有していない教育管理職の場合は単独で授業を行うことはできない。

　副校長は、校長に事故があるときはその職務を代理し、校長が欠けたときはその職務を行う。この場合において、副校長が２人以上あるときは、あらかじめ校長が定めた順序で、その職務を代理し、又は行う。（学教法第37条第６項）

　教頭は、校長（副校長を置く小学校にあつては、校長及び副校長）に事故があるときは校長の職務を代理し、校長（副校長を置く小学校にあつては、校長

及び副校長）が欠けたときは校長の職務を行う。この場合において、教頭が２
人以上あるときは、あらかじめ校長が定めた順序で、校長の職務を代理し、又
は行う。(学教法第37条第８項)

　「校長に事故あるとき」とは、校長は在職しているが、実際に職務を行うこ
とができない場合である。次のような事由が考えられる。

　①　長期の病気休暇等、校長からの職務についての指示が得られないとき
　②　長期の海外旅行等、校長の職務執行が著しく困難なとき
　③　停職・休職等の理由で職務を執行することができないとき

　代理行為自体は校長に代わって副校長又は教頭が行うが、その効力は校長が
行ったのと同じ効力を生ずる（民法第99条第１項「代理人がその権限内におい
て本人のためにすることを示してした意思表示は、本人に対して直接にその効
力を生ずる。」）。

　「校長が欠けたとき」とは、直前に在職していた校長がいなくなった状態で
ある。以下のような状態が考えられる。

　①　死亡
　②　退職
　③　免職
　④　失職

　本来の職務にあるはずの校長が欠けたときは、代行や代理されるべき本人が
いないので「代」の字の入った言葉を使うべきではなく、「職務を行う」とな
っている。この場合は既に校長は不在なので、その効果は副校長又は教頭に帰
属する。

(3)　教育職員

主幹教諭は、校長（副校長を置く小学校にあつては、校長及び副校長）及び教
頭を助け、命を受けて校務の一部を整理し、並びに児童の教育をつかさどる。(学
教法第37条第９項)

　主幹教諭の職務は、命を受けて担当する校務について一定の責任をもって取

りまとめ、整理し、他の教諭等に対して指示や職務命令を行うことができる。

指導教諭は、児童の教育をつかさどり、並びに教諭その他の職員に対して、教育指導の改善及び充実のために必要な指導及び助言を行う。（学教法第37条第10項）

　指導教諭の職務は、自ら授業を受けもち、所属する学校の児童生徒等の実態等を踏まえ、他の教員に対して教育指導に関する指導、助言を行うものである。

教諭は、児童の教育をつかさどる。（学教法第37条第11項）

　教諭は、児童の教育をつかさどるとは授業等教育活動に関わることであるが、この規定は、教諭の主たる職務を定めたものであり、教諭の仕事は、教育のみに限定されるものではない。このことに関して、教諭の宿日直の業務命令は学校教育法第28条第４項（現行の第37条第11項）に違反するとの訴えに対して「学校教育法第28条第４項（現行の第37条第11項）は、教諭の主たる職務を摘示した規定と解すべきであるから、同条第４項の規定を根拠として児童に対する教育活動以外は一切教諭の職務に属しないものと断ずることは許されない。」とし、更に「もとより教諭は、児童、生徒の教育を掌ることをその職務の特質とするのであるが、その職務はこれのみに限定されるものではなく、教育活動以外の校務も学校の所属職員たる教諭の職務に属するものと解すべく」と、判示した（東京高裁判決　昭和42年９月２日）。

　教諭の職務は、学校の教育事業を遂行するために必要な学校の仕事全部に及ぶのであり、これは、他の学校管理職や教育職員についても同様のことが言える。

助教諭は、教諭の職務を助ける。（学教法第37条第15項）

　教諭の職務を助けるとは、教諭の職務を補佐することである。本条第18項に「特別の事情があるときは、教諭に代えて助教諭」を置くことができるとあり、実態は教諭と並列して職務を遂行している。

　なお、教育職員免許法第４条第４項に「臨時免許状は、学校（中等教育学校

を除く。）の種類ごとの助教諭の免許状及び養護助教諭の免許状とする。」とあり、助教諭は臨時免許状を有するものでなければならない。同法第5条第6項には臨時免許状は普通免許状を有する者を採用することができない場合に限り、授与するものとされている。

講師は、教諭又は助教諭に準ずる職務に従事する。（学教法第37条第16項）

　講師には産休育休代替のように教諭と同じような仕事をし、常時勤務する者もいれば、妊娠中の小学校の担任の体育の時間だけの講師のように常時勤務に服しない者もいる（学教規第64条）。教育職員免許法第3条第2項で講師は、原則として各相当の普通免許状又は臨時免許状を有する者でなければならないとしているが、非常勤講師に限って、例外が認められるものがある（免許法第3条の2、教育職員免許法施行規則第65条の10）。

養護教諭は、児童の養護をつかさどる。（学教法第37条第12項）

　養護教諭の職務は、学校保健計画立案、健康診断、健康相談、救急処置、保健指導、疾病予防、学校保健情報把握、学校保健だより作成、学校保健委員会の運営に参画、保健室経営など、多岐にわたる。

　なお、養護教諭は児童生徒の保健指導にかかわることが多いことから、教育職員免許法附則14項で「養護教諭の免許状を有する者（3年以上養護をつかさどる主幹教諭又は養護教諭として勤務したことがある者に限る。）で養護をつかさどる主幹教諭又は養護教諭として勤務しているものは、当分の間、第3条の規定にかかわらず、その勤務する学校（幼稚園を除く。）において、保健の教科の領域に係る事項（小学校又は特別支援学校の小学部にあつては、体育の教科の領域の一部に係る事項で文部科学省令で定めるもの）の教授を担任する教諭又は講師となることができる。」としている。

養護助教諭は、養護教諭の職務を助ける。（学教法第37条第17項）

　助教諭の内容に準ずる。

栄養教諭は、児童の栄養の指導及び管理をつかさどる。（学教法第37条第13項）

　児童生徒（別の言い方をすれば家庭）の食生活の乱れが深刻化している。児童生徒が生涯にわたって心身の健康を保持増進するために、食事を通して自らの健康管理ができることも必要である。児童生徒が望ましい食習慣を身に付けることができるように、平成17年4月より栄養教諭制度が設けられ、食に関する指導と学校給食の管理を行っている。栄養教諭については、第6章の学校給食法のところで詳述した。

(4)　事務職員

事務職員は、事務をつかさどる。（学教法第37条第14項）

　学校での「事務」とは、校務が円滑に進められるように行われる必要な仕事である。事務職員の具体的な職務内容は、学校種や学校規模の違いによって異なるが、主な仕事に以下のようなものがある。

　①　職員の人事及び給与に関すること。
　②　公文書の収受、配布、発送、編集及び保存に関すること。
　③　予算、決算、会計及び契約に関すること。
　④　施設、設備その他の財産の維持管理に関すること。

(5)　司書教諭

学校には、学校図書館の専門的職務を掌らせるため、司書教諭を置かなければならない。（学校図書館法第5条第1項）

　自己教育力を高めたり、すべての教科の基礎となる国語力を育てたりするためには、学校図書館の充実、読書活動の推進が必要である。そこで、平成15年4月より12学級以上の学校（小・中・義務教育・高等学校、中等教育学校、特別支援学校）には司書教諭を必ず配置するようになった（学校図書館法第5条第1項及び附則2）。

　司書教諭は、児童生徒の読書に対する指導や学校図書館資料の選択・収集・提供等を行う。12学級以上の学校のすべてに専任の司書教諭がいるわけではな

く、主幹教諭や指導教諭又は教諭などの担任で司書教諭の講習を修了した者が校務分掌上、学校図書館の担当している場合が多く見られる。その場合でも他の業務の軽減措置がとられることも少なく、学校図書館の充実という点では課題となっている。

　なお、司書教諭の資格を取得するためには、教育職員免許法に定める教諭の免許を有し、大学やその他の教育機関が行う講習を修了することが必要である。講習科目は「学校経営と学校図書館」「学校図書館とメディアの構成」「学習指導と学校図書館」「読書と豊かな人間性」「情報メディアの活用」の5科目（各2単位）である。

3　教職員の資格

⑴　校長及び教員の資格（学校教育法第8条）

　校長及び教員（教育職員免許法（昭和24年法律第147号）の適用を受ける者を除く。）の資格に関する事項は、別に法律で定めるもののほか、文部科学大臣がこれを定める。

　教員の中で、教育職員免許法の適用を受ける者とは、教育職員免許法第2条第1項の幼稚園、小学校、中学校、義務教育学校、高等学校、中等教育学校及び特別支援学校並びに幼保連携型認定こども園の主幹教諭、指導教諭、教諭、助教諭、養護教諭、養護助教諭、栄養教諭、主幹保育教諭、指導保育教諭、保育教諭、助保育教諭及び講師のことである。これらの学校等の教員になるには、原則として、各相当の教員免許状を有していなければならない。

　従って、本条の規定によって資格が定められるのは、高等学校以下の学校では、校長、園長、副校長、副園長、教頭である。

　因みに大学（短期大学を含む。）と高等専門学校の教員については、免許状制度がないので、文部科学大臣が定める一定の基準を満たせば教員の資格を有

することになる。

　高等学校以下の学校の校長や園長となる資格は、学校教育法施行規則第20条、第21条、第22条に規定がある。また、同法施行規則第23条には、副校長、副園長及び教頭の資格についても、同法第20条から第22条を準用するとある。

(2)　免許状によらない校長の任用（学校教育法施行規則第22条）

　　国立若しくは公立の学校の校長の任命権者又は私立学校の設置者は、学校の運営上特に必要がある場合には、前2条に規定するもののほか、第20条各号に掲げる資格を有する者と同等の資質を有すると認める者を校長として任命し又は採用することができる。

　校長の資格は平成11年度までは、教育職員免許状による教諭の専修免許状又は一種免許状（高等学校及び中等教育学校においては専修免許状）を有し、かつ5年以上、「教育に関する職」の経験が必要であった。しかし、校長に幅広く人材を確保できるようにと、平成12年4月からその要件が緩和され、「教育に関する職」の範囲が拡大されたり（学教規第20条第一号）、教員免許状がなくても10年以上「教育に関する職」にあったことが資格に加えられたりした（学教規第20条第二号）。また、本規則第22条によって、教員免許状がなく、「教育に関する職」の経験がなくても、学校運営上特に必要がある場合には、第20条に規定する校長の資格を有する者と同等の資格を有すると認める者を校長として任命し又は採用することができるとした。本規則第22条による任用者は、前歴から民間人校長とも言われることがある。

(3)　副校長・教頭の資格（学校教育法施行規則第23条）

　前3条の規定は、副校長及び教頭の資格について準用する。

　教頭については平成18年4月から、そして副校長、副園長については平成20年4月から、校長の資格に関する規定を準用することになった。

　教育職員免許状を有しない者を教育管理職に登用するに至った理由を文部科学省は以下のように述べている。

　「学校裁量の拡大に伴い、学校の自主性・自律性の確立が求められる中、校長及びこれを補佐する副校長、教頭については、今後ますます有為な人材が求められる。具体的には、教育に関する理解や識見を有し、地域や学校の状況・課題を的確に把握しつつ、リーダーシップを発揮して、組織的・機動的な学校マネジメントを行うことができる優れた人材を確保することが重要となる。」

　いわゆる民間人校長や副校長及び教頭の中には、期待通りの成果をあげている者もいるが、ときには資質を疑われる者もいる。

⑷　校長及び教員の欠格事由　（学校教育法第9条）

　次の各号のいずれかに該当する者は、校長又は教員となることができない。

一　成年被後見人又は被保佐人

二　禁錮以上の刑に処せられた者

三　教育職員免許法第10条第1項第二号又は第三号に該当することにより免許状がその効力を失い、当該失効の日から3年を経過しない者

四　教育職員免許法第11条第1項から第3項までの規定により免許状取上げの処分を受け、3年を経過しない者

五　日本国憲法施行の日以後において、日本国憲法又はその下に成立した政府を暴力で破壊することを主張する政党その他の団体を結成し、又はこれに加入した者

　本条に掲げる各号のいずれかに該当する者は、国公私立学校のいずれでも校長又は教員になることができない。また、現に校長又は教員の職にある者が、

本条の各号のいずれかに該当すると、その地位を失う。

成年被後見人とは、「精神上の障害により事理を弁識する能力を欠く常況にある者」で、本人や一定範囲の親族等の請求により、家庭裁判所から後見開始の審判を受けた者である（民法第７条、第８条）。

成年被保佐人とは、「精神上の障害により事理を弁識する能力が著しく不十分である者」で、本人や一定範囲の親族等の請求により、家庭裁判所から保佐開始の審判を受けた者である（民法第11条、第12条）。

禁錮以上の刑に処せられた者とは、死刑、懲役、禁錮のいずれかの刑を言渡され、判決が確定した者である。刑法第９条に刑の種類は、「死刑、懲役、禁錮、罰金、拘留及び科料を主刑とし、没収を付加刑とする。」とあるが、罰金以下の刑の場合でも、そのことが本条の第三号や第四号の原因になり、校長及び教員の資格を失うことがある。

第三号は、教員の免許状を有する者が、公立学校の教員であって懲戒免職の処分を受けたとき、または公立学校の教員（条件附採用期間中の職員及び臨時的任用職員を除く。）であって、地方公務員法第28条第１項第一号の「勤務実績が良くない場合」又は同法同条同項第三号の「その職に必要な適格性を欠く場合」に該当するとして分限免職の処分を受けたときは、その免許状は効力を失う（教育職員免許法第10条第１項第二号・第三号）。この場合、当該失効の日から３年を経過しない者は校長又は教員になることができない。

第四号の内容は、①国立学校又は私立学校の教員が、公立学校の教員の場合でいえば懲戒免職の事由に相当する事由で解雇されたと認められるとき、②国立学校又は私立学校の教員（公立学校の条件附採用期間中の職員及び臨時的任用職員に相当する者も含む。）が、公立学校の教員の場合でいえば分限免職の事由に相当する事由の中で「勤務実績が良くない場合」又は「その職に必要な適格性を欠く場合」により解雇されたと認められるとき、③公立学校の条件附採用期間中の職員及び臨時的任用職員が、公立学校の教員でいえば分限免職に相当する事由の中で「勤務実績が良くない場合」又は「その職に必要な適格性を欠く場合」により免職の処分を受けたと認められるときである。以上の①〜

③の事由により解雇処分や免職処分を受けたと認められるときは免許管理者は免許状を取り上げなければならない（免許法第11条第1項・第2項）。

　また、教育職員以外の者で教員の免許状を有する者が、法令の規定に故意に違反し、又は教育職員たるにふさわしくない非行があって、その情状が重いと認められるときは、免許管理者はその免許状を取り上げることができる（免許法第11条第3項）。

　第五号の制限は、絶対的かつ終身的なものと考えられている。学校教育は日本国憲法の精神にのっとり、平和で民主的な国家及び社会の形成者の育成を目指して行われるものである。その理念に反する行為をなした者は、終身、校長や教員になる資格がないとされる。

4　教育職員免許法

(1)　定義（免許法第2条第1項・第2項）

　　　この法律において「教育職員」とは、学校（学校教育法第1条に規定する幼稚園、小学校、中学校、義務教育学校、高等学校、中等教育学校及び特別支援学校）並びに就学前の子どもに関する教育、保育等の総合的な提供の推進に関する法律第2条第7項に規定する幼保連携型認定こども園の主幹教諭（幼保連携型認定こども園の主幹養護教諭及び主幹栄養教諭を含む。以下同じ。）、指導教諭、教諭、助教諭、養護教諭、養護助教諭、栄養教諭、主幹保育教諭、指導保育教諭、保育教諭、助保育教諭及び講師(以下「教員」という。)をいう。

2　この法律で「免許管理者」とは、免許状を有する者が教育職員及び文部科学省令で定める教育の職にある者である場合にあつてはその者の勤務地の都道府県の教育委員会、これらの者以外の者である場合にあつてはその者の住所地の都道府県の教育委員会をいう。

204

　「教育職員」に学校教育法第1条に定める大学や高等専門学校の教授や准教授などが記されていない理由は、免許法の第3条と併せて考えると理解できる。すなわち本法でいう「教育職員」とは、免許法により授与された各相当の免許状を有する者であり、各相当の免許状を有していることを資格要件としていない大学や高等専門学校の教授や准教授などは除かれることになる。同様に、各相当の免許状を有していることを必ずしも資格要件としていない校長、園長、副校長、副園長、教頭等も教育職員に含まれていない。

　本法では、「教育職員」を「教員」という、としているが「教員」は多義に使用されていることは前述した。学校教育法第11条の「校長及び教員は、……。」で使用されている教員は、本法でいう「教育職員」以外に副校長や教頭なども含まれている。

　「免許管理者」とは、免許状の有効期間の更新等に関する事務を行ったり（免許法第9条の2、第9条の4）、免許状が失効した場合の返納先だったり（免許法第10条）、一定の場合に免許状を取り上げたり（免許法第11条）する者である。

　本法の「免許管理者」は、免許状を有する教育職員が、教育の職にある者の場合には、勤務地の都道府県の教育委員会が、これら以外の者である場合には、住所地の教育委員会である。

(2)　免許（免許法第3条第1項）

　　教育職員は、この法律により授与する各相当の免許状を有する者でなければならない。

　学校の教育職員になるには原則として、教育職員免許法により授与される学校の種類や教科に対応した免許状を有していなければならない。例えば、小学校の教諭となる者は、小学校教諭の普通免許状又は特別免許状を有する者でなければならない。中学校と高等学校の教員となる者は、その免許状が各教科別

に授与されるので、それぞれに相当する教科についての免許状を有する者でなければならない。これを相当免許状主義もしくは免許状主義という。この相当免許状主義には幾つかの特例措置が設けられている。一つには、へき地等において小規模な中学校、高等学校等である教科の教授を担任すべき教員を採用することができないという特別な事態への対応のために、免許外教科の教授担任の許可である（免許法附則第2項）。このような特例措置だけでなく、以下に記すような教科指導の充実や各学校種間の連携の強化という点から認められている措置もある。

　＊教員免許制度の総合化・弾力化：現在の教員免許状が幼児・児童・生徒の発達状況に必ずしも合わない面が生じていることや幼児期から高等学校段階までを一貫したものととらえて指導を行う必要性や、各学校間の連携を強化することの大切さが指摘されている。＊中央教育審議会答申「初等中等教育と高等教育との接続の改善について」（平成11年12月）

　上記の答申を踏まえつつ、教員免許状の総合化・弾力化が検討された。その上で、中央教育審議会答申「今後の免許制度の在り方について」（平成14年2月）を受けて、以下のような免許法改正がなされた。

①　中学校又は高等学校の教諭の免許状を有する者は、それぞれの免許状に係る教科に相当する小学校若しくは義務教育学校の前期課程の教科および外国語活動、総合的な学習の時間の教授を担任することができる（免許法16条の5第1項、同法施行規則66条の3第1項）。

②　高等学校の専門教科等（書道、情報、農業、工業等）の教諭の免許状を有する者は相当する中学校の教科（国語、理科、技術等）および総合的な学習の時間の教授又は実習を担任することができる（免許法16条の5第2項、同法施行規則66条の3第2項）。

③　普通免許状を有する教員で、3年以上の教職経験がある者が隣接する校種の免許状を取得する際は、必要とされる修得単位数の軽減措置がある（免許法別表第8）。

　教育職員免許法第３条第３項に「特別支援学校の教員（養護又は栄養の指導
及び管理をつかさどる主幹教諭、養護教諭、養護助教諭、栄養教諭並びに特別
支援学校において自立教科等の教授を担任する教員を除く。）については、第
１項の規定にかかわらず、特別支援学校の教員の免許状のほか、特別支援学校
の各部に相当する学校の教員の免許状を有する者でなければならない。」とあり、
特別支援学校の教員になるには、小学部や中学部などの各部に相当するそれぞ
れの学校の普通免許状を有していることが条件となっている。

　しかし、附則の第15項に「幼稚園、小学校、中学校又は高等学校の教諭の免
許状を有する者は、当分の間、第３条第１項から第３項までの規定にかかわら
ず、特別支援学校の相当する各部の主幹教諭（養護又は栄養の指導及び管理を
つかさどる主幹教諭を除く。）、指導教諭、教諭又は講師となることができる。」
との特例措置がある。

(3)　罰則（免許法第22条）

　　　第3条の規定に違反して、相当の免許状を有しない者を教育職員（幼
　　保連携型認定こども園の教員を除く。次項において同じ。）に任命し、
　　又は雇用した場合には、その違反行為をした者は、30万円以下の罰金
　　に処する。
　2　第3条の規定に違反して、相当の免許状を有しないにもかかわらず教
　　育職員となつた者も、前項と同様とする。

　免許法で相当免許状主義を規定している以上は、違反者には何らかの罰則が
あるということである。第１項に関しては、小学校の免許状しか有していない
者を中学校の教科指導をさせたり、中学校の免許状しか有していない者を小学
校の担任として授業をもたせたりしていた小中一貫の学校があった。被雇用者
の免許状が、何らかの理由で失効したり、取り上げられたりしていたのに雇用
者に告げなかったり、失効していることに気付いていなかったりしている場合

や免許状を取得見込みで採用されたが、現実には取得できなかったのに、そのことが露呈するまで雇用されていた例もあった。

　なお、教員免許状を有していることは教育職員の資格条件であり、この要件を欠くに至った場合には教育職員を当然に失職するものと解されている（教員免職処分取消請求事件：最判三小　昭和39年 3 月 3 日）。

(4)　免許状の種類（免許法第 4 条第 1 項）

> 　免許状は、普通免許状、特別免許状及び臨時免許状とする。

　免許状には、教諭等の普通免許状及び特別免許状と助教諭等の臨時免許状がある。

1)　普通免許状

　普通免許状の種類は、校種別の教諭の免許状と校種にかかわりのない養護教諭及び栄養教諭の免許状に分類される。それぞれ専修免許状、 1 種免許状、 2 種免許状（高等学校教諭の免許状は専修免許状及び 1 種免許状）に区分される（免許法第 4 条第 2 項）。

　すなわち、教諭の免許状は幼稚園、小学校、中学校、高等学校という学校の種類ごとの免許状がある。なお、中学校、高等学校は各教科の免許状に分かれる。養護教諭、栄養教諭は学校種ごとの免許状はなく、どの種類の学校にも勤務することが可能である。

　なお、義務教育学校の教員となるには、小学校と中学校の免許状が必要である。しかし、当分の間はいずれかの免許状でも義務教育学校の教員となることは可能である（附則19項）。

　専修免許状、 1 種免許状、 2 種免許状は、それぞれ修士の学位、学士の学位、短期大学士の学位が必要な基礎資格となって区分されている（免許法別表第 1 ）。教員免許状を取得するには、これらの基礎資格とともに、文部科学大臣が認定

した課程において、定められた教科や教職に関する科目の単位を修得しなければならない。

　教員免許状の授与権者は都道府県教育委員会で、授与されてから10年間、すべての都道府県で有効である（免許法第5条第7項、第9条第1項）。

　＊普通免許状取得の際の特例（介護等体験）： 義務教育に従事する教員が個人の尊厳及び社会連帯の理念に関する認識を深めることの重要性から、教員としての資質の向上を図り、義務教育の一層の充実を期する観点から、小学校又は中学校の教諭の普通免許状を取得しようとする者は、特別支援学校又は社会福祉施設その他の施設で、7日間、障害者、高齢者等に対する介護、介助、これらの人との交流等の体験を行うことになっている（小学校及び中学校の教諭の普通免許状授与に係る教育職員免許法の特例等に関する法律第1条、第2条、同法施行規則第1条）。

2)　特別免許状

　特別免許状は、社会において専門的な知識経験・技能等を身に付けた社会人を学校に招致することをねらいとしたものである。学校（幼稚園、義務教育学校、中等教育学校及び幼保連携型認定こども園を除く。）の種類ごとの教諭の免許状である（免許法第4条第3項）。教育職員検定に合格した者に、都道府県教育委員会が授与する（同法第5条第3項・第7項）。特別免許状による教育職員に任命し、又は雇用しようとする者が、学校教育の効果的な実施に特に必要があると認め、担当する教科に関する専門的な知識経験または技能を有するとともに、社会的信望があり、かつ、教員の職を行うのに必要な熱意と識見を持っている者の場合は、検定試験を行うことなく推薦によって免許状を授与することができる（同法第5条第4項）。特別免許状は、授与されてから10年間、授与された都道府県でのみ効力を有する（同法第9条第2項）。

3)　臨時免許状

　学校（義務教育学校、中等教育学校及び幼保連携型認定こども園を除く。）の種類ごとの助教諭及び養護助教諭の免許状である（免許法第4条第4項）。普通免許状を有する者を採用することができない場合に限り、教育職員検定に合格した者に授与される。ただし、高等学校助教諭の臨時免許状については、一、短期大学士の学位又は準学士の称号を有する者　二、文部科学大臣が一号に掲げる者と同等以上の資格を有すると認めた者に授与される（同法第5条第6項）。授与権者は都道府県教育委員会で、授与されてから3年間、授与された都道府県でのみ効力を有する（免許法第5条第7項、第9条第3項）。

　＊**免許状を要しない非常勤の講師**：小・中・義務教育・高等学校等の特定教科の領域の一部やクラブ活動などを指導する非常勤の講師の場合、相当する免許状を有しない者を充てることができる。この場合、非常勤講師に任命し又は雇用しようとする者は、あらかじめその旨を授与権者に届け出なければならない（免許法第3条の2）。

(5)　普通免許状を授与されない者（免許法第5条第1項各号）

　一　18歳未満の者

　二　高等学校を卒業しない者（通常の課程以外の課程におけるこれに相当するものを修了しない者を含む）。ただし、文部科学大臣において高等学校を卒業した者と同等以上の資格を有すると認めた者を除く。

　三　成年被後見人又は被保佐人

　四　禁錮以上の刑に処せられた者

　五　第10条第1項第二号又は第三号に該当することにより免許状がその効力を失い、当該失効の日から3年を経過しない者

　六　第11条第1項から第3項までの規定により免許状取り上げの処分を受け、当該処分の日から3年を経過しない者

七　日本国憲法施行の日以後において、日本国憲法又はその下に成立した政府を暴力で破壊することを主張する政党その他の団体を結成し、又はこれに加入した者

本条第1項各号に該当する者は、特別免許状や臨時免許状も授与されない（免許法第5条第3項・第6項）。

(6)　教員免許の更新制

平成19年の教育職員免許法及び教育公務員特例法の一部を改正する法律により、以前に授与された免許状も含め普通免許状及び特別免許状に10年間の有効期間が設けられた。

教員免許更新制の目的について、文部科学省によれば、「その時々で教員として必要な資質・能力が保持されるよう、定期的に最新の知識・技能を身に付けることで、教員が自信と誇りをもって教壇に立ち、社会の尊敬と信頼を得ることを目指すものである」と説明されている。

(7)　免許状の有効期間の更新及び延長（免許法第9条の2）

免許管理者は、普通免許状又は特別免許状の有効期間を、その満了の際、その免許状を有する者の申請により更新することができる。

2　前項の申請は、申請書に免許管理者が定める書類を添えて、これを免許管理者に提出してしなければならない。

3　第1項の規定による更新は、その申請をした者が当該普通免許状又は特別免許状の有効期間の満了する日までの文部科学省令で定める2年以上の期間内において免許状更新講習の課程を修了した者である場合又は知識技能その他の事項を勘案して免許状更新講習を受ける必要がないものとして文部科学省令で定めるところにより免許管理者が認めた者である場合に限り、行うものとする。

4　第1項の規定により更新された普通免許状又は特別免許状の有効期間
　は、更新前の有効期間満了の日の翌日から起算して10年を経過する日
　の属する年度の末日までとする。

5　免許管理者は、普通免許状又は特別免許状を有する者が、次条第3項
　第一号に掲げる者である場合において、同条第4項の規定により免許状
　更新講習を受けることができないことその他文部科学省令で定めるやむ
　を得ない事由により、その免許状の有効期間の満了の日までに免許状更
　新講習の課程を修了することが困難であると認めるときは、文部科学省
　令で定めるところにより相当の期間を定めて、その免許状の有効期間を
　延長するものとする。

6　免許状の有効期間の更新及び延長に関する手続その他必要な事項は、
　文部科学省令で定める。

1)　更新の申請可能者

　第3項では、免許状の有効期間の更新の申請を行う者には二通りあると規定
している。

　1つは、免許状の有効期間の満了する日までの文部科学省令で定める2年以
上の期間内に、免許状更新講習の課程を修了した者である。文部科学省令で定
める2年以上の期間内とは、2年2月である（免許規則第61条の3）。免許状
更新講習は、教員の職務の遂行に必要なものとして最新の知識技能を習得する
ための30時間以上の講習を修了することが必要である（免許法第9条の3第1
項第一号・第2項）。

　もう1つは、知識技能その他の事項を勘案して、免許状更新講習を受ける必
要がないと文部科学省令で定めるところにより免許管理者が認めた者である。

　免許状更新講習が免除される対象者は、文部科学省令で概ね以下の①～⑥と
定められている。ただし、①、②、⑤に掲げる者については、最新の知識技能
を十分に有していないと免許管理者が認める場合には、免除を受けることがで
きない（免許規第61条の4）。

① 校長（園長）、副校長（副園長）、教頭又は主幹教諭、指導教諭、主幹保育教諭又は指導保育教諭（第一号）

② 指導主事、社会教育主事その他教育委員会において学校教育又は社会教育に関する専門的事項の指導等に関する事務に従事している者として免許管理者が定める者（第二号）

③ 免許状更新講習の講師（第三号）

④ 国若しくは地方公共団体の職員等で免許管理者が②③の者に準ずる者として定める者（第四号）

⑤ 学校における学習指導、生徒指導等に関し、特に顕著な功績があつた者に対する表彰等であつて免許管理者が指定したものを受けた者（第五号）

⑥ その他①〜⑤の者と同等以上の最新の知識技能を有する者として文部科学大臣が別に定める者（第六号）

2) 有効期間の更新の手続

免許状更新講習修了者や更新講習免除対象者であるだけで、有効期間は更新されない。免許状の有効期間を更新するためには、免許状を有する者が、申請書に免許管理者が定める書類を添えて、免許管理者に提出しなければならない（免許法第9条の2第2項）。

免許管理者は、免許状の有効期間を更新又は延長したときは、その旨をその免許状を有する者、その者の所轄庁及びその免許状を授与した授与権者に通知しなければならない（免許法第9条の4第1項）、及びその免許状を所有する者に有効期間の更新又は延長に関する証明書を発行しなければならない（免許規第61条の10）。

3) 更新後の有効期間

第4項には更新後の有効期間が規定してある。その期間は、更新前の有効期間の満了の翌日から起算して10年を経過する日の属する年度の末日までである。

4)　有効期間の延長

　第5項には、免許管理者は、やむを得ない事由により有効期間の満了までに免許状更新講習を修了することが困難であると認めるときは、免許状の有効期間を延長できると規定している。有効期間を延長できる事由は、教育職員免許法施行規則第61条の5に概ね以下のように規定されている。

①　心身の故障若しくは刑事事件に関し起訴されたことによる休職、引き続き90日以上の病気休暇（90日未満の病気休暇で免許管理者がやむを得ないと認めるものを含む。）、産前及び産後の休業、育児休業又は介護休業の期間中であること（第一号）。

②　地震、積雪、洪水その他の自然現象により交通が困難となっていること（第二号）。

③　海外に在留する邦人のための在外教育施設若しくは外国の教育施設又はこれらに準ずるものにおいて教育に従事していること（第三号）。

④　外国の地方公共団体の機関等に派遣されていること（第四号）。

⑤　大学の大学院の課程若しくは専攻科の課程又はこれらの課程に相当する外国の大学の課程に専修免許状の取得を目的として在学していること（第五号）。

⑥　教育職員として任命され、又は雇用された日から普通免許状又は特別免許状の有効期間の満了の日までの期間が2年2月未満であること（第六号）。

⑦　①〜⑥に掲げる事由のほか、免許管理者がやむを得ない事由として認める事由があること（第七号）。

　有効期間の延長の申請を行うことができる者は、免許法第9条の3第3項第一号の教育職員や免許状更新講習規則第9条第1項の教育の職にある者で、校長（園長）、副校長（副園長）、教頭、実習助手、寄宿舎指導員、学校栄養職員又は養護職員それに指導主事等である。

5)　延長の手続

　免許状の有効期間の延長の申請も更新の申請と同様、申請書に免許管理者が

定める書類を添えて、免許管理者に提出する（免許規第61条の９）。免許管理
者は、申請書が延長の要件を満たしている場合には、相当の期間を定めて有効
期間を延長するものとする（免許法第９条の２第５項）。

(8)　更新講習の受講対象者（免許法第９条の３第３項）

　３　免許状更新講習は、次に掲げる者に限り、受けることができる。
　一　教育職員及び文部科学省令で定める教育の職にある者
　二　教育職員に任命され、又は雇用されることとなつている者及びこれ
　　　に準ずるものとして文部科学省令で定める者

免許状更新講習の受講対象者は以下の通りである。
① 　教育職員及び文部科学省令で定める教育の職にある者（免許法第９条の
　３第三項第一号）
② 　教育職員に任命され、又は雇用されることとなつている者及びこれに準
　ずるものとして文部科学省令で定める者（免許法第９条の３第３項第二号）

①の「教育の職にある者」の例としては、以下のような者が規定されている
（免許状更新講習規則第９条第１項）。
・　校長（園長）、副校長（副園長）、教頭、実習助手、寄宿舎指導員、学校
　栄養職員及び養護職員
・　指導主事、社会教育主事その他教育委員会において学校教育又は社会教
　育に関する専門的事項の指導等に関する事務に従事している者として免許
　管理者が定める者
②の「教育職員に任命され、又は雇用されることになっている者に準ずるも
の」としては、以下の者が規定されている（更新講習規則第９条第２項）。
・　学校の校長（園長）、副校長（副園長）、教頭又は教育職員であった者で
　あって、教育職員となることを希望する者（第一号）

- 認定こども園、認可保育所又は同一の設置者が幼稚園を設置している保育所に勤務する保育士（第二号）
- 教育職員に任命され、又は雇用されることが見込まれる者（第三号）

教員採用内定者は講習の受講が認められているが、本条第三号は、採用が内定してから勤務を開始するまでに時間的余裕がない場合もあることから、教員として採用される可能性がある者には受講対象者としたのである。

なお、公立学校の教員であって教育公務員特例法第25条の2第1項に規定する指導改善研修を命ぜられた者は、その指導改善研修が終了するまでの間は、免許状更新講習を受けることができない（免許法第9条の3第4項）。

以上のように、免許状更新講習の受講対象者は免許状所持者全員ではない。

5　教育公務員

(1)　この法律の趣旨（教特法第1条）

　　この法律は、教育を通じて国民全体に奉仕する教育公務員の職務とその責任の特殊性に基づき、教育公務員の任免、人事評価、給与、分限、懲戒及び研修等について規定する。

本法は教員（教育公務員）の職務とその責任の特殊性に基づいて制定されたものであり、……公立学校の教育公務員については、地方自治法附則1条2項に基づいて制定された地方公務員法の特例である。即ち本法と……地方公務員法の関係は、一般法、特別法の関係に立つものである。（昭和24年2月22日発調三八事務次官）

(2)　定義（教特法第2条）

　　この法律において「教育公務員」とは、地方公務員のうち、学校（学

校教育法第1条に規定する学校及び就学前の子どもに関する教育、保育
等の総合的な提供に関する法律第2条第7項に規定する幼保連携型認定
こども園（以下「幼保連携型認定こども園」という。）をいう。以下同じ。）
であつて地方公共団体が設置するもの（以下「公立学校」という。）の
学長、校長（園長を含む。以下同じ。）、教員及び部局長並びに教育委員
会の専門的教育職員をいう。

2　この法律において「教員」とは、公立学校の教授、准教授、助教、副
校長（副園長を含む。以下同じ。）、教頭、主幹教諭（幼保連携型認定こ
ども園の主幹養護教諭及び主幹栄養教諭を含む。以下同じ。）、指導教諭、
教諭、助教諭、養護教諭、養護助教諭、栄養教諭、主幹保育教諭、指導
保育教諭、保育教諭、助保育教諭及び講師（常勤勤務の者及び地方公務
員法第28条の5第1項に規定する短時間勤務の職を占める者に限る。
第23条第2項を除き、以下同じ。）をいう。

3　省略（部局長の定義）

4　省略（評議会の定義）

5　この法律で「専門的教育職員」とは、指導主事及び社会教育主事をいう。

教育公務員特例法で規定する「教育公務員」とは、学校教育法第1条に規定
する学校、すなわち幼稚園、小学校、中学校、義務教育学校、高等学校、中等
教育学校、特別支援学校、大学、高等専門学校及び就学前の子どもに関する教
育、保育等の総合的な提供の推進に関する法律第2条第7項に規定する幼保連
携型認定こども園の中で、地方公共団体が設置する学校、すなわち公立学校の
学長、校長（園長）、教員及び部局長と教育委員会の専門的教育職員である（た
だし、地方独立行政法人法第68条第1項に規定する公立大学法人が設置する大
学及び高等専門学校は除かれる）。

校長以下の教員の職務内容については、本章の1「教職員の職務」のところ
で述べてある。

指導主事の職務内容は、学校における教育課程、学習指導その他学校教育に

関する専門的事項の指導に関する事務である（地教行法第18条第3項）。

　社会教育主事の職務内容は、社会教育を行う者に専門的技術的な助言と指導を与えたり、学校が社会教育関係団体、地域住民その他の関係者の協力を得て教育活動を行う場合に、求めに応じて助言を与えたりすることである（社教法第9条の3）。

(3)　教育公務員の任用

1)　任命権者（地公法第6条第1項）

　地方公共団体の長、議会の議長、選挙管理委員会、代表監査委員、教育委員会、人事委員会及び公平委員会並びに警視総監、道府県警察本部長、市町村の消防長（特別区が連合して維持する消防の消防長を含む。）その他法令又は条例に基づく任命権者は、法律に特別の定めがある場合を除くほか、この法律並びにこれに基づく条例、地方公共団体の規則及び地方公共団体の機関の定める規程に従い、それぞれ職員の任命、人事評価（任用、給与、分限その他の人事管理の基礎とするために、職員がその職務を遂行するに当たり発揮した能力及び挙げた業績を把握した上で行われる勤務成績の評価をいう。以下同じ。）休職、免職、及び懲戒等を行う権限を有するものとする。

　地方公共団体には、数多くの任命権者が分立しているが、その中の1つに教育委員会がある。

　任命権者は、法律に特別の定めがある場合を除くほか、地方公務員法、これに基づく条例、規則その他の規程に従って、職員の任命、休職、免職、懲戒などの任命権を行使するとなっている。この規定は任命権の内容の例示であり、任命権者の任命権の具体的内容は、個々の法令、条例、規則等によって定まる。

　教職員については「法律に特別の定」として、教育公務員特例法と地方教育行政の組織及び運営に関する法律が定められている。

2) 教育機関の職員の任命（地教行法第34条）

> 教育委員会の所管に属する学校その他の教育機関の校長、園長、教員、事務職員、技術職員その他の職員は、この法律に特別の定めがある場合を除き、教育委員会が任命する。

　教育機関の職員については、本法に特別の定めがある場合を除いて当該職員の身分の属する地方公共団体の教育委員会が、任命することになっている。

　本条でいう「任命する」とは、任命権者としての権限を行使するという意である。従って教育委員会が任命権者として地方公務員法第6条に規定する職員の任命、人事評価、休職、免職、懲戒等を行う。ここで「この法律に特別の定」とは、地方教育行政の組織及び運営に関する法律第37条及び第38条のことである。

3) 市町村立学校の教職員の任命権者（地教行法第37条第1項）

> 市町村立学校職員給与負担法〔括弧内省略〕第1条及び第2条に規定する職員（以下「県費負担教職員」という。）の任命権は、都道府県委員会に属する。

　公立学校の教職員の任命権者は、その学校を所管する教育委員会である。

　しかし、本条は、市町村立義務教育諸学校等の県費負担教職員についての任命権者は都道府県教育委員会であると規定する。

4) 市町村教育委員会の内申（地教行法第38条第1項・第3項）

> 1　都道府県委員会は、市町村委員会の内申をまつて、県費負担教職員の任免その他の進退を行うものとする。

3　市町村委員会は、次条の規定による校長の意見の申出があつた県費負
担教職員について第1項又は前項の内申を行うときは、当該校長の意見
を付するものとする。

県費負担教職員の任命権者は都道府県教育委員会であるが、市町村教育委員
会に内申権が定められている。

5)　中核市に関する特例（地教行法第59条）

地方自治法第252条の22第1項の中核市（以下「中核市」という。）の
県費負担教職員の研修は、第45条並びに教育公務員特例法第21条第2項、
第22条の4、第23条第1項、第24条第1項及び第25条の規定にかかわら
ず、当該中核市の教育委員会が行う。

「中核市」とは、政令で指定する人口20万人以上の市である（地方自治法第
252条の22第1項）。

これらの市は、県費負担教職員の研修は特例として、中核市の教育委員会が
行うと規定する。

県費負担教職員の研修は、任命権者である都道府県の教育委員会が行うのが
原則である（地方公務員法第39条第2項）。ただし、県費負担教職員に関しては、
地教行法第45条第1項に市町村教育委員会も行うことができるとある。同条第
2項には、市町村教育委員会は、都道府県教育委員会が行う県費負担教職員の
研修に協力しなければならないとある。

研修の実施（教育公務員特例法第21条第2項）、教員研修計画の策定（同法
第22条の4）、初任者研修の実施（同法第23条第1項）、中堅教諭等資質向上研
修の実施（同法第24条第1項）、指導改善研修の実施（同法第25条）などは、
任命権者である都道府県教育委員会が行うとあるが、地教行法第59条によって
中核市の教育委員会が行うことになる。

6)　所属職員の進退に関する意見の申出（地教行法第36条）

学校その他の教育機関の長は、この法律及び教育公務員特例法に特別の定がある場合を除き、その所属の職員の任免その他の進退に関する意見を任命権者に対して申し出ることができる。この場合において、大学附置の学校の校長にあつては、学長を経由するものとする。

教育機関の長である校長は、その所属の職員の任免その他進退に関する意見を任命権者に申し出ることができる。校長は所属の職員を指揮監督する立場にある。そこで、その監督責任を明確にする意図から職員の任命権者に対して意見の申出ができるとしている。

校長から意見の申出があった場合、任命権者は申出を考慮する必要はあるが、法的にはその意見に拘束されるものではない。

「特別の定がある場合」は２つある。１つは地教行法第39条の定である。後述するように、市町村立学校の県費負担教職員の進退に関する意見の申出について校長は、任命権者である都道府県教育委員会ではなく市町村教育委員会に行うと特別の定がある。

もう１つは、教特法の第10条である。これは公立大学の任命権者に関する規定である。

7)　校長の所属教職員の進退に関する意見の申出（地教行法第39条）

市町村立学校職員給与負担法第1条及び第2条に規定する学校の校長は、所属の県費負担教職員の任免その他の進退に関する意見を市町村委員会に申し出ることができる。

第36条で述べたように校長は、所属の県費負担教職員の任免その他の進退に関する意見を市町村教育委員会に申し出ることができる。これは、市町村教育

委員会に任免その他の進退について内申権が有るので、任命権者である都道府県教育委員会に校長の意見が直接申し出られることのないように調整したものである。この校長の意見の申出を意見具申権という。

6　採用・昇任・降任・転任

(1)　採用及び昇任の方法（教特法第11条）

　　公立学校の校長の採用（現に校長の職以外の職に任命されている者を校長の職に任命する場合を含む。）並びに教員の採用（現に教員の職以外の職に任命されている者を教員の職に任命する場合を含む。以下この条において同じ。）及び昇任（採用に該当するものを除く。）は、選考によるものとし、その選考は、大学附置の学校にあつては当該大学の学長が、大学附置の学校以外の公立学校（幼保連携型認定こども園を除く。）にあつてはその校長及び教員の任命権者である教育委員会の教育長が、大学附置の学校以外の公立学校（幼保連携型認定こども園に限る。）にあつてはその校長及び教員の任命権者である地方公共団体の長が行う。

　任命の一種である採用とは、学生だった者が教員になるように、現に職員でない者を職員の職に任命することである。昇任も任命の一種であり、主幹教諭から教頭や副校長へ、教頭や副校長から校長へというように、職員を、法令、条例、規則その他の規程により公の名称が与えられている職員の職で、その現に有するものより上位のものに任命することである。

　校長の採用並びに教員の採用及び昇任は、選考によるものとされるが「選考」とは、一般公務員の行政事務能力の有無を判断する「競争試験」と異なり、競争試験以外の能力に基づく試験であり（国家公務員法第36条）、一定の基準と手続きのもとに「学力・経験・人物・慣行・身体等」を審査することである。

　「競争試験」が試験成績を得点順に並べ、得点の高い者から順次に任用する

方法であるのに対して、「選考」は、職務遂行の適否を判断し、任用する方法である。

　自治体ごとに教員採用選考試験の内容は異なるが、多くの自治体では、教育小論文、一般教養や教職教養、教職専門に関する内容、個人面接や集団での面接や討論、模擬授業、そして受験する校種によっては体育や音楽などに関する実技などでを実施し、職務遂行能力を判断している。

(2)　条件付採用（地公法第22条第1項）

> 　臨時的任用又は非常勤職員の任用の場合を除き、職員の採用は、全て条件付のものとし、その職員がその職において6月を勤務し、その間その職務を良好な成績で遂行したときに正式採用になるものとする。この場合において、人事委員会は、条件付採用の期間を1年に至るまで延長することができる。

　職員の任用のうち、採用に関しては、実地に能力を実証する必要があるため、条件付とされる。「条件付」とは、正式採用ではないことを意味し、身分保障の適用がない（地公法第29条の2第1項第一号）。

　条件とは、条件付採用の期間中「勤務を良好な成績で遂行した」という条件を成就したときに正式採用となるということである。条件を成就した場合のみ継続的に任用するとも考えられるが、実際は継続的に任用されることが原則との運用がなされている。十分能力の実証がなされなかった場合のみ免職され、正式採用については別段の通知又は発令を要しないと理解されている（高知地裁判決　昭和36年2月24日）。

　地方公務員の条件付採用期間は、原則として「6月」であるが、同じ地方公務員でも、教育公務員特例法第12条で規定する「教諭等」は「1年」である。

　条件付き採用期間中の職員であっても教諭という職名は正式採用の職員と同じである（文部省実例　昭和26年5月21日）。勤務条件、各種手当て、勤務時間、

休日、休暇等についても正式採用職員と同一の扱いをされている。

　条件付採用期間中の職員に対する服務規律に関しては、正式採用の職員と適用は同じである。

⑶　条件付任用（教特法第12条第1項）

　公立の小学校、中学校、義務教育学校、高等学校、中等教育学校、特別支援学校、幼稚園及び幼保連携型認定こども園（以下「小学校等」という。）の教諭、助教諭、保育教諭、助保育教諭及び講師（以下「教諭等」という。）に係る地方公務員法第22条第1項に規定する採用については、同項中「6月」とあるのは「1年」として同項の規定を適用する。

　公立学校の教員は都道府県や市町村の職員と同様に地方公務員である。前述したように一般の地方公務員の条件付採用の期間は6ヶ月間であるが、教育公務員の「教諭等」の場合は1年間である。これは特別法と一般法の関係であり、一般法である地方公務員法に特別法の教育公務員特例法が優先することになり、同じ地方公務員でも「教諭等」は特例として条件付任用期間は1年である。

　なお、幼稚園等の教諭等の条件付採用期間については、当分の間、6ヶ月である（教育公務員特例法附則第5条第3項）。

⑷　臨時的任用

　臨時的任用とは、緊急の場合、臨時の職に関する場合又は任用候補者名簿がない場合に限り任用されるものであり、一定期間採用されるものである（地公法第22条第2項）。教員に関しての臨時的任用教員には地方自治体独自の教育政策としての少人数指導者や配慮を要する児童生徒のための教員などがいる。

　なお、公立学校に勤務する女子教職員が出産する場合は、「女子教職員の出産に際しての補助教職員の確保に関する法律」が適用され、この規定に基づいてなされる臨時的任用については、地方公務員法第22条第2項から第5項は適

用されない。出産に関しての補助教職員を通常は、産休代替教諭という。

　また、育児休業により臨時的に任用された職員についても「地方公務員の育児休業等に関する法律」により、地方公務員法第22条第2項から第5項は適用されない。育児休業に伴う臨時的任用の職員を通常は、育休代替教諭という。いわゆる産休・育休代替教諭を地方公務員法第22条第2項から第5項の適用外としているのは、出産休暇や育児休業を職員が確実に取得できるようにするためである。

　臨時的任用教員には、「常勤講師」と「非常勤講師」の2種類がある。「常勤講師」は産休・育休代替教諭のように正式採用の教員と同じように勤務する者であり、「非常勤講師」は主として高等学校で採用され、特定の教科を特定の時間だけ担当する者である。

　任用方法は希望者が教育委員会に登録すると、教育委員会が必要に応じて採用する。採用方法は地方自治体によって異なるが、簡単な面接程度のところもあれば、筆記試験や模擬授業、個人面接等を課して採用するところもある。また、臨時的任用教員を一定期間続けると教員採用試験の時に一次試験の免除やその他の優遇措置を行う自治体もある。

(5)　降任・転任

　降任とは、上級の職から下級の職に降りることである。例えば、校長から副校長や教頭になることや教頭から主幹教諭や指導教諭等になることである。これらのことは、職員に対する不利益な取扱いとして、地方公務員法は一定の場合に限って行うことができるとしている。分限処分としての降任がこれに当たる。分限処分については後述する。

　転任とは、昇任及び降任以外の方法で他に転ずる任用方法である。多く見られるのは勤務校を異動する転任である。転任処分は、人事行政上の措置として任命権者の自由裁量に委ねられており、多少適切を欠く面があっても裁量権の濫用にわたらない範囲のものであれば認められている。

⑹　地方公務員の欠格条項（地公法第16条）

　　次の各号のいずれかに該当する者は、条例で定める場合を除くほか、職
　員となり、又は競争試験若しくは選考を受けることができない。
　一　成年被後見人又は被保佐人
　二　禁錮以上の刑に処せられ、その執行を終わるまで又はその執行を受け
　　ることがなくなるまでの者
　三　当該地方公共団体において懲戒免職の処分を受け、当該処分の日から
　　2年を経過しない者
　四　人事委員会又は公平委員会の委員の職にあつて、第60条から第63条
　　までに規定する罪を犯し刑に処せられた者
　五　日本国憲法施行の日以後において、日本国憲法又はその下に成立した
　　政府を暴力で破壊することを主張する政党その他の団体を結成し、又は
　　これに加入した者

　　校長や教員になれない要件に関しては前述したが、公立学校に勤務するには
地方公務員としての欠格事由があってはなることができない。
　　各号の内容については、第四号以外は学校教育法第9条で述べた。人事委員
会と公平委員会については、地方公務員法第7条に規定がある。政令指定都市
では人事委員会が必置とされている。人口15万以上の市及び東京都の特別区は
人事委員会または公平委員会のいずれかを設置することとされている。人口15
万未満の市、町、村及び地方公共団体の組合は公平委員会を設置しなければな
らない。
　　両委員会とも中立的かつ専門的な人事機関として任命権者の任命権の行使を
点検する機能を有する。基本的には同じ性格の行政機関であるが、両者には権
限に違いがある（地公法第8条）。

7 服 務

　服務とは、職員がその勤務に服するに当たってのあり方、又は職員が勤務に服するに当たって守らなければならない義務ないし規律を意味する。仕事に従事する上や被傭者としてのあり方で「きまり」がある。これを服務規程といい、公務員については以下のような規程がある。

(1) 全体の奉仕者（憲法第15条第2項）

　2　すべて公務員は、全体の奉仕者であつて、一部の奉仕者ではない。

　全体の奉仕者とは、単に数の上での一部や地域的な一部の者に奉仕するのではなく、公務員が政治的に一党一派に偏することなく奉仕することを意味する。これは行政の中立性と安定性を維持するために求められているものである。

(2) 国家公務員の服務の根本基準（国公法第96条第1項）

　すべて職員は、国民全体の奉仕者として、公共の利益のために勤務し、且つ、職務の遂行に当つては、全力を挙げてこれに専念しなければならない。

(3) 地方公務員の服務の根本基準（地公法第30条）

　すべて職員は、全体の奉仕者として公共の利益のために勤務し、且つ、職務の遂行に当つては、全力を挙げてこれに専念しなければならない。

　国家公務員法第96条第1項と地方公務員法第30条は、職員の服務の根本基準として、2つのことを定めている。

1つは職員が（国民）全体の奉仕者として公共の利益のために勤務すべきこと。もう1つは職員は職務遂行に当たって全力を挙げて勤務すべきことを定めている。

公共の利益とは公務員が国民または住民の全体から信託を受けた内容といえる。この信託に基づく政策を実施することが国民または住民全体の公共の利益と考えられる。

「全力を挙げてこれに専念しなければならない」は、職務専念義務といわれる。職務専念義務は、第35条でより具体的に規定されているが、本条でも規定していることは服務の根本たる基本原則だからである。

(4) 服務の監督（地教行法第43条第1項）

市町村委員会は、県費負担教職員の服務を監督する。

県費負担教職員の任命権者は都道府県の教育委員会である（地教行法第37条第1項）が、これらの中で小・中学校の教職員が勤務するのは市町村立学校であり、その身分は市町村に属する。地教行法第21条には、市町村立の学校を管理し、市町村の教育事務を処理する権限は市町村の教育委員会であることが規定されている。市町村の教育委員会が学校を管理するということは、当該市町村の学校に勤務する教職員に対して、職務上の指示監督ができるということである。そこで、学校管理の実質を保証するために県費負担教職員の服務監督権者は市町村の教育委員会であるとされる。

(5) 服務義務の内容

公務員の服務義務は、職務を遂行する上で守らなければならない「職務上の義務」と、勤務時間の内外を問わず、職員がその身分を有する限り職務の遂行とはかかわりなく守らなければならない「身分上の義務」に大別される。通常、「職務上の義務」には、法令等及び上司の職務上の命令に従う義務（地公法第

32条）や職務に専念する義務（同法第35条）が挙げられる。また、「身分上の義務」には、信用失墜行為の禁止（同法第33条）、秘密を守る義務（同法34条）、政治的行為の制限（同法第36条）、争議行為等の禁止（同法第37条）、営利企業等の従事制限（同法第38条）などがある。なお、服務の宣誓（同法第31条）を職務上の義務とする考えもある。このように一応二つに大別されるが、厳密に区分できない場合もある。

1) 憲法尊重擁護義務（憲法第99条）

天皇又は摂政及び国務大臣、国会議員、裁判官その他の公務員は、この憲法を尊重し擁護する義務を負ふ。

憲法は国家の権力担当者に向けられた規範である。憲法を守らなければならないのは権力担当者であることから制定権者たる国民は含まれていない。

2) 服務の宣誓（地公法第31条）

職員は、条例の定めるところにより、服務の宣誓をしなければならない。

服務の宣誓は、職員の倫理的自覚を促すことを目的とする制度である。宣誓は、職員が服務上の義務を負うことを確認し、宣言する事実上の行為であり、それによって服務上の義務が生じるものではないと解されている。すなわち、職員の服務上の義務は、この宣誓をすることによって生じるものではなく、職員として採用されたことによって当然に生じるのである。

宣誓書の内容は次のようなものである。（東京都教育委員会のもの）

宣　誓　書

　私は、ここに、主権が国民に存することを認める日本国憲法を尊重し、且つ、擁護することを固く誓います。

　私は、地方自治及び教育の本旨を体するとともに公務を民主的且つ能率的に運営すべき責務を深く自覚し、全体の奉仕者として、誠実且つ公正に職務を執行することを固く誓います。

令和　　年　　月　　日

氏名　　　　　　　　　　　　印

所属学校	職名	校長名	発令月日	備考

3-1)　法令等及び上司の職務上の命令に従う義務（地公法第32条）

　職員は、その職務を遂行するに当つて、法令、条例、地方公共団体の規則及び地方公共団体の機関の定める規程に従い、且つ、上司の職務上の命

令に忠実に従わなければならない。

━━━━━━━━━━━━━━━━━━━━━━━━━━━━━━━━━

　本条は、公務員が全体の奉仕者として一定の規律の下に秩序正しくその職務を行うように法令等や職務命令に従う義務を定めたものである。

　職員は、「その職務を遂行するに当つて」、法令等に従わなければならないのである。すなわち、職務の遂行について定められている法令等の遵守である。たとえば、体罰禁止（学教法第11条）や教科用図書使用義務（学教法第34条第１項）などの遵守である。体罰禁止や教科用図書使用義務違反に抵触すると懲戒処分の対象となり得る。職員が直接には職務に関係なく一市民として遵守しなければならない法令等に違反したときは、本条違反とはならない。たとえば、覚醒剤違反を犯したり、道路交通法規に違反したりしたような場合である。これらの行為が懲戒処分の対象となるとすれば、全体の奉仕者たるにふさわしくない非行（地公法第29条第１項第３号）や信用失墜行為の禁止（地公法第33条）に抵触するからである。

　「上司」とは、その職員との関係で指揮監督をする権限を有する者をいう。学校で言えば、主幹教諭以下の教職員にとっては所属校の校長、副校長、教頭は上司である。副校長や教頭にとっては所属校の校長が上司であり、他の学校の校長は通常は上司ではない。なお、地教行法第43条第２項のところで述べるように県費負担教職員については、本条の特例がある。

　上司は、「職務上の上司」と「身分上の上司」に分けることができる。職務上の上司とは、職員の職務遂行について指揮監督する者である。身分上の上司とは、職員の任用、分限、懲戒等の身分取扱いについて権限を有する者である。通常の場合、職務上の上司が身分上の上司である。

　職務命令は、「職務上の命令」と「身分上の命令」に分けることができる。職務上の命令は、職務の遂行に直接関係する命令で、超過勤務命令や研修命令等がある。一方、身分上の命令は、職員としての身分になされる命令である。制服や名札の着用命令や健康診断の受診命令等である。職務上の命令を命じることができるのは、職務上の上司だけであるが、身分上の命令については、身

分上の上司、職務上の上司の両者が命じることができる。

　職務命令が有効に成立するには、以下の要件を全て満たしていることが必要である。

　①　権限ある上司から発せられたこと

　　　地位が上級であっても職務上の上司でない者が発した指示や依頼は職務命令とはいえない。指導教諭が教諭にした依頼は職務命令とは言えない。同一事情について校長と教頭が異なる職務命令を発したときは、校長の命令が優先し、その限りで教頭の命令は効力を生じない。

　②　職務に関するものであること

　　　上司の職務上の命令は、その職員の職務に関するものでなければならない。学校で式典の際に行われる国歌斉唱に関して、以下の職務命令は適法との判決がある。すなわち、入学式の国歌斉唱の際に、音楽専科の教諭に対して君が代のピアノ伴奏を内容とする校長の命令は適法であるとした判決（最判三小　平成19年2月27日）。卒業式や入学式などの式典に際し、国歌斉唱の際に国旗に向かって起立して斉唱することを内容とする校長の命令は適法であるとした判決（最判一小　平成24年2月9日）である。

　　　教諭の職務が教育をつかさどると学校教育法にあることから、教育以外の宿日直勤務を教員に命じることができるかが争われた事例がある。判決は、学校教育法第28条第4項（現行は第37条第11項）は、教諭の主たる職務を摘示した規定であり、その職務はこれのみに限定されず、教育活動以外の学校営造物の管理運営に必要な校務も、学校の所属職員たる教諭の職務に属するものと解すべきである。従って、宿日直勤務も当然職務命令としてなし得るとした（東京高裁　昭和42年9月29日）。

　③　実行可能であること

　　　職務命令が実行可能であるとは、法律上または事実上不能なことを命ずるものではないこという。体罰を強制したり、大規模校で新規採用の教諭に教務主任を命じたりすることは職務命令の要件を満たしていないことになる。

　職務命令の手続及び形式については、別段の制限はなく、要式行為でないことから口頭、文書いずれでも有効である。

　また、職務命令に重大かつ明白な瑕疵がある場合には、部下はこれに従う義務はないが、職務命令にその取消の原因となる程度の瑕疵があるにとどまるときや有効な命令であるかどうか疑わしいだけに過ぎないときは、職務命令は有効であるとの推定を受ける。したがって、職員はその職務命令が権限ある機関によって取り消されるまでは、その命令に従う義務がある。これは、職員がそれぞれ勝手に法規を解釈して職務を行ったのでは全体としての円滑な職務の遂行は期しがたいからである。

3-2)　県費負担教職員の法令等及び上司の職務上の命令に従う義務（地教行法第43条第2項・第3項）

2　県費負担教職員は、その職務を遂行するに当つて、法令、当該市町村の条例及び規則並びに当該市町村委員会の定める教育委員会規則及び規程（前条又は次項の規定によつて都道府県が制定する条例を含む。）に従い、かつ、市町村委員会その他職務上の上司の職務上の命令に忠実に従わなければならない。

3　県費負担教職員の任免、分限又は懲戒に関して、地方公務員法の規定により条例で定めるものとされている事項は、都道府県の条例で定める。

　第2項では、県費負担教職員は、その職務を遂行するに当たっては、憲法を頂点とする国の法令等及び勤務している学校の管理運営等に関するその市町村の条例、規則並びに当該市町村教育委員会の規則及び規程に従わなければならない。また、県費負担教職員に関する都道府県の条例や都道府県の教育委員会規則にも従わなければならないと規定する。職務上、以上のことに従うことは当然であるが、県費負担教職員は、所属校を管轄している市町村の教育委員会を始めとする職務上の上司の職務上の命令に従わなければならない。

　もし、県費負担教職員の中に、学校教育法や地方公務員法及び刑法に抵触する体罰を行い、児童又は生徒に傷害を負わせるような者がいたら、市町村教育委員会は、任命権者である都道府県の教育委員会に対して内申を行って、都道府県教育委員会に任命権者としての必要な措置を求めることになる（地教行法第38条第1項）。この場合、都道府県の教育委員会は、その任命権を適切に行使するために必要な資料又は報告を市町村教育委員会に求めることができる（地教行法第54条）。

　第3項には、都道府県の教育委員会が行使する県費負担教職員の任免、分限又は懲戒に関して地方公務員法の規定により条例で定めることとされている事項については、市町村の条例ではなく都道府県の条例で定めると規定してある。

　県費負担教職員についての任免、分限または懲戒に関する条例を市町村単位で制定することにしないで、都道府県の条例で定めることとした理由は、県費負担教職員の人事行政を都道府県を単位として考えることにより、市町村間において身分上の取扱いの不均衡から生じていた不合理や人事交流の停滞をなくし、都道府県段階で統一した人事行政を行うためである。

4)　職務に専念する義務（地公法第35条）

> 　職員は、法律又は条例に特別の定がある場合を除く外、その勤務時間及び職務上の注意力のすべてをその職責遂行のために用い、当該地方公共団体がなすべき責を有する職務にのみ従事しなければならない。

　全体の奉仕者としての公務員は、全力を挙げて職務に専念しなければならないことは、地方公務員法第30条の服務の根本基準として示されている。これをより具体的に服務義務として定めたのが、職務に専念する義務である。

　職員は、法律又は条例に特別の定めがあって例外が認められる場合のほかは、その勤務時間中は、職務遂行上の注意力のすべてを自己の職責遂行のために用いなければならない。公務は、国民の信託に基づくものであり、その費用は国

民の租税によって賄われている。したがって、職員が勤務時間中に全力を挙げて職務に専念しなければならないのは「公務優先の原則」から当然の責務である。職務専念義務は、地方公共団体の存立自体にかかわる義務であるから、任命権者であっても、みだりに職務専念義務の例外を認めることは許されない。

　勤務時間中に、「ベトナム侵略反対、米軍立川基地拡張阻止」と書かれたプレートを着用する行為は職務専念義務に違反するとした判決がある。その要旨は以下の通りである。

　「勤務時間中における本件プレート着用行為は、職場の同僚に対する訴えかけという性質をもち、それ自体、職員としての職務の遂行に直接関係のない行動を勤務時間中に行ったものであって、身体活動の面だけからみれば作業の遂行に特段の支障が生じなかったとしても、精神的活動の面からみれば注意力のすべてが職務の遂行に向けられなかったものと解されるから、職務上の注意力のすべてを職務遂行のために用い職務のみに従事すべき義務に違反し、職務に専念すべき局所内の規律秩序を乱すものであったといわなければならない。」
（電電公社反戦プレート闘争事件：最判三小　昭和52年12月13日）

　＊　**職務専念義務の免除**

　職務専念義務は法律又は条令に特別に規定してあるときに限り、これを免除することができる。職務専念義務の免除は、公務優先の原則から、合理的な理由がある場合にのみに限ることになる。その主なものは、次の通りである。

・　**法律に基づく主な場合**

　①　休職（地公法第27条、第28条第2項・第3項）　後述

　②　停職（地公法第29条第1項・第4項）　　　　　後述

　③　育児休業および部分休業（地方公務員の育児休業等に関する法律第2条、第3条、第9条）

　　　職員で三歳に満たない子を養育する者（男女を問わない）については、その子が三歳に達する日まで育児休業又はその養育のための部分休業の承認をすることができる。

　　　部分休業は、1日につき2時間を超えない範囲で認められるが、給与は

減額される（地方公務員の育児休業等に関する法律第19条第1項）。

④　自己啓発等休業（地公法第26条の5）

　　公務の運営に支障がなく、かつ、当該職員の公務に関する能力の向上に資すると認めるときは、当該職員が、3年を超えない範囲内において条例で定める期間、大学等課程の履修または国際貢献活動のための休業を職員が申請した場合は承認することができる。

⑤　大学院修学休業（教特法第26条、地公法第57条）

　　公立の小学校等の主幹教諭等に認められたもので、3年を超えない範囲内で年を単位として定める期間、大学の大学院若しくは専攻科の課程又はこれらの課程に相当する外国の大学の課程に在学してその課程を履修するために任命権者の許可を得て休業をすることができる。

⑥　年次有給休暇（労基法第39条第1項・第2項）

・　**条例等に基づく主な場合**

①　休日、労働基準法の基準を上回る有給休暇、特別休暇、病気休暇（職員の勤務時間、休日、休暇等に関する条例）

②　研修を受ける場合（職務専念義務の免除に関する条例）

③　厚生に関する計画の実施に参加する場合（職務専念義務の免除に関する条例）

・　**職務専念義務の免除条例に基づく人事委員会規則**

①　感染症予防法による交通遮断又は隔離の場合

②　選挙権その他公民としての権利を行使する場合など

5)　信用失墜行為の禁止（地公法第33条）

　　職員は、その職の信用を傷つけ、又は職員の職全体の不名誉となるような行為をしてはならない。

住民の信託を受け、全体の奉仕者として公共の利益のために勤務しなければ

ならない公務員には、一般の国民以上に厳しい、高度の行為規範に従うことが求められている。この行為規範を公務員の倫理規範に留めないで法律上の規範としたのが本条である。

職務上や職務以外で職員による非行があった場合は、その職員個人の信用を損なうのは当然であるが、それはその職員を一員としている職自体の信用を傷つけ、またその職員が所属している職全体の不名誉となる恐れがある。

学校で信用失墜行為に該当する一例としては体罰がある。体罰の多くは暴行罪や傷害罪などに抵触する犯罪行為（非行）である。従って体罰は、教員という職に対しての信用を直接的に損なう行為であり、教育関係者にとっても不名誉なことといえる。体罰は、学校教育法第11条に抵触し、地方公務員法第32条の法令遵守義務違反にも該当する。職員が、信用失墜行為の禁止に違反したときは、地公法第29条第1項第一号の「この法律に違反した場合」に該当し、また同条同項第二号の「全体の奉仕者たるにふさわしくない非行があった場合」にも該当し、懲戒処分の対象となる。

体罰は職務上の信用失墜行為であるが、職務外での殺人、傷害、わいせつ行為、飲酒運転による交通事故なども信用失墜行為の禁止に抵触する。職員が勤務時間外に上記のような刑事事件や道路交通法違反事件を起こしたことは個人的な事件であるが、職員としての身分のつながりから、公務全体あるいは職全体に対して社会的な非難がおこり、その信用が損なわれることがあり、信用失墜行為の禁止に抵触することになる。

特に、教育関係職員については児童生徒との人間的な触れあいを通して教育するということから、高度の職業倫理が求められている。従って、公務員一般と比較して「信用失墜行為」の範囲が広くとらえられたり、懲戒処分の内容が重かったりすることがある。

確かに、教育関係職員に職業倫理の高さは必要であるが、それは処遇に反映されて意味がある。従って、教員というだけで一般の公務員に比較して処分内容が過度に重い場合には法の下の平等に抵触する可能性がある。

6) 秘密を守る義務（地公法第34条）

職員は、職務上知り得た秘密を漏らしてはならない。その職を退いた後も、また、同様とする。

2 法令による証人、鑑定人等となり、職務上の秘密に属する事項を発表する場合においては、任命権者（退職者については、その退職した職又はこれに相当する職に係る任命権者）の許可を受けなければならない。

3 前項の許可は、法律に特別の定がある場合を除く外、拒むことができない。

学校には、家庭の状況や児童生徒の成績だけでなく、心身の状況等、他人に知られたくないあるいは一般に公開することが適当でない多くの情報がある。

これらの情報がみだりに外部に漏洩されることで、不利益を被ったり、不快や不安を感じたりする保護者や児童生徒が生じることになる。これらのことが原因となって、学校に対する情報提供に非協力的になったり、相談することを躊躇したり、場合によっては不信感を抱いたりすることがある。その結果、学校が必要とする情報（たとえば、いじめ）を円滑に収集できず、様々な教育活動や対応に支障をきたす恐れがある。

本条の義務は他の身分上の義務と異なり、在職中のみならず退職後にも及んでいる。他の身分上の義務は在職中の行為が問題とされるものであるが、職務上知り得た秘密は退職後も漏らすことが可能だからである。秘密を漏らした場合には地方公務員法第60条第二号で刑罰（1年以下の懲役又は50万円以下の罰金）を課する可能性があることで、退職後の漏洩を防ぐ担保ともなっている。

なお、秘密を漏らした職員は、本条違反だけでなく、信用失墜行為の禁止に抵触することもあり得る。

本条は故意犯であり、児童生徒に関する個人情報が入ったUSBメモリーや成績物などを紛失したような場合は該当しない。ただし、このような場合は地公法第29条第1項第一号や第二号それに同法第32条や第33条などに抵触する可能

性がある。現に多くの教員が減給などの懲戒処分を受けている。

　本条の秘密とは、一般的に了知されていない事実であって、それを一般に了知せしめることが一定の利益の侵害になると客観的に考えられるものをいう（昭和32年2月18日　自庁公発第23号　自治庁公務員課長回答）。また、秘密と言いうるためには、非公知の事項であって、実質的にもそれを秘密として保護するに価すると認められるものをいうと解されている（昭和52年12月19日　最高裁決定）。

　本条第2項では、職務上の秘密であってもこれを公表しなければならない場合の特例が規定してある。それは、職務に関する訴訟事件に関係して職員が証人となり、職務上の事項について証言を求められた場合等である。すなわち、法令による証人、鑑定人等となり、職務上の秘密に属する事項を発表する場合においては、任命権者の許可を受けて発表することとなっている。退職者の場合には退職した職又はそれに相当する職の任命権者の許可を受けて発表することとなっている。

　なお、県費負担教職員については、地教行法第47条により任命権者である都道府県教育委員会ではなく、服務監督権者である市町村教育委員会の許可を得ることとされている。

　第3項は、法律に特別な定がある場合を除くほか、任命権者は第2項の公表を拒むことができないとしている。

　学校では、職員が守秘義務と他の義務との板挟みとなるようなことがある。教諭が個人面談の折、知り得た児童や生徒の秘密についてどのように対応したらよいか校長に指導を仰ぐために漏らすことは、正当行為として違法性を阻却されると考えられる。

　また、児童虐待の防止等に関する法律は、学校の教職員に対して児童虐待の早期発見に努めなければならないとしている（児童虐待の防止等に関する法律第5条第1項）。そして、児童虐待を受けたと思われる児童を発見した者は、福祉事務所若しくは児童相談所などへの通告義務を課している（児童虐待防止法第6条第1項）。児童虐待による痛ましい状況を未然に防ぐためにも、刑法

の秘密漏示罪その他の守秘義務に関する法律の規定は、通告する義務の遵守を
妨げるものと解釈してはならないとしている（児童虐待防止法第6条第3項）。

7-1)　地方公務員の政治的行為の制限（地公法第36条）

　　職員は、政党その他の政治的団体の結成に関与し、若しくはこれらの
団体の役員となつてはならず、又はこれらの団体の構成員となるように、
若しくはならないように勧誘運動をしてはならない。

2　職員は、特定の政党その他の政治的団体又は特定の内閣若しくは地方
公共団体の執行機関を支持し、又はこれに反対する目的をもつて、ある
いは公の選挙又は投票において特定の人又は事件を支持し、又はこれに
反対する目的をもつて、次に掲げる政治的行為をしてはならない。ただ
し、当該職員の属する地方公共団体の区域（括弧内は省略）外において、
第一号から第三号まで及び第五号に掲げる政治的行為をすることができ
る。

一　公の選挙又は投票において投票をするように、又はしないように勧
　　誘運動をすること。

二　署名運動を企画し、又は主宰する等これに積極的に関与すること。

三　寄附金その他の金品の募集に関与すること。

四　文書又は図画を地方公共団体又は特定地方独立行政法人の庁舎（括
　　弧内は省略）、施設等に掲示し、又は掲示させ、その他地方公共団体
　　又は特定地方独立行政法人の庁舎、施設、資材又は資金を利用し、又
　　は利用させること。

五　前各号に定めるものを除く外、条例で定める政治的行為

3　何人も前2項に規定する政治的行為を行うよう職員に求め、職員をそ
　　そのかし、若しくはあおつてはならず、または職員が前2項に規定する
　　政治的行為をなし、若しくはなさないことに対する代償若しくは報復と
　　して、任用、職務、給与その他職員の地位に関して何らかの利益若しく

240

は不利益を与え、与えようと企て、若しくは約束してはならない。

4 職員は、前項に規定する違法な行為に応じなかつたことの故をもつて不利益な取扱を受けることはない。

5 本条の規定は、職員の政治的中立性を保障することにより、地方公共団体の行政及び特定地方独立行政法人の業務の公正な運営を確保するとともに職員の利益を保護することを目的とするものであるという趣旨において解釈され、及び運用されなければならない。

7-2) 国家公務員の政治的行為の制限（国公法第102条）

職員は、政党又は政治的目的のために、寄附金その他の利益を求め、若しくは受領し、又は何らかの方法を以てするを問わず、これらの行為に関与し、あるいは選挙権の行使を除く外、人事院規則で定める政治的行為をしてはならない。

2 職員は、公選による公職の候補者となることができない。

3 職員は、政党その他の政治的団体の役員、政治的顧問、その他これらと同様な役割をもつ構成員となることができない。

7-3) 公立学校の教育公務員の政治的行為の制限（教特法第18条）

公立学校の教育公務員の政治的行為の制限については、当分の間、地方公務員法第36条の規定にかかわらず、国家公務員の例による。

2 前項の規定は、政治的行為の制限に違反した者の処罰につき国家公務員法（昭和22年法律第120号）第110条第1項の例による趣旨を含むものと解してはならない。

　国家公務員法や地方公務員法は、職員の政治的行為に一定の制限を課している。これは公務員の政治的中立性を確保することを目的としている。この政治的中立性は次の考えから要請されている。①全体の奉仕者としての性格、②行政の中立性と安定性の確保、③職員を政治的影響から保護、という3つである。

　地方公務員法第36条により職員に禁止される政治的行為は、第1項の政党その他の政治的団体の結成等に関与する行為と、第2項の特定の政治目的の下に行われる一定の政治的行為とに大別できる。

　公務員の政治的行為を制限することは、憲法第21条第1項ですべての国民に保障されている集会、結社、言論などの表現の自由や同法第14条第1項の国民は法の下の平等であり、政治的関係において差別されないという条項に抵触しないかである。もとより、職員も国民の一人であるから、これらの基本的人権の適用を受け、その政治的行為は原則的には自由である。しかし、前述の政治的中立性の確保に関する3つの考えから、職員の政治的行為については一定の調整が必要となる。その点からは、選挙における投票権の行使や、法律が制限していない政治的行為を行うことは職員の自由である。

　第2章の憲法第15条の全体の奉仕者のところで猿払事件について触れたが、公務員の政治的行為の制限についての合憲性という点から、改めてその判決についてを次に記す。

　「行政の中立的運営が確保され、これに対する国民の信頼が維持されることは、憲法の要請にかなうものであり、公務員の政治的中立性が維持されることは、国民全体の重要な利益にほかならないというべきである。したがって、公務員の政治的中立性を損うおそれのある公務員の政治的行為を禁止することは、それが合理的で必要やむを得ない限度にとどまるものである限り、憲法の許容するところであるといわなければならない。」（猿払事件：最大判　昭和49年11月6日）とし、国家公務員法及び人事院規則に基づく政治的行為の制限は憲法第21条に違反しないとした。

　公立学校の教育公務員の場合は、公務員という立場から一定の政治的行為が

制限されるほか、教員の影響力を受けやすい児童生徒等に関わるという職務の特殊性から他の公務員に比べて政治的行為がより厳しく制限されている。

　公立学校の教育公務員は地方公務員であるため、本来ならば一般法である地方公務員法第36条によって、政治的活動が制限されることになるが、特別法である教育公務員特例法第18条により、政治的行為の制限に関しては国家公務員法第102条が適用される。国家公務員法第102条第1項の規定に違反した者は、懲戒処分等の行政罰だけでなく同法第110条第1項第十九号で3年以下の懲役または100万円以下の罰金に処すとある。ただし、教特法第18条第2項には、「前項の規定は、政治的行為の制限に違反した者の処罰につき国家公務員法第110条第1項の例による趣旨を含むものと解してはならない。」とあり、公立学校の教育公務員が政治的行為の制限に違反した場合には刑事罰の適用はないとされている。なお、教育公務員が政治的行為の制限に関する国家公務員法に違反した場合には、懲戒処分等の行政罰の適用はある。

8)　争議行為等の禁止（地公法第37条）

　　職員は、地方公共団体の機関が代表する使用者としての住民に対して同盟罷業、怠業その他の争議行為をし、又は地方公共団体の機関の活動能率を低下させる怠業的行為をしてはならない。又、何人も、このような違法な行為を企て、又はその遂行を共謀し、そそのかし、若しくはあおつてはならない。

2　職員で前項の規定に違反する行為をしたものは、その行為の開始とともに、地方公共団体に対し、法令又は条例、地方公共団体の規則若しくは地方公共団体の機関の定める規程に基づいて保有する任命上又は雇用上の権利をもつて対抗することができなくなるものとする。

　地方公務員の労働基本権を制限している地方公務員法第37条は、勤労者の労働基本権である団結権、団体交渉権、争議権を保障している憲法第28条に違反

するのではないかと問題となることがある。なお、公務員が憲法第28条でいう「勤労者」であることについては判例通説（たとえば、全逓東京中郵事件：最大判　昭和41年10月26日）である。

　本条による争議行為等の禁止の合憲性については昭和51年 5 月21日の岩教組学テ事件最高裁大法廷判決がある。判決では、次の理由で争議行為等禁止に関する地方公務員法を合憲としている。①地方公務員の地位の特殊性と職務の公共性、②勤務条件法定主義と議会制民主主義、③代償措置があること、その内容は以下の通りである。

　「①については、地方公務員も憲法第28条の勤労者として同条による労働基本権の保障を受けるが、地方公共団体の住民全体の奉仕者として、実質的には地方公共団体全体に対して労務提供義務を負うという特殊な地位を有し、かつ、その労務の内容は、公務の遂行すなわち直接公共の利益のための活動の一環をなすという公共的性質を有するものであって、地方公務員が争議行為に及ぶことは、右のような地位の特殊性と職務の公共性と相容れず、また、そのために公務の停滞を生じ、地方住民全体ないし国民全体の共同の利益に重大な影響を及ぼすか又はそのおそれがある。

　②については、地方公務員の勤務条件は、法律及び地方公共団体の議会の制定する条例によって定められ、給与も地方公共団体の税収等の財源によってまかなわれている。このため、その勤務条件や給与も専ら地方公共団体における政治的、財政的、社会的その他諸般の合理的配慮により議会における議決により決定されるべきものである。

　このような勤務条件の決定方式の下においては、私企業における労働者のように団体交渉による勤務条件の決定という方式が当然には妥当せず、争議権も団体交渉権の裏づけとしての本来の機能を発揮する余地に乏しいばかりか、かえって議会において民主的手続きによって決定されるべき勤務条件について外部から不当な圧力を加え、これをゆがめるおそれがある。したがって、地方公務員の労働基本権は、地方住民全体ないし国民全体の共同利益のために制限されることも、やむを得ない。

　③については、地方公務員にも国家公務員の場合とほぼ同様な勤務条件に関する利益を保障する定めがなされている。また、人事院制度に対応するものとして、これと類似の性格をもち、かつ、これと同様の又はこれに近い職務権限を有する人事委員会または公平委員会の制度が設けられている。人事委員会、公平委員会（特に公平委員会について）は、その構成及び職務権限上、公務員の勤務条件に関する利益保護のための機構として必ずしも常に人事院の場合ほど効果的な機能を発揮しうるかにつき問題がないではないが、なお中立的な第三者的立場から公務員の勤務条件に関する利益を保障する機構としての基本的構造をもち、かつ、必要な職務権限を与えられている点においては、人事院制度と本質的に異なるところはない。人事委員会及び公平委員会は制度上、地方公務員の労働基本権の制約に見合う代償措置としての一般的要件を満たしているものと認めることができる。

　したがって、地方公務員法第37条第1項前段において地方公務員の争議行為を禁止し、かつ、同項後段が何人を問わずそれらの行為の遂行を共謀し、そそのかし、あおる等の行為をすることを禁止したとしても、地方住民全体ないし国民全体の共同利益のためのやむを得ない措置として、それ自体としては憲法第28条に違反するものではない。」

　以上のような理由で最高裁は、争議行為等禁止に関する地方公務員法を合憲としている。

　同盟罷業、怠業その他の争議行為をし、又は、地方公共団体の機関の活動能率を低下させる怠業的行為をしてはならない。また、それの教唆、扇動を禁止されている。これらの禁止行為に違反したときは、3年以下の懲役又は100万円以下の罰金に処せられる（地公法第61条四号）。

　かつて学校では同盟罷業や怠業等が行われたことがあった。教職員の意識の変化や争議行為への住民の厳しい眼、そして職員団体の組織率の低下とともに多くの教員系の職員団体が争議行為を行うことはほとんどなくなっている。

9-1)　地方公務員の営利企業等の従事制限（地公法第38条）

　　職員は、任命権者の許可を受けなければ、商業、工業又は金融業その他営利を目的とする私企業（以下この項及び次条第1項において「営利企業」という。）を営むことを目的とする会社その他の団体の役員その他人事委員会規則（人事委員会を置かない地方公共団体においては、地方公共団体の規則）で定める地位を兼ね、若しくは自ら営利企業を営み、又は報酬を得ていかなる事業若しくは事務にも従事してはならない。

　2　人事委員会は、人事委員会規則により前項の場合における任命権者の許可の基準を定めることができる。

9-2)　教育公務員の兼職及び他の事業等の従事（教特法第17条）

　　教育公務員は、教育に関する他の職を兼ね、又は教育に関する他の事業若しくは事務に従事することが本務の遂行に支障がないと任命権者（地方教育行政の組織及び運営に関する法律第37条第1項に規定する県費負担教職員については、市町村（特別区を含む。以下同じ。）の教育委員会。第23条第2項及び第24条第2項において同じ。）において認める場合には、給与を受け、又は受けないで、その職を兼ね、又はその事業若しくは事務に従事することができる。

　2　前項の場合においては、地方公務員法第38条第2項の規定により人事委員会が定める許可の基準によることを要しない。

　全体の奉仕者である公務員が、一部の利益を追求する営利企業等に関与することは、地公法第30条に、「職務の遂行に当たっては、全力を挙げてこれに専念しなければならない。」との義務があり、服務の根本基準に抵触することになる。また、地公法第35条には「職員は、その勤務時間及び職務上の注意力の

すべてを職務遂行のために用い、当該地方公共団体がなすべき責を有する職務にのみ従事しなければならない。」とあり、職務専念義務の点からも問題となる。

これらの義務は職員にとっては基本的な義務であり、このような義務に直接、間接に悪影響を及ぼす営利企業等に従事することについては勤務時間の内外を問わず制限する必要がある。

このような考えから、地方公務員法第38条は職員が営利企業等に従事することは原則として禁止し、任命権者が職務の遂行に影響を及ぼさないと判断した場合には、営利企業等に従事することを許可できるとしている。

地方公務員法第38条第1項によって、営利企業等への従事制限されている行為は次の3つである。

① 営利を目的とする商業、工業又は金融業その他私企業を営むことを目的とする会社その他の団体の役員その他人事委員会規則（人事委員会を置かない地方公共団体においては地方公共団体の規則）で定める地位を兼ねること。

② 自ら営利を目的とする私企業を営むこと。

③ 報酬を得て事業又は事務に従事すること。

　③の「報酬」についてであるが、給料、手当などの名称のいかんを問わず、労務、労働の対価として支給あるいは給付されるものをいう。したがって、労務、労働の対価でない給付であるお布施、講演料や原稿料などの謝金や実費弁償としての車代は報酬に該当しないと解されている（職員が寺院の住職として受けるお布施が報酬に該当しない：地自公発第255号昭和26年6月20日）、（国家公務員が講演した場合の謝金が報酬に該当しない：人事院給実甲第57号　昭和27年10月2日）

教育公務員は教育公務員特例法第17条で特例が認められており、教育に関する他の職を兼ね、又は教育に関する他の事業、事務に従事する場合にも、人事委員会の定める基準による必要はなく任命権者（県費負担教職員の場合は市町村教育委員会）限りの判断で許可できる。しかも、教育に関する他の職を兼ねる場合、任命権者が認める場合には給与を重複して受けることも可能とされて

いる。

　兼職や他の事業等の従事に関して、他の公務員と異なり緩やかなのは、①教員のもっている知識、能力等に関して他に適格者が得られない場合があること、②授業時間以外の場合には兼職しても本務の遂行に支障のない場合があること、などが考えられる。

　教育委員会の中には、公立の幼稚園・小・中・高等学校及び特別支援学校などの教育公務員が研究会や大学などの講師に依頼された場合、講師料の取得を認めないところがある。国家公務員が講演をした場合の謝金の受け取りが認められていることや本条制定の趣旨を勘案したとき問題である。立法論として教育公務員特例法第17条を削除したり改正したりすべきとの考えは成立するが、規則や運用等で現行法の趣旨を変えることは下位法で上位法の解釈を変更することになり、法の効力ということからも許されない。法の恣意的な解釈や運用は法への信頼を損なうもとであり、法令遵守を義務付けられている教育委員会のあり方としては疑問である。

8　分限及び懲戒

　職員の基本的な権利は、その身分の保障と給与その他の経済的権利の２つである。さらにこれらを支えるために、勤務条件に関する措置要求制度や不利益処分に関する不服申立制度、労働基本権などがある。

　職員の身分保障は、職員にとって不利益な処分である分限処分及び懲戒処分を法律及びこれに基づく条例で定める場合以外は認めないという形で地方公務員法に規定されている。

　分限処分とは、公務能率の維持向上とその適正な運営の確保を目的として、本人の故意や過失を要することなく、一定の事由がある場合に、その者の意に反する不利益な身分上の変動をもたらす処分のことである。

　一方、懲戒処分とは、職員が一定の義務違反を犯した場合にその道義的責任を問い、公務の規律と秩序を維持することを目的として職員の意に反する不利

益な身分上の変動をもたらす処分のことである。

(1) 分限及び懲戒の基準（地公法第27条）

> すべて職員の分限及び懲戒については、公正でなければならない。
> 2 職員は、この法律で定める事由による場合でなければ、その意に反して、 降任され、若しくは免職されず、この法律又は条例で定める事由による場合でなければ、その意に反して、休職されず、又、条例で定める事由による場合でなければ、その意に反して降給されることがない。
> 3 職員は、この法律で定める事由による場合でなければ、懲戒処分を受けることがない。

　分限及び懲戒処分は職員にとって不利益となる処分であるので、身分保障の観点から公正な取り扱いが求められている。公正な取り扱いで問題となるものとして、処分が行われる場合に、処分の程度が過酷か否かということと、他の処分との均衡についてがある。懲戒権者は、諸般の事情を考慮して、懲戒処分をすべきかどうか、また、懲戒処分をする場合にいかなる処分を選択すべきか決定する裁量権を有している。ただ、その判断は、それが社会通念上著しく妥当を欠いて裁量権の範囲を逸脱し、又はこれを逸脱したと認められる場合には違法である。

(2) 分限処分の種類と事由（地公法第28条）

> 　職員が次の各号に掲げる場合のいずれかに該当するときは、その意に反して、これを降任し、又は免職することができる。
> 一 人事評価又は勤務の状況を示す事実に照らして、勤務実績が良くない場合
> 二 心身の故障のため、職務の遂行に支障があり、又はこれに堪えない

　　場合

三　前二号に規定する場合の外、その職に必要な適格性を欠く場合

四　職制若しくは定数の改廃又は予算の減少により廃職又は過員を生じた場合

2　職員が、左の各号の一に該当する場合においては、その意に反してこれを休職することができる。

一　心身の故障のため、長期の休養を要する場合

二　刑事事件に関し起訴された場合

3　職員の意に反する降任、免職、休職及び降給の手続及び効果は、法律に特別の定がある場合を除く外、条例で定めなければならない。

4　職員は、第16条各号（第三号を除く。）の一に該当するに至つたときは、条例に特別の定がある場合を除く外、その職を失う。

処分の種類	免職	休職	降任	降給
処分の内容	公務能率を維持する観点から、職員の意に反して退職させること	職を保有させたまま一定期間職務に従事させないこと	上位の職から下位の職へ降ろすこと	支給されていた給料の額を低い額にすること
処分の事由と地公法の該当条文	①勤務実績不良（28①一）②心身の故障（28①二）③職に必要な適格性を欠く場合（28①三）④廃職又は過員（28①四）	①心身の故障のため、長期の療養を要する場合（28②一）②刑事事件に関し起訴された場合（28②二）③その他条例に定める事由による場合（27②）	免職の事由と同じ	条例に定める場合（27②）

処分事由の中で、勤務実績が良くない事例として、休職願提出の勧告を受け

たが、それに従わないまま欠勤を続けた教員を勤務実績不良として分限免職したことは適法であるとした判例がある（最高裁判決　昭和37年10月23日）。また、その職に必要な適格性を欠くとして分限処分された校長や教員の判例には次のようなものがある。

- ・　教育内容や方法が、特定の立場に立つもので正しい教育方法を逸脱したものであり、また、教育上極めて好ましくない不穏当な発言をする等の行為の教員（釧路地裁　昭和32年２月27日）。
- ・　教科学習に関する指導能力等が一般教員に比し著しく劣り、勤務状態も怠慢で節度がなく、さらに他の職員との協調性にも乏しい教員（福岡高裁宮崎支部　昭和41年10月31日）。
- ・　児童を含め誰彼の見境なく暴力を振るい、独善的で同僚との協調性乏しく暴言を吐く教員（東京地裁　昭和44年12月23日）。
- ・　町立小学校の統合に反対して、統合反対派に加担するような行為をした校長（最高裁　昭和48年９月14日）。

なお、分限処分については、幾つかの特例がある。幼・小・中学校等の教育公務員に関係するものは以下のものである。

1)　適用除外（地公法第29条の２）

次に掲げる職員及びこれに対する処分については、第27条第２項、第28条第１項から第３項まで、第49条第１項及び第２項並びに行政不服審査法（平成26年法律第68号）の規定を適用しない。
一　条件附採用期間中の職員
二　臨時的に任用された職員
２　前項各号に掲げる職員の分限については、条例で必要な事項を定めることができる。

条件附採用期間中の職員や臨時的に任用された職員については、分限処分に

関する規定及び分限処分に対する不服申立の規定は適用されない。その趣旨は、条件附採用期間中の職員は、その能力の実証中であり、もし、その期間中に勤務実績が不良で能力に欠けることが明らかになったときは、身分保障を与えることなく、いつでも本人の意に反して一方的に免職等の処分を行うことができるとしたものである。臨時的任用職員は、任用期間が短期であり、正式任用のような能力の実証も行われていないので身分保障を行う実益が乏しいと考えられる。

　ただし、これらの職員についても、公正取扱の原則（地公法第27条第１項）や懲戒に関する規定は適用される。

2)　教育公務員の特例

　①　休職の期間及び効果（教特法第14条）

　　公立学校の校長及び教員の休職の期間は、結核性疾患のため長期の休養を要する場合の休職においては、満２年とする。ただし、任命権者は、特に必要があると認めるときは、予算の範囲内において、その休職の期間を満３年まで延長することができる。

　２　前項の規定による休職者には、その休職の期間中、給与の全額を支給する。

　本条は感染を予防する見地から、校長及び教員はもとより児童生徒をも保護するために結核性疾患に限り、校長及び教員に特別に給与の全額支給を保障するものである。最長、満３年まで給与の全額支給という点では一般の公務員より有利になっている。

　なお、公立学校（大学を除く）の事務職員にもこの規定は準用される（公立の学校の事務職員の休職の特例に関する法律）。

　②　県費負担教職員の分限処分

　県費負担教職員の分限処分は、任命権者である都道府県又は指定都市の教育

委員会が行う（地教行法第37条、第58条第1項）が、都道府県教育委員会の場合は、当該教職員の身分が属する市町村の教育委員会の内申に基づいて行わなければならない（地教行法第38条）。また、県費負担教職員が所属する学校の校長は、この教職員の分限については市町村の教育委員会に意見を申し出ることができる（地教行法第39条）。ただし、県費負担教職員の分限に関して、条例で定めるものとされている事項は、都道府県の条例で定める（地教行法第43条第3項）。

③　県費負担教職員の免職及び都道府県の職への採用（地教行法第47条の2）

県費負担教職員のうち、教諭、養護教諭、栄養教諭、助教諭及び養護助教諭（再任用職員を除く。）ならびに講師（再任用職員及び非常勤の講師を除く。）で、次の2つの要件に該当する者は、地方公務員法第27条第2項及び第28条第1項の規定にかかわらず、その職を免じ、引き続いて当該都道府県の指導主事並びに校長、園長及び教員以外の当該都道府県の常時勤務を要する職に採用することができるとされている。2つの要件とは、①児童又は生徒に対する指導が不適切であること。②研修等必要な措置が講じられたとしてもなお児童又は生徒に対する指導を適切に行うことができないと認められることである。

教育公務員特例法第25条の2に指導改善研修後の措置として、「免職その他の必要な措置を講ずるものとする。」と規定されている。この必要な措置に地教行法第47条の2の対象者が考えられるが、そのような者に他の職場で勤務実績やその職に必要な適格性を期待することは現実問題としては難しい。

(3) 懲戒処分の種類と事由（地公法第29条第1項）

職員が次の各号の一に該当する場合においては、これに対し懲戒処分として戒告、減給、停職又は免職の処分をすることができる。

一　この法律若しくは第57条に規定する特例を定めた法律又はこれに基く条例、地方公共団体の規則若しくは地方公共団体の機関の定める規程に違反した場合

二　職務上の義務に違反し、又は職務を怠つた場合

三　全体の奉仕者たるにふさわしくない非行があつた場合

処分の種類	免職	停職	減給	戒告
処分の軽重	重い……………………………………………………………………軽い			
処分の内容	職員としての地位を失わせること	一定期間職務に従事させず、その期間は給料を支給しないこと	一定期間、給料の一定額を減ずること	服務義務の責任を確認し、その将来を戒めること
処分の事由と地公法の該当条文	①地方公務員法若しくは同法第57条で規定する特例で定めた法律、又は地方公共団体の条例・規則・規定などに違反した場合（29①一） ②職務上の義務に違反し、又は職務を怠った場合（29①二） ③全体の奉仕者たるにふさわしくない非行のあった場合（29①三）			

　懲戒処分としての停職も分限処分としての休職も職務に一定期間従事させない処分であるが、それぞれの目的が異なる。停職は職員の道義的責任を追及するための制裁であり、公務秩序の維持がその目的である。一方、休職は公務能率の維持を目的とする。従ってその効果も異なり、停職の場合は停職期間中の給料は支給されず、退職手当の期間計算では通常除外される。休職の場合は、休職期間中の給料の全部又は一部が通常は支給され、退職手当の期間計算では通算される。

　同じ免職でも懲戒免職と分限免職とでは目的と効果が異なる。目的の相違は停職と休職で述べたことと同じである。懲戒免職の効果は、退職手当が支払われなかったり、退職共済年金の給付が制限されたりする。一方、分限免職の場合は退職手当も退職共済年金も支払われる。

　体罰に関連して大阪市立桜宮高校のバスケットボール部の顧問のことを前述した。桜宮高校での体罰はその禁止を規定してある学校教育法第11条に違反し、傷害罪という刑法にも抵触する。また、体罰は地公法第32条の法令等遵守義務にも抵触し、同法第33条の信用失墜行為でもある。すなわち体罰は、地公法第29条第1項第一号の地公法第32条や第33条違反に該当する。また、地公法第32

条違反は第二号の職務上の義務違反に該当し、地公法第33条違反は第三号の全体の奉仕者たるにふさわしくない非行に該当することになる。因みに、バスケットボール部の顧問は、行政上の罰としては懲戒免職であった。

9　研　修

(1)　教育公務員の研修（教特法第21条）

> 　　教育公務員は、その職責を遂行するために、絶えず研究と修養に努めなければならない。
>
> 2　教育公務員の任命権者は、教育公務員（公立の小学校等の校長及び教員（臨時的に任用された者その他の政令で定める者を除く。以下この章において同じ。）を除く。）の研修について、それに要する施設、研修を奨励するための方途その他研修に関する計画を樹立し、その実施に努めなければならない。

　「学び続ける者こそ教師たり得る」という言葉がある。生涯学習社会にあっては、学び続けなければ一人前の職業人たり得ないのは教育者だけということではないが、教師にとって研修の大切さを示した言葉である。

　教育の本質は、教師と児童生徒が人間的な触れあいを通しての教化である。教師は単に知識や技術を児童生徒に教えるだけでなく、全人的な成長を児童生徒とともに目指し続ける者である。そこで、その職務の特性から、教師には特に絶えず研究することと人格の修養に努めることが求められている。すなわち、本条第1項により、教育公務員自身に研修義務が直接課せられている。教師にとって研究と修養の重要性から、教育公務員については研修について地方公務員でありながらも特例を設けているのである。

⑵　地方公務員法による研修（地公法第39条）

　　職員には、その勤務能率の発揮及び増進のために、研修を受ける機会が与えられなければならない。

2　前項の研修は、任命権者が行うものとする。

3　地方公共団体は、研修の目標、研修に関する計画の指針となるべき事項その他研修に関する基本的な方針を定めるものとする。

4　人事委員会は、研修に関する計画の立案その他研修の方法について任命権者に勧告することができる。

　教育公務員と同様に一般の地方公務員についても研修の重要性は全体の奉仕者として当然のことである。教育公務員は職責を遂行するために不可欠なものとしての研修である。一方、一般の地方公務員も能力開発によって能力を高め、ひいては勤務能率を増進し全体の奉仕者として住民の付託に応えるために研修の機会が与えられている。

⑶　研修の機会（教特法第22条）

　　教育公務員には、研修を受ける機会が与えられなければならない。

2　教員は、授業に支障のない限り、本属長の承認を受けて、勤務場所を離れて研修を行うことができる。

3　教育公務員は、任命権者の定めるところにより、現職のままで、長期にわたる研修を受けることができる。

　教育公務員は、研修の目的が職責を遂行するためであり、一般の地方公務員に比較して研修の機会が与えられるように積極的に規定されている。これは教育公務員特例法第21条第1項の教育公務員は絶えず研究と修養に努めなければならないとする規定に対応したものである。

　教育公務員が研修を受ける際の服務上の取り扱いは３つに分けられる。①職務命令による研修、②職務専念義務の免除による研修、③勤務時間外の自主的研修である。

　①の職務命令による研修は服務監督権者の職務命令として行われ、研修内容が教職員の職務と密接であり、職務を遂行する上で有益であり、職務と同等の内容と評価できるかを判断し、さらに学校運営上支障がないかどうかを配慮して研修を命じるものである。勤務場所を離れての研修の場合は、出張旅費が支給され公務災害の対象となる。

　②の職務専念義務免除による研修については次の第２項のところで述べる。

　③の勤務時間外の自主的な研修であるが、教員としての資質能力を高めるには欠かせないものである。また本項も自主的な研修を期待して規定されていると考えられる。勤務時間外の研修であるので特に服務上の問題は生じない。

　第２項の趣旨は、研修を必要とする教員の職務内容から、職務としての研修の他に自主的な研修をも奨励し、勤務中もできる限り便宜を図ろうとするものである。

　地方公務員法第35条は「法律又は条例に特別の定がある場合」には職務に専念する義務が免除されると規定している。本項第２項は地方公務員法第35条にいう「法律の特別の定がある場合」であり、自ら行う研修であっても本属長である校長の承認があれば職務専念義務が免除される。

　なお第２項による研修は、職務命令による研修と異なり、研修中に事故が起きたり負傷したりした場合であっても公務災害としての補償はされない。体育の指導技術向上のための研修会で負傷をしたような場合が考えられる（昭和39年12月18日　文部省初中局長回答）。

　第３項の長期研修制度の今日的な意味は、急激な社会の変化に対して学校が諸課題に対応していくためには、学校以外にも視野を広げることが必要である。そこで、教員が学校外の民間企業や社会教育施設、社会福祉施設等で体験を積み、これらを通じて得たものの見方や考え方を学校教育に還元していくことが求められている。また大学院への内地留学では今日的な教育課題を学び、その

解決能力や方法を身に付けて、それを学校教育に活かすことが求められている。職務研修としての大学院への就学は後述の大学院修学休業制度と異なる。研修期間は月単位から1年程度が多い。「現職のままで」とは、現職の身分を保有し（多くは教員の身分）、かつ、現に受けている給与を取得しながら研修を受けられるということである。

⑷　校長及び教員としての資質の向上に関する指標の策定に関する指針（教特法第22条の2）

　　　文部科学大臣は、公立の小学校等の校長及び教員の計画的かつ効果的な資質の向上を図るため、次条第1項に規定する指標の策定に関する指針（以下「指針」という。）を定めなければならない。
　2　指針においては、次に掲げる事項を定めるものとする。
　　一　公立の小学校等の校長及び教員の資質の向上に関する基本的な事項
　　二　次条第1項に規定する指標の内容に関する事項
　　三　その他公立の小学校等の校長及び教員の資質の向上を図るに際し配慮すべき事項
　3　文部科学大臣は、指針を定め、又はこれを変更したときは、遅滞なく、これを公表しなければならない。

　文部科学大臣は、本条により公立の小学校等の校長及び教員の計画的かつ効果的な資質の向上図るために、次条の第1項に規定する指標の策定に関する「指針」を定めなければならないとなっている。
　文部科学大臣によって策定された指針が以下の内容である。

　一　背景及び趣旨
　　およそ全ての教員は、教育を受ける子供たちの人格の完成を目指し、その資質の向上を促すという非常に重要な職責を担っている高度専門職であり、学校教育の成否は、教員の資質によるところが極めて大きい。教育基本法（平成18年法律第120号）第9条第

　1項において、教員は絶えず研究と修養に励むこと、同条第2項において、教員の養成と研修の充実が図られなければならないことが規定されているように、これまでも常にその資質の向上が図られるよう、法令上、特別な配慮がなされているところである。子供たちの成長を担う教員に求められるのは、いかに時代が変化しようとも、その時代の背景や要請を踏まえつつ、自らが子供たちの道しるべとなるべく、常にその資質の向上を図り続けることである。

　一方、学校現場においては、教員の大量退職・大量採用等の影響によって、年齢構成や経験年数の不均衡が生じ、従来の学校組織において自然に行われてきた経験豊富な教員から若手教員への知識及び技術等の伝達が困難となるなど、教員を巡る環境が大きく変化している。

　また、グローバル化、情報化の進展等、社会が急速に変化する中にあって、こうした状況の変化を踏まえた新しい時代の教育に対応できるよう、小学校学習指導要領（平成29年文部科学省告示第63号）、中学校学習指導要領（平成29年文部科学省告示第64号）、高等学校学習指導要領（平成21年文部科学省告示第34号）、幼稚園教育要領（平成29年文部科学省告示第62号）、幼保連携型認定こども園教育・保育要領（平成29年内閣府・文部科学省・厚生労働省告示第1号）、特別支援学校幼稚部教育要領（平成21年文部科学省告示第35号）、特別支援学校小学部・中学部学習指導要領（平成21年文部科学省告示第36号）及び特別支援学校高等部学習指導要領（平成21年文部科学省告示第37号）（以下「学習指導要領等」という。）の趣旨を実現するための教員の資質の向上に向けた環境を整えることが不可欠である。

　こうした状況を踏まえ、教員の養成・採用・研修を通じた新たな体制の構築等のため、教育公務員特例法等の一部を改正する法律（平成28年法律第87号。以下「改正法」という。）が、第192回国会において成立したところである。

　このうち、改正法による改正後の教育公務員特例法（昭和24年法律第1号。以下「法」という。）において、法第21条第2項の公立の小学校等の校長及び教員（以下「教員等」という。）の任命権者（以下「任命権者」という。）は、法第22条の2第1項の指針（以下「指針」という。）を参酌しつつ、その地域の実情に応じ、法第22条の3の指標（以下「指標」という。）を策定することとし、その際、法第22条の5の協議会（以下「協議会」という。）における協議を経ることとするなどの新たな制度が創設されたところである。

　任命権者が指標を策定することとする趣旨は、教員等の資質の向上を担う任命権者と教員養成を担う大学等の共通認識の下、教員等が高度専門職としての職責、経験及び適性に応じて身につけるべき資質を明確化することである。

　また、指標は、教員等が担う役割が高度に専門的であることを改めて示すとともに、研修等を通じて教員等の資質の向上を図る際の目安として、教員等一人一人のキャリアパスが多様であるとの前提の下、教職生活全体を俯瞰（ふかん）しつつ、自らの職責、経験及び適性に応じて更に高度な段階を目指す手掛りとなるものであり、効果的・継続的な学びに

結び付ける意欲を喚起することを可能とする体系的なものである必要がある。

　この指針は、こうしたことを踏まえつつ、教員等の計画的・効果的な資質の向上を図るため、法第22条の2第1項の規定に基づき策定されるものである。

二　公立の小学校等の教員等としての資質の向上に関する基本的な事項

　1　基本理念

　　　教員等の資質の向上を図るに当たっては、大学における教員養成の状況を踏まえるとともに、中長期的視点から教員等を育成する観点を重視しつつ、法のほか、教育基本法、学校教育法（昭和22年法律第26号）及び地方公務員法（昭和25年法律第261号）その他の関係法令並びに教育振興基本計画（平成25年6月14日閣議決定）及び学習指導要領等の理念及び趣旨を十分に踏まえなければならない。とりわけ、以下に示す学習指導要領等の趣旨を実現するために、それぞれの学校種の特性や幼児、児童及び生徒の発達の段階や特性等を踏まえ、教員等に必要とされる資質の向上を図ることが求められる。

　　(1)　幼児、児童及び生徒に生きる力を育むことを目指すに当たっては、学校教育全体や各教科、道徳科、外国語活動、総合的な学習の時間及び特別活動（以下「各教科等」という。）の指導を通してどのような資質・能力の育成を目指すのかを明確にしながら、教育活動の充実を図るものとすること。その際、幼児、児童及び生徒の発達の段階や特性等を踏まえつつ、次に掲げることが偏りなく実現できるようにするものとすること。

　　　ア　知識及び技能が習得されるようにすること。

　　　イ　思考力、判断力、表現力等を育成すること。

　　　ウ　学び向かう力、人間性等を涵養すること。

　　(2)　各学校においては、幼児、児童及び生徒や学校及び地域の実態を適切に把握し、教育の目的や目標の実現に必要な教育の内容等を教科等横断的な視点で組み立てていくこと、教育課程の実施状況を評価してその改善を図っていくこと、教育課程の実施に必要な人的又は物的な体制を確保するとともにその改善を図っていくことなどを通して、教育課程に基づき組織的かつ計画的に各学校の教育活動の質の向上を図っていくこと（以下「カリキュラム・マネジメント」という。）に努めるものとすること。

　　(3)　学校段階等間の円滑な接続が図られるよう工夫すること。

　　(4)　各教科等の指導に当たっては、(1)のアからウまでに示すことが偏りなく実現されるよう、単元や題材など内容や時間のまとまりを見通しながら、幼児、児童及び生徒の主体的・対話的で深い学びの実現に向けた授業改善を行うこと。

　　　　特に、各教科等において身に付けた知識及び技能を活用したり、思考力、判断力、表現力等や学びに向かう力、人間性等を発揮させたりして、学習の対象となる物事を捉え思考することにより、各教科等の特質に応じた物事を捉える視点や

考え方（以下「見方・考え方」という。）が鍛えられていくことに留意し、幼児、児童及び生徒が各教科等の特質に応じた見方・考え方を働かせながら、知識を相互に関連付けてより深く理解したり、情報を精査して考えを形成したり、問題を見いだして解決策を考えたり、思いや考えを基に創造したりすることに向かう学習の過程を重視すること。

(5) 学習評価の充実を図ること。

　　また、教員等は、社会人としての基本的な素養を備え、地方公務員として法令を遵守するとともに、服務規律を徹底し、確固たる倫理観をもつことは当然として、「これからの学校教育を担う教員の資質能力の向上について」（平成27年12月21日中央教育審議会答申）においても掲げられているとおり、使命感、責任感、教育的愛情、教科や教職に関する専門的知識、実践的指導力、総合的な人間性、コミュニケーション力といった教員等として普遍的な資質を備えることが期待されていることを踏まえる必要がある。さらに、今後は、これらに加えて、自律的に学び続ける意識や姿勢、探究心、時代の変化や自らの職責、経験及び適性に応じて求められる資質能力を生涯にわたって高めていくことのできる力、情報を適切に収集・選択・活用し、知識を有機的に結び付け構造化する力を身に付けることが期待されている。

2　公立の小学校等の教員等としての資質の向上を図るに当たり踏まえるべき基本的な視点

　　公立の小学校等の教員等としての資質の向上を図るに当たっては、以下の(1)～(5)までの視点を踏まえる必要がある。

(1)　社会変化の視点

　　情報通信技術（以下「ICT」という。）の発展、社会・経済のグローバル化、少子・高齢化の進展、人工知能に関する研究の進化、雇用環境の変容等、社会が急激に変化していることや、子供たちが職業に就く等により将来的に社会で活躍する時期には、現在より一層大きい状況の変化が起こり得るといったこと。また、近年、特に都市部を中心に、地域社会等のつながりや支え合いによるセーフティネット機能の低下が指摘されているとともに、子供の貧困や格差の再生産・固定化が課題として指摘されていること。

(2)　近年の学校を取り巻く状況の変化の視点

　　いじめ・不登校などの生徒指導上の課題への対応や貧困・虐待などの課題を抱えた家庭の児童生徒等への対応、インクルーシブ教育システムの理念を踏まえた発達障害を有する児童生徒等を含む特別な支援を必要とする児童生徒等への対応、外国人児童生徒等への対応、主体的・対話的で深い学びの実現、道徳教育の充実、小学校における外国語教育の早期化・教科化、ICTの活用、進路指導及びキャリア教育への対応、学校安全への対応、幼小接続、小中一貫教育及び中高一貫教育等の学校段階間接続等への対応、保護者や地域との協力関係の構築など、学校を

取り巻く課題等は非常に多種多様であること。こうした状況に対応できる教員等を育成するためには、限られた時間や資源の中で教員等の多忙化にも配慮しつつ、効果的・効率的な資質の向上が図られるよう配慮する必要があること。

(3) 家庭・地域との連携・協働の視点

　信頼される学校づくりのためには、保護者はもとより、地域住民からの信頼を得ることが不可欠である。このため、地方教育行政の組織及び運営に関する法律（昭和31年法律第162号。以下「地教行法」という。）第47条の5の学校運営協議会等を通じて、保護者や地域住民の意見や要望を学校運営に的確に反映させるとともに、家庭や地域社会による支援・協力を得ながら、学校運営を改善していくことが求められていること。

(4) 各教員等の成長の視点

　初任者であっても経験豊富な教員であっても、常に社会状況が変化する中、現状に満足することなく、自ら学び続ける教員であるべきとの理念の下、常に教員等が成長し続けることが重要であること。また、教員等の資質の向上は必ずしも任命権者が行う研修のみにより図られるものではなく、学校における校内OJT（オンザジョブトレーニング）等の中で資質の向上が図られる側面も大きいことから、教職生涯を通じた継続的な資質の向上の視点をもち、研修以外のあらゆる成長の手段も考慮しつつ、教員等一人一人の資質の向上が図られることが重要であること。また、画一的な教員像を求めるのではなく、各教員の長所や個性の伸長を図る視点を考慮することが重要であること。

(5) 学校組織の改善の視点

　教員等一人一人が学校現場で生じる様々な課題に対応できる力量を高めていくことは重要であるが、それら全ての課題を教員等が一人で解決することは困難であり、学校の教職員等がそれぞれの専門的な知識及び技能を活用しつつ、チームとして連携し、協働するというチーム学校の理念の下、教員等が多様な専門性をもつ人材と効果的に連携し、校務を分担するとともに、保護者や地域住民の力を学校運営に生かしながら、他の教員等と協働し、チームとして組織的に諸課題に対応することができるようになることが求められていること。また、校内における教員同士の学び合いや学校外の資源を活用した教員の学びなど他者との協働を通じて、学校組織全体の改善を図ることが重要であること。

三　公立の小学校等の教員等としての資質の向上に関する指標の内容に関する事項

　指標については、教員等の年齢構成や経験年数の状況など、様々な状況が各地域によって異なっていることを踏まえ、各地域の実情に応じたものとなるよう留意し、以下の1から4までを踏まえて策定するものとする。

1 学校種・教員等の職等の範囲

　指標の対象とする公立の小学校等の教員等の範囲は以下のとおりである。

(1) 公立の小学校等の範囲は、公立の小学校、中学校、義務教育学校、高等学校、

中等教育学校、特別支援学校、幼稚園及び幼保連携型認定こども園である。

(2) 教員等の範囲は、校長（園長を含む。）、副校長（副園長を含む。）、教頭、主幹教諭（幼保連携型認定こども園の主幹養護教諭及び主幹栄養教諭を含む。）指導教諭、教諭、助教諭、養護教諭、養護助教諭、栄養教諭、主幹保育教諭、指導保育教諭、保育教諭、助保育教諭及び講師（常時勤務の者及び地方公務員法第28条の5第1項に規定する短時間勤務の職を占める者に限る。）である（教育公務員特例法等の一部を改正する法律の施行に伴う関係政令の整備に関する政令（平成29年政令第22号）による改正後の教育公務員特例法施行令（昭和24年政令第6号）第2条に規定する臨時的に任用された者等を除く。）。

指標の策定に際しては、必ずしも全ての学校種毎に個別の指標を策定することを要するものではなく、それぞれの学校種の特性を踏まえつつ、複数の学校種について共通の指標を策定することが可能である。例えば、小学校、中学校及び義務教育学校の教員について共通の指標を策定し、特に小学校の教員に必要な事項について留意事項を付すこと等が可能である。

また、必ずしも全ての職ごとに個別の指標を策定することを要するものではなく、それぞれの職の特性を踏まえつつ、複数の職について共通の指標を策定することが可能である。例えば、複数の職に共通の指標として策定し、そのうちの特定の職に必要な事項について留意事項を付すこと等が可能である。

とりわけ、校務をつかさどる校長は、学校組織のリーダーとして、教員の人材育成について、大きな責任と役割を担っており、教員の自律的な成長を促すべき存在である。また、校長は教育者としての資質のほか、的確な判断力、決断力、交渉力、危機管理を含む組織のマネジメント力が求められるものである。こうしたことを踏まえ、校長については、個別の指標を策定することを検討するなど他の職とは明確に区別できるよう留意する必要がある。

加えて、同じ教諭の職であっても、特別支援学級や通級による指導の担当教諭については、特別支援教育に関する専門性が特に求められることに鑑み、個別の指標を策定することや、特に必要な事項について留意事項を付すこと等の取扱いも考えられる。

さらに、教員等のキャリアパスは単一のものではなく、例えば、教諭から主幹教諭を経て管理職に至り学校運営を担う者、教諭から指導教諭に至り学校内において他の教員の指導を担う者、生涯にわたって教諭としての職務を全うし、特定の分野において高度に専門的な知識及び技能を有する者等、様々な者が存在することを踏まえ、同一の職について複数の指標を策定することも可能である。

2　職責、経験及び適性に応じた成長段階の設定

指標においては、教員等の成長段階に応じた資質の向上の目安とするため、学校種や職の指標ごとに複数の成長に関する段階を設けることとする。その際、必ず、新規に採用する教員に対して任命権者が求める資質を第一の段階として設けること

とする。その他の段階は、各地域における教員等の年齢構成や経験年数の状況等といった地域の実情に応じ、例えば、経験年数が一年から五年まで、六年から十年までといったように経験年数に着目した設定のほか、「向上・発展期、充実・円熟期」、「第1ステージ(第一期)、第2ステージ(第二期)」、「初任、中堅、ベテラン」等、必ずしも経験年数のみに着目しない設定が考えられる。

3　指標の内容を定める際の観点

　　教員等が次に掲げる事項を適切に修得又は実施するとともに、各事項に係る資質を2の成長段階ごとに更に向上させる観点をもちつつ、指標の内容を定めることとする。

⑴　教職を担うに当たり必要となる素養に関する事項（倫理観、使命感、責任感、教育的愛情、総合的な人間性、コミュニケーション力、想像力、自ら学び続ける意欲及び研究能力を含む。）

⑵　教育課程の編成、教育又は保育の方法及び技術に関する事項（各学校の特色を生かしたカリキュラム・マネジメントの実施、主体的・対話的で深い学びの実現に向けた授業改善、情報機器及び教材の活用に関する事項を含む。）

⑶　学級経営、ガイダンス及びカウンセリングに関する事項

⑷　幼児、児童及び生徒に対する理解、生徒指導、教育相談、進路指導及びキャリア教育等に関する事項(いじめ等児童生徒の問題行動への対応、不登校児童生徒への支援、情報モラルについての理解に関する事項を含む。)

⑸　特別な配慮を必要とする幼児、児童及び生徒への指導に関する事項(障害のある幼児、児童及び生徒等への指導に関する事項を含む。)

⑹　学校運営に関する事項（学校安全への対応、家庭や地域社会、関係機関との連携及び協働、学校間の連携に関する事項を含む。）

⑺　他の教職員との連携及び協働の在り方に関する事項（若手教員の育成に係る連携及び協働に関する事項を含む。）

　　ただし、これらの事項を中心としつつも、各職の特性を踏まえ、必要な事項を加えたり、不必要な事項を除いたりすることが可能である。例えば、養護教諭にあっては保健管理、健康相談や保健室経営に関する事項、栄養教諭にあっては食に関する指導と学校給食の管理に関する事項等を適宜加えることが可能である。また、例えば、校長にあっては、教育、保育の方法及び技術に関する事項等を除くといったことが考えられる。

4　その他

　　各地域の実情を踏まえ、必要に応じて教科等ごとの指標を策定することも可能である。

四　その他公立の小学校等の教員等の資質の向上を図るに際し配慮すべき事項

1　指標の策定に当たって必要とされる手続

　　指標の策定に当たっては、法第22条の3第2項の規定に基づき、協議会における

協議をあらかじめ経る必要がある。また、協議会においては、指標の策定に関する協議のほか、法第22条の５第１項の規定に基づき、指標に基づく教員等の資質の向上に関して必要な事項についての協議を行うこととなっており、教員等の資質の向上を図るに当たっては、協議会を有効に活用することが極めて重要である。また、協議会における協議を通じて、その地域における課題や学校現場の状況を指標の内容に反映させることが重要である。

とりわけ新規に採用する教員に対して任命権者が求める資質については、大学が行う教員養成の目標であるとともに、教員等の任命権者が行う資質の向上の前提となるものであり、当該資質について、協議会で明確な共通理解を確立することが極めて重要である。そのため、新規に採用する教員に対して任命権者が求める資質について協議する際には、教員養成を主たる目的とする大学・学部以外の大学・学部においても広く教員免許状の取得が認められていることを踏まえるとともに、協議会の構成員である大学が行う教員養成の改善をも目的としつつ、今後、国が策定する「教職課程コアカリキュラム」の内容や大学における教員養成の実態を踏まえ、十分議論を尽くすことが重要である。

また、任命権者が行う研修は、指標を踏まえて策定されることとなる法第22条の４の教員研修計画に基づき実施されるものであることから、教員等の資質の向上が指標を基にして図られていくものであることを十分踏まえる必要がある。

加えて、協議会における協議を経た上で策定される指標及び当該指標を踏まえて策定される教員研修計画については、法第22条の３及び第22条の４の規定により、策定後遅滞なく公表するよう努めることとされているところ、指標や教員研修計画のみでなく、指標策定の過程等、協議会における協議に関する情報を積極的に公開することが望ましい。

さらに、地教行法第37条第１項に規定する県費負担教職員の任命権者である都道府県教育委員会が、その県費負担教職員に関する指標を策定するに当たっては、協議会の運営に際して、関係する市町村教育委員会との間で学校現場の現状等について十分意見交換を行い、協働して学校現場の状況を反映することが重要である。とりわけ、地方自治法（昭和22年法律第67号）第252条の22第１項の中核市（以下「中核市」という。）については、中核市の教育委員会が教員研修計画の策定を担うことを踏まえ、可能な限り、当該教育委員会を協議会の構成員に含める等、特段の配慮が必要である。

なお、地方自治法第252条の19第１項に規定する指定都市（以下「指定都市」という。）以外の市町村の設置する幼稚園、高等学校、中等教育学校及び幼保連携型認定こども園等の教員等の指標の作成に当たっては、法附則第４条の規定により協議会における協議を要さないこととされている。この場合、教員等の資質の向上に向け指標の内容を充実させるよう、その内容について必要に応じ大学等の意見を聴取するとともに、法第23条に規定する初任者研修及び法第24条に規定する中堅教諭

等資質向上研修（以下「中堅教諭等資質向上研修」という。）を実施する都道府県
教育委員会等とも連携を図りながら指標を作成することが望ましい。

　また、改正法による改正後の独立行政法人教職員支援機構法（平成12年法律第88
号）第10条第2号の規定に基づき、独立行政法人教職員支援機構が指標の策定に関
する専門的な助言を行うこととなっており、必要に応じてこれを有効に活用するこ
とが考えられる。

2　指標に基づく教員等の資質の向上の推進体制の整備及び指標の改善等

　(1)　推進体制

　　　指標の策定後、協議会の構成員のみならず、協議会の構成員となっていない教
　育関係者や民間企業等も含めて幅広い関係者の協力を得ながら、指標に基づく教
　員等の資質の向上を推進する体制を整備することが重要である。

　(2)　指標の改善及び更新

　　　社会の状況や学校を取り巻く状況は常に変化するものであり、指標についても、
　様々な状況の変化に応じて不断の見直しを図ることが重要である。また、指標の
　内容を踏まえ、教員研修計画を策定し、実際に研修を実施する中で、実態に応じ
　た、より実効性の高い指標に改善していくことが必要である。そのため、各地域
　の実情に応じ、定期的に指標を更新するなど指標を中心とした教員等の資質の向
　上策に係るPDCAサイクルを機能させることが重要である。

　(3)　他の計画等との関係

　　　指標の策定や指標に基づく教員等の資質の向上を図るに際しては、地教行法第
　1条の3に規定する大綱、教育基本法第17条第2項に規定する教育委員会が策定
　する基本的な計画等の各種計画との整合性を図ることが必要である。また、必要
　に応じて地教行法第1条の4に規定する総合教育会議を活用することも考えられる。

(5)　校長及び教員としての資質の向上に関する指標（教特法第22条の3）

　　公立の小学校等の校長及び教員の任命権者は、指針を参酌し、その地
域の実情に応じ、当該校長及び教員の職責、経験及び適性に応じて向上
を図るべき校長及び教員としての資質に関する指標（以下「指標」とい
う。）を定めるものとする。

2　公立の小学校等の校長及び教員の任命権者は、指標を定め、又はこれ
　を変更しようとするときは、あらかじめ第22条の5第1項に規定する
　協議会において協議するものとする

3　公立の小学校等の校長及び教員の任命権者は、指標を定め、又はこれ

を変更したときは、遅滞なく、これを公表するよう努めるものとする。

4 独立行政法人教職員支援機構は、指標を策定する者に対して、当該指標の策定に関する専門的な助言を行うものとする。

校長及び教員としての資質向上に関する指標は、中央教育審議会答申で示された教員育成指標である。この答申における「教員育成指標の策定」の項目において、「高度専門職業人としての教職キャリア全体を俯瞰しつつ、教員がキャリアステージに応じて身に付けるべき資質や能力の明確化のため、各都道府県等は教員育成指標を整備する」と述べられている。そこで、教員のキャリアステージに応じた指標の体系的な整備により、教員の高度専門職業人としての地位の確立に寄与することが期待され、教員が自信と誇りを持ちつつ、指導に当たることが促進されるものと考えられる。

また、指標は、前条で述べた「指針」を参酌しつつ、各地域の実情に応じて策定することとなっており、画一的な教員像を求めるものではなく、全教員に求められる基礎的、基本的な資質能力を確保し、各教員の長所や個性の伸長を図るものである。

(6) 教員研修計画（教特法第22条の４）

公立の小学校等の校長及び教員の任命権者は、指標を踏まえ、当該校長及び教員の研修について、毎年度、体系的かつ効果的に実施するための計画（以下この条において「教員研修計画」という。）を定めるものとする。

2 教員研修計画においては、おおむね次に掲げる事項を定めるものとする。

一 任命権者が実施する第23条第１項に規定する初任者研修、第24条第１項に規定する中堅教諭等資質向上研修その他の研修（以下この項において「任命権者実施研修」という。）に関する基本的な方針

二 任命権者実施研修の体系に関する事項

　三　任命権者実施研修の時期、方法及び施設に関する事項

　四　研修を奨励するための方途に関する事項

　五　前各号に掲げるもののほか、研修の実施に関し必要な事項として文
　　部科学省令で定める事項

3　公立の小学校等の校長及び教員の任命権者は、教員研修計画を定め、
　又はこれを変更したときは、遅滞なく、これを公表するよう努めるもの
　とする。

　教員研修計画は、指標を踏まえ、任命権者が毎年度策定するものである。な
お、改正前の教育公務員特例法においても、これまで努力義務規定として、教
員の研修計画の策定が規定されていた。しかし、今般の教員研修計画に係る規
定は、任命権者が必ず策定する義務的な規定というキャリアステージに応じて
身に付けるべき資質の目安を踏まえた体系的なものであるということがこれま
でと異なる点である。

(7)　協議会（教特法第22条の５）

　　公立の小学校等の校長及び教員の任命権者は、指標の策定に関する協
　議並びに当該指標に基づく当該校長及び教員の資質向上に関して必要な
　事項についての協議を行うための協議会（以下「協議会」という。）を
　組織するものとする。

2　協議会は、次に掲げる者をもつて構成する。

　一　指標を策定する任命権者

　二　公立の小学校等の校長及び教員の研修に協力する大学その他の当該校
　　長及び教員の資質の向上に関係する大学として文部科学省令で定める者

　三　その他当該任命権者が必要と認める者

3　協議会において協議が調つた事項については、協議会の構成員は、そ
　の協議の結果を尊重しなければならない。

4 前3項に定めるもののほか、協議会の運営に関し必要な事項は、協議
会が定める。

この協議会は、任命権者である教育委員会等が大学等を構成員として組織するものであり、教員の養成を担う大学と採用後の教員の資質向上を担う任命権者が、協働しつつ、指標について協議し、当該指標に基づき教員の資質の向上を図るための仕組みとして設けられたものである。

協議会で調った事項については尊重する義務を生じさせることにより、任命権者である教育委員会等と大学やその他の学校教育関係者が教員の資質の向上に係るビジョンを共有しつつ、それぞれの立場に応じて教員等の質の向上を図るといった中央教育審議会答申に掲げられた理念が具体化されることが期待されている。

(8) 初任者研修（教特法第23条）

公立の小学校等の教諭等の任命権者は、当該教諭等（臨時的に任用された者その他の政令で定める者を除く。）に対して、その採用（現に教諭等の職以外の職に任命されている者を教諭等の職に任命する場合を含む。附則第5条第1項において同じ。）の日から1年間の教諭又は保育教諭の職務の遂行に必要な事項に関する実践的な研修（以下「初任者研修」という。）を実施しなければならない。

2 任命権者は、初任者研修を受ける者（次項において「初任者」という。）の所属する学校の副校長、教頭、主幹教諭（養護又は栄養の指導及び管理をつかさどる主幹教諭を除く。）指導教諭、教諭、主幹保育教諭、指導保育教諭、保育教諭又は講師のうちから、指導教員を命じるものとする。

3 指導教員は、初任者に対して教諭又は保育教諭の職務の遂行に必要な事項について指導及び助言を行うものとする。

　臨時教育審議会の第 2 次答申（昭和61年 4 月23日）において、初任者に対して「実践的指導力と使命感を養うとともに幅広い知見を得させる」ことが初任者研修制度の目的とされている。そこで、初任者研修の内容としては、教科や道徳・特別活動・総合的な時間等の指導法、配慮を要する児童生徒への対応、学級経営や生徒指導・教育相談の在り方などがある。また、教員としての心構えや服務に関する内容などについても実施されている。

　初任者は実践的な指導力を身に付けるために授業・生徒指導・保健指導等の教育活動の実務に従事しながら、校内での指導教員による指導を受けるとともに、所属校を離れ教育委員会による研修を初任者が一堂に会して年間10数回程度受けるのが一般的である。

　校内における研修では指導教員が責任をもって初任者を指導することになっている。指導教員には所属校の校長を除く教員の中から任命権者（県費負担教職員については市町村教育委員会）が、命ずることになっている（昭和63年 6 月 3 日文教教51事務次官通達）。指導教員には指導力に優れた者を特定し、他の教員との協力体制のもとで初任者の指導が行われる。

　指導教員は、初任者に対して授業の進め方、その評価の在り方、教材研究の進め方、保護者への対応、学級経営など 1 年間を通しての職務に関する内容について指導及び助言を行う。

(9)　中堅教諭等資質向上研修（教特法第24条）

　公立の小学校等の教諭等（臨時的に任用された者その他政令で定める者を除く。以下この項において同じ。）の任命権者は、当該教諭等に対して、個々の能力、適性等に応じて、公立の小学校等における教育に関し相当の経験を有し、その教育活動その他の学校運営の円滑かつ効果的な実施において中核的な役割を果たすことが期待される中堅教諭等としての職務を遂行する上で必要とされる資質の向上を図るために必要な事項に関する研修（以下「中堅教諭等資質向上研修」という。）を実施し

なければならない。

2　任命権者は、中堅教諭等資質向上研修を実施するに当たり、中堅教諭等資質向上研修を受ける者の能力、適性等について評価を行い、その結果に基づき、当該者ごとに中堅教諭等資質向上研修に関する計画書を作成しなければならない。

中央教育審議会答申における「10年経験者研修の改革」の項目において、「国は、教員免許更新制の意義や位置付けを踏まえつつ、10年経験者研修を10年が経過した時点で受講すべき研修から、学校内でミドルリーダーとなるべき人材を育成すべき研修に転換し、それぞれの地域の実情に応じ任命権者が定める年数に達した後に受講できるよう実施時期を弾力化する」と述べられている。そこで、これまでの10年経験者研修を10年を経過した時点で一律に受講すべき研修であるという点を改め、学校内でミドルリーダーとなるべき人材を育成すべき研修であるという方向に転換し、それぞれの地域の実情に応じ、必要な時期に必要な教員に受講させる研修へと位置付けを改めた。

これによって研修対象者を10年経験者に限らず、実施時期の弾力化を図るとともに、中堅教諭等としての職務を遂行する上で必要とされる資質の向上を図るための研修となった。10年経験者研修が見直されたのは、免許更新制との関係の整理の必要性からでもある。すなわち、免許更新制は最新知識の獲得が主であり、10年研修は組織の中間管理技法の獲得が主であった。今回の改正は、団塊の世代の大量退職、その結果としての新規採用教員の大量採用あり、ミドルリーダーが不足していることの解消の必要性からも行われた。したがって、研修内容もミドルリーダーの育成にシフトしていると言える。

各任命権者においては、中堅教諭等資質向上研修が、教員一人一人の専門性の向上や得意分野を伸ばすなど、教員のニーズに応じたものとなるよう、各々の実情に応じて、具体的な研修の内容及び方法、実施期間、場所等に関し、様々な創意工夫を凝らすとともに、中堅教諭等資質向上研修を実施するに当たって、授業等の校務に支障がないよう、また、研修の時間を十分に取ることができる

よう、人事異動等において十分に配慮を行うことが重要である。

⑽　指導改善研修（教特法第25条第1項～第5項）

> 1　公立の小学校等の教諭等の任命権者は、児童、生徒又は幼児（以下「児童等」という。）に対する指導が不適切であると認定した教諭等に対して、その能力、適性等に応じて、当該指導の改善を図るために必要な事項に関する研修（以下「指導改善研修」という。）を実施しなければならない。

「指導が不適切な教諭等」とは、知識、技術、指導方法その他教員として求められる資質、能力に課題があるため、日常的に児童等への指導を行わせることが適当でない教諭等のうち、研修によって指導の改善が見込まれる者であって、直ちに分限処分の対象とならないものをいう。

具体的な例として、①　教科に関する専門的知識、技術等が不足しているため、学習指導を適切に行うことができない場合（教える内容に誤りが多かったり、児童等の質問に正確に答えたりすることができない等）、②　指導方法が不適切であるため、学習指導を適切に行うことができない場合（ほとんどの授業内容を板書するだけで、児童等の質問を受け付けない等）、③　児童等の心を理解する能力や意欲に欠け、学級経営や生徒指導を適切に行うことができない場合（児童等の意見を全く聞かず、対話もしないなど、児童等とのコミュニケーションをとろうとしない等）である（指導が不適切な教員に対する人事管理システムのガイドライン　平成20年2月8日　文部科学省初等中等局）。

指導が不適切であるか否かの認定に当たっては第5項の教育学、医学、心理学その他児童等に対する指導に関する専門的知識を有する者や任命権者の属する区域内に居住する保護者の意見を聴くことになっている。専門家や保護者の意見を参考としながらも、最終的には、任命権者である教育委員会が自己の権限と責任に基づいて認定することになる。

2　指導改善研修の期間は、１年を超えてはならない。ただし、特に必要
があると認めるときは、任命権者は、指導改善研修を開始した日から引
き続き２年を超えない範囲内で、これを延長することができる。

　研修期間は原則として１年を超えない範囲内である。ただ、指導改善研修終
了時に「児童等に対する指導が不適切であるが、更に指導改善研修を行えば、
適切に指導を行える程度までの改善が見込まれる程度」の認定となったような
ときは「特に必要がある場合」として、研修の開始日から２年以内であれば延
長することができる。

　研修内容について、上述のガイドラインでは、「本人自らが指導が不適切な
状態にあることを気づかせることが重要であり、個別面接の実施等、【気付き】
の機会を設けることが望まれる。」とある。研修対象者の指導力の評価をきち
んと受け止めることができるようになったら改善の余地はあると考える。また、
「人間関係を気づくことに資する研修内容を組み込むことが重要である。」とも
あり、もっともな考えであるが教員としては指導力以前の基本的なことであり、
指導改善研修によって成果を上げることは困難である。

　指導改善研修は実地訓練として学校で行われることもあるが、児童等への影
響を十分に配慮しなければならない。多くの時間は教職員の研修を担当してい
る機関で行われる（教職員研修センター、教育センターなど）。

3　任命権者は、指導改善研修を実施するに当たり、指導改善研修を受け
る者の能力、適性等に応じて、その者ごとに指導改善研修に関する計画
書を作成しなければならない。
4　任命権者は、指導改善研修の終了時において、指導改善研修を受けた
者の児童等に対する指導の改善の程度に関する認定を行わなければなら
ない。

指導改善研修はその研修を受ける者によって独自の課題がある。したがって、指導改善研修を受ける者の能力、適性等に応じて、個別に計画書を作成しなければならない。

指導の改善の程度に関する認定では、①研修の成果が現れ、児童等に適切に指導が行われる程度の認定、②研修の成果が上がらず、児童等への指導がまだ不適切と思われるが、今後改善の余地が見込まれる程度の認定、③児童等に適切に指導が行えるまでの改善が見込まれない程度の認定 が考えられる。認定の結果、①では学校へ復帰、②では再受講、③では教特法第25条の２の免職その他の必要な措置講ずることになる。

5　任命権者は、第１項及び前項の認定に当たつては、教育委員会規則（幼保連携型認定こども園にあつては、地方公共団体の規則。次項において同じ。）で定めるところにより、教育学、医学、心理学その他の児童等に対する指導に関する専門的知識を有する者及び当該任命権者の属する都道府県又は市町村の区域内に居住する保護者（親権を行う者及び未成年後見人をいう。）である者の意見を聴かなければならない。

⑾　指導改善研修後の措置（教特法第25条の２）

任命権者は、前条第４項の認定において指導の改善が不十分でなお児童等に対する指導を適切に行うことができないと認める教諭等に対して、免職その他の必要な措置を講ずるものとする。

指導の改善が不十分でなお児童等に対する指導を適切に行うことができないと認める教諭等の場合は、分限免職処分（地公法第28条第１項）にするか、稀な例であるが、免職・採用によって県費負担教職員を都道府県教育委員会の職員にする（地教行法第47条の２）等必要な措置を講ずることになっている。い

274

ずれにしても教諭等の職は免じられる。

(12) **大学院修学休業制度**

　この制度は、教員が自主的に能力開発に取り組むことを支援するためのものである。今までの教職経験を通じて得た課題をもとに、教師としてのレベルアップを図るために設けられた制度である。

1) 大学院修学休業の許可及びその要件等

　　公立の小学校等の主幹教諭、指導教諭、教諭、養護教諭、栄養教諭、主幹保育教諭、指導保育教諭、保育教諭又は常勤講師で一定の条件に該当するものは、任命権者の許可を受けて、１年を単位とする３年を超えない期間、大学（短期大学を除く）の大学院の課程若しくは専攻科の課程又はこれらの課程に相当する外国の課程に在学してその課程を履修するために休業することができる。

　　その際、対象者としては、①専修免許状取得が目的であること。②取得しようとする専修免許状に係る基礎となる１種免許状を有していること。③教育職員免許法に定める最低在職年数を満たしていること。④条件付採用期間中の者ではない、臨時的任用者ではない、初任者研修の受講者ではない、その他政令で定める者ではないこと。以上の４つの要件すべてに該当する教員であるとしている。（教特法第26条）。

2) 大学院修学休業の効果（教特法第27条）

　　大学院修学休業をしている主幹教諭等は、地方公務員としての身分を保有するが、職務に従事しない。
　2　大学院修学休業をしている期間については、給与を支給しない。

　これまで現職教員の大学院修学のほとんどは、職務研修の一つとして任命権

者が研修命令を出す派遣研修であり、この場合は有給である。教職大学院にも多くの現職教員が派遣研修として有給で学んでいる。

1 0　給与、勤務時間その他の勤務条件

(1)　勤労条件の基準（憲法第27条第2項）

> 2　賃金、就業時間、休息その他の勤労条件に関する基準は、法律でこれを定める。

これに基づいて、労働基準法が定められ、労働者としての性格を有している地方公務員も原則として労働基準法の適用を受ける。

ただし、地方公務員法第58条によって、地方公務員に馴染まない労働条件は労働基準法の適用を除外する旨が規定されている。

(2)　条例主義と法的制約（地公法第24条第5項）

> 5　職員の給与、勤務時間その他の勤務条件は、条例で定める。

勤務条件とは、給与その他の給付、勤務時間、休日、休暇など、職員が勤務を提供したり、勤務の提供を継続したりするかどうかのを決断するに当たって、一般的に考慮の対象となる利害関係事項をいう。地方公務員の勤務条件は条例で定めることになっている。これを条例主義ともいう。

ただし、勤務条件は条例で自由に決められるわけではなく、上位法である法令等によって制約を受ける。

(3)　給与

給与とは、勤務の対価として支払われる金品をいい、給料のほか、扶養手当、

特殊勤務手当、期末手当などの諸手当、一定範囲の現物給与などを含む。

　給料とは、正規の勤務時間に対する報酬のことで、給与の中から諸手当を除いたものをいう。

　給料の一部に含まれるものとして「給料の調整額」や「教職調整額」がある。「給料の調整額」とは、公立学校では、特別支援学校に勤務する教員、特別支援学級の授業を担当する教員に支給されている。これは職務の複雑さ、困難さ、責任の度合いなどを勘案して支給されている。「教職調整額」については、勤務時間のところで述べる。

　諸手当は、学校種や職種によって様々な手当がある。その中でも教員特有の特殊勤務手当として「特殊業務手当」がある。これは後述の「超勤4項目」以外に教員が従事した場合や、超勤4項目の中であっても極めて密度の高い業務に従事した場合に支給される。例えば非常災害時の復旧業務、学校行事として行う修学旅行や移動教室などの宿泊を伴う業務、週休日に行う対外運動競技会への生徒引率業務、部活動指導業務などがある。

　公務員の給与は、以下の4つの原則がある。

① 職務給の原則：職員の給与は、その職務と責任に応ずるものでなければならない。

② 生計費考慮の原則：職員の給与は、職員の生活を保障し、労働力の再生産を賄いうる程度のものでなければならない。

③ 給与法定主義の原則：職員の給与は、法律又は条例に基づき支給されなければならない。

④ 給与均衡の原則：職員の給与は、国や他の地方公共団体の職員、民間企業従業員の給与その他の事情を考慮して定められなければならない。

(4)　勤務時間

　勤務時間とは、職員が任命権者の指揮監督のもと、職務に専念することを義務付けられている時間をいう。勤務時間には、経常的な業務を行うためにあらかじめ定められた正規の勤務時間、公務運営の必要から臨時または緊急の必要

がある場合に正規の勤務時間外に行う超過勤務時間、特定の断続的勤務を行う宿日直勤務がある。

　勤務時間は労働基準法に休憩時間を除き1日につき8時間、1週間に40時間を超えてはならないと定められている（労基法第32条）。公務員は1日につき7時間45分、1週間に38時間45分が大勢となっている。公立学校において勤務時間の割り振り（勤務日や勤務時間の中で出退勤時刻及び休憩時間を何時にするかなど）は、校長に権限が委任されたり、校長の専決となったりしている場合が多い。

(5)　休憩・休息

　休憩時間とは、職員が勤務時間の途中で勤務から解放され、自己の時間として自由に利用することが保障されている時間である。休憩時間は、作業効率の向上や安全面を考慮した疲労を回復するための時間である。労働時間が6時間を超える場合には少なくとも45分間、8時間を超える場合には少なくとも1時間の休憩時間を労働時間の途中に与えなければならない（労基法第34条第1項）。また、休憩時間は原則として一斉に与えなければならない（労基法第34条第2項）が、一定の条件の下で例外が認められる。休憩時間は自由に使用することができ、近くの銀行や郵便局に行くなど職場を離れて私用を済ませることも自由である（労基法第34条第3項）。休憩時間は、正規の勤務時間に含まれず、給与支払いの対象外となる。

　休息時間も休憩時間と同様作業効率の向上等を考慮したいわゆる手休めの時間といわれるものである。休息時間は休憩時間と異なり勤務時間とされ、給与支払いの対象とされている。多くの自治体では午前・午後にそれぞれ15分程度の休息時間を設けていたが、現在は廃止されている。

(6)　時間外勤務・教職調整額・超勤4項目

　教員が勤務時間を超えて勤務した場合、事務職員や学校栄養士等、一般の行政職員の場合と異なり、いわゆる「超過勤務手当」のような割増金は支払われ

ない。ただし、教員（校長、副校長、教頭等は除く）には「公立の義務教育諸学校等の教育職員の給与等に関する特別措置法」によって、超過勤務の有無に関係なく給料月額の４％に相当する額を支給されることになっている。これを「教職調整額」という。

　なお、教員の時間外勤務については、「公立の義務教育諸学校等の教育職員を正規の勤務時間を超えて勤務させる場合等の基準を定める政令」の第一号によって、原則として命じることはできない。ただし、第二号で例外として以下の４項目が認められている。いわゆる「超勤４項目」である。

① 校外実習その他生徒の実習に関する業務
② 修学旅行その他学校の行事に関する業務
③ 職員会議（設置者の定めるところにより学校に置かれるものをいう。）に関する業務
④ 非常災害の場合、児童又は生徒の指導に関し緊急の措置を必要とする場合その他やむを得ない場合に必要な業務

(7) 週休日・休日・休業日

　１年は勤務を要する日と週休日に分けられる。週休日は労働基準法に規定する休日（労基法第35条）にあたり、職員が勤務する義務を課せられていない日をいう。週休日は多くの公務員の場合、土曜日と日曜日である。

　なお、運動会や学芸会のように保護者が参観しやすくするために土曜日や日曜日に学校行事を行う必要がある場合には、事前に勤務時間の同一性を維持した上で、一定の条件のもと週休日の変更を行うことができる。

　休日とは、特に勤務を命じられた場合を除き、正規の勤務時間においても勤務することを要しない日をいう。休日は、もともとは勤務を要する日であり、最初から勤務の義務がない週休日とは異なる。国民の祝日や年末年始（12月29日～１月３日）は本来は勤務を要する日であるが、条例で休日とされており、これらの日は、特に命じられない限りその日の勤務は免除される。

　夏季・冬季・春季などの長期休業日や開校記念日のように授業が行われない

日は休業日というが、勤務を要する日である。土曜日の週休日に月1～2回程度授業を行う自治体がある。この場合は、土曜日に出勤した分を長期休業日にまとめてとる方法が行われている。

(8) 休暇 （参考となる法規 一般職員の勤務時間、休暇等に関する法律に基づく人事院規則15-14-28 平成23年3月17日）

　休暇に関しては労働基準法に規定があるが、地方公務員の場合は条例でも規定されており、その内容の多くは労働基準法より職員にとって有利なものとなっている。

　休暇には有給休暇と無給休暇の2種類がある。有給休暇とは給与が支払われる休暇のことであり、無給休暇とは給与は支払われないが、条件附きで認められる休暇のことである。

　自治体によって取得できる日数や内容は異なるが、主な有給休暇には年次休暇、病気休暇、特別休暇などが規定されているところが多い。

　年次休暇は休みを取得するために特定の理由を必要としないいわゆる無因休暇である。その使い方は、病気療養のためや旅行など自由である。年次休暇は、職員の請求する時季に与えなければならないが、ただし、請求される時季に休暇を与えることが「職務に支障がある」場合、他の時季に与えるよう権限ある教育管理職は変更ができる（労基法第39条第4項）。我が子の入学式と重なった入学学年の担任の入学式の日の休暇を認めないことができるかは、見解が分かれるところである。

　勤務実績により取得できる休暇日数は異なるが、原則、1年間に付き20日間である。年次休暇を取得するときは1日単位であるが、特に必要があると認められるときは1時間を単位とすることができる。ただし、職種によっては1時間を単位としないで、4時間すなわち半日を単位とするものもある。

　休暇日数は翌年に繰り越すことが可能であるが、残日数20日間を限度としているところが多い。すなわち、2年分の休暇を併せて40日間を限度としている。

　病気休暇は疾病又は負傷の療養のため勤務しないことがやむを得ないと認め

られる必要最小限度の期間の休暇である。期間の日数に上限は設けられていないが、給与の減額が免除される期間は、自治体によって異なるが連続して90日から180日程度のところが多い。診断書の提出が義務付けられているところが多い。有給休暇といっても期末手当（いわゆるボーナス）は支給が減額されたり、昇給が遅れたりする場合がある。

　特別休暇は、選挙権の行使、結婚、出産その他の特別の事由により勤務しないことが相当であるとしている休暇である。具体的には、選挙権の行使や裁判員や証人等として裁判所などに出頭する場合などの公民権行使等休暇、妊娠出産休暇・妊娠障害休暇・早期流産休暇・母子保健健診休暇・妊婦通勤時間・育児時間、・出産支援休暇などの女子職員の出産や育児に伴う休暇、子どもの看護休暇、生理休暇、本人の結婚や葬式の際の慶弔休暇、災害休暇、夏季休暇、長期勤続休暇、ボランティア休暇などがある。

　出産に伴う休暇は自治体によって日数が異なるが、女子職員の出産に伴う休暇は産前が６週間、産後が８週間、夏季休暇は３日間のところが多い。因みに、東京都は産前８週間、産後８週間、夏季休暇は５日間である。

　なお、ボランティア休暇は年次休暇を活用すべきではないかとの批判がある。

　無給休暇としては介護休暇がある。一定の親族が、疾病、負傷、老齢などにより日常生活を営むのに支障がある者の介護をするために取得できる休暇である。一定の親族とは配偶者と２親等以内の親族で具体的には配偶者、父母、子、配偶者の父母等である。連続する６ヶ月間内の必要と認められる期間が認められる。東京都は、引き続く６ヶ月の期間内で、必要と認められる期間（初回時は２週間以上の期間）と回数を承認し、承認期間中、日または時間を単位として、連続または断続して使用できる。承認期間は６ヶ月の期間経過後も２年間に通算180日の範囲内で、２回まで更新できるとなっている。

第9章 教育行財政

私が勤務している公立中学校には県費負担と市費負担の教職員がいると、先輩の教員から教えて貰った。市では、いわゆる配慮を要する生徒の指導のために特別に採用している先生がいて、その人達のことを「市費負担教職員」と、いうと教わった。また、事務職員の中にも市で特別に採用している人がいるとのことである。大学生の頃「教育法規」の講座で、設置者負担主義というのを教わったような気がするが、「県費負担教職員」と、いうのは特別の法律で例外として認められているのだろうか。そうだとすると、なぜそのような制度があるのだろうか。

1 国と地方の役割分担

教育行政とは、教育に関して国や地方公共団体が営む公的な業務のことである。教育行政は、国と地方公共団体との適切な役割分担及び相互の協力の下、公正かつ適正に行われなければならない、との規定がある（教育基本法第16条第1項後段）。

教育行政における国の役割は、全国的な教育の機会均等と教育水準の維持向上を図るため、教育に関する施策を総合的に策定し、実施しなければならず（同法第16条第2項）、地方公共団体の役割については、その地域における教育の振興を図るため、その実情に応じた教育に関する施策を策定し、実施しなければならない、と規定してある（同法第16条第3項）。

2 国・文部科学省

全国的な教育の機会均等と教育水準の維持向上を図るために国の役割としては、学校制度や教員免許制度などの全国的な教育制度の枠組みの設定、学級編

制・教職員定数の標準、学習指導要領、教育課程の基準などの全国的な基準の設定、義務教育費・施設費・教科用図書無償給付の国庫負担などの教育条件の整備に関する内容などがある。

　国の段階で教育にかかわる行政機関としては、内閣・内閣総理大臣・文部科学省・文部科学大臣などがある。

(1)　内閣

　教育行政についての内閣の関与は、①教育に関する法律を執行すること（憲法第73条第一号）。②教育に関する法律案や予算案を作成し国会に提出すること（憲法第73条第五号）。③教育に関する政令を制定すること（憲法第73条第六号）等がある。

(2)　内閣総理大臣

　教育行政について内閣総理大臣は、①内閣を代表して教育に関する法律案や予算案を国会に提出し、一般国務及び外交関係について国会に報告し、並びに行政各部を指揮監督（憲法第72条、内閣法第5条）。②文部科学大臣の任免（憲法第68条）。③文部科学大臣と他の大臣との間の権限疑義の裁定（内閣法第7条）。④文部科学省の処分・命令を中止せしめる権限（内閣法第8条）等がある。

(3)　文部科学省

　文部科学省の任務については、文部科学省設置法第3条に、「文部科学省は、教育の振興及び生涯学習の推進を中核とした豊かな人間性を備えた創造的な人材の育成、学術、スポーツ及び文化の振興並びに科学技術の総合的な振興を図るとともに、宗教に関する行政事務を適切に行うことを任務とする。」との規定がある。

　任務を具体的に示した所掌事務は同法第4条に97の項目が規定してあるが、その中でも学校教育やそれに関係する主なものは次の事項である。

　　①　豊かな人間性を備えた創造的な人材の育成のための教育改革に関するこ

と（1号）。

② 生涯学習に係る機会の整備の推進に関すること（2号）。

③ 地方教育行政に関する制度の企画及び立案並びに地方教育行政の組織及び一般的運営に関する指導、助言及び勧告に関すること（3号）。

④ 地方公務員である教育関係職員の任免、給与その他の身分取扱いに関する制度の企画及び立案並びにこれらの制度の運営に関する指導、助言及び勧告に関すること（5号）。

⑤ 学校教育の振興に関する企画及び立案並びに援助及び助言に関すること（7号、15号）。

⑥ 学校教育の基準の設定に関すること（9号・17号）。

⑦ 教科用図書の検定に関すること（10号）。

⑧ 教科用図書その他の教授上用いられる図書の発行及び義務教育諸学校において使用する教科用図書の無償措置に関すること（11号）。

⑨ 学校保健、学校安全、学校給食及び災害共済給付に関すること（12号）。

⑩ 教育職員の養成並びに資質の保持及び向上に関すること（13号）。

⑪ 私立学校教育の振興のための学校法人その他の私立学校の設置者、地方公共団体及び関係団体に対する助成に関すること（30号）。

⑫ 社会教育の振興に関する企画及び立案並びに援助及び助言に関すること（32号）。

⑬ 家庭教育の支援に関すること（37号）。

⑭ 青少年の健全な育成の推進に関すること（42号）。

⑮ 科学技術に関する基本的な政策の企画及び立案並びに推進に関すること（44号）

⑯ 学術の振興に関すること（48号）。

⑰ スポーツの振興に関する企画及び立案並びに援助及び助言に関すること（76号）。

⑱ 文化の振興に関する企画及び立案並びに援助及び助言や振興のための助成に関することなど（81号・82号）

⑷　文部科学大臣

　文部科学大臣は文部科学省の長であり、国務大臣の中から、内閣総理大臣が任命する（国家行政組織法第5条第1項・第2項）。国家行政組織法に規定する文部科学大臣の権限はおおむね以下の通りである。

①　文部科学省の事務を統括し、職員の服務について、統督する（第10条）。

②　教育に関する行政事務について、法律もしくは政令の制定、改正又は廃止を必要と認めるときは、案をそなえて、内閣総理大臣に提出して、閣議を求める（第11条）。

③　教育に関する行政事務について、法律もしくは政令を施行するため、又は法律若しくは政令の特別の委任に基づいて、それぞれその機関の命令として省令を発することができる（第12条）。

④　文部科学省の所掌事務について、公示を必要とする場合には、告示を発することができる（第14条）。

⑤　文部科学省の任務を遂行するため政策について行政機関相互の調整を図る必要があると認めるときは、その必要性を明らかにした上で、関係行政機関の長に対し、必要な書類の提出及び説明を求め、並びに当該関係行政機関の政策に関し意見を述べることができる（第15条）。

　文部科学大臣及び教育委員会相互間の関係については、地方教育行政の組織及び運営に関する法律の第5章に規定があり、おおむね以下の通りである。

①　都道府県・市町村教育委員会へ教育に関する事務の適正な処理を図るための必要な指導、助言又は援助（第48条）。

②　都道府県・市町村教育委員会への是正の要求（第49条）。

③　都道府県・市町村教育委員会への指示（第50条）。

④　教育委員会相互の連絡調整・協力（第51条）。

⑤　地方の教育に関する事務についての調査又は調査の指示（第53条）。

⑥　地方公共団体の長又は教育委員会へ教育に関する事務に関して必要な調査、統計その他の資料又は報告の提出要求（第54条）。

3 地方・教育委員会

⑴ 首長

　首長とは行政機関の独任制の長官として用いられることがある。内閣の首長といえば内閣総理大臣であり、地方公共団体の首長といえば都道府県知事や市町村長である。ここでは地方公共団体の首長を指す。

　教育に関しての首長の権限は、地教行法におおむね以下のように規定されている。

① 　教育、学術及び文化の振興に関する総合的な施策の大綱を定める（第1条の3第1項）。

② 　統合教育会議を設置し、招集し、その議事録の公表（第1条の4第1項・第3項・第7項）。

③ 　議会の同意を得て教育長及び教育委員の任免（第4条第1項・第2項、第7条第1項・第2項）。

④ 　大学に関すること、私立学校に関すること、教育財産の取得及び処分、教育委員会の所掌に係る事項に関する契約の締結、教育委員会の所掌に係る事項に関する予算、等の事務を管理し執行すること（第22条各号）。

⑤ 　条例に定めるところにより、スポーツに関すること（学校における体育に関することはを除く。）及び文化に関すること（文化財保護に関することを除く。）等の事務を管理し、執行すること（第23条）。

⑥ 　教育に関する予算案・条例案の作成・提出（第29条、地方自治法第149条）。

　上記の権限は、③については「議会の同意を得て」行うことになっている（第4条第1項、第7条第1項）。④の中にある教育財産の取得は「教育委員会の申出をまって」（第28条第2項）、⑥については「教育委員会の意見を聞かなければならない」（第29条）と規定されている。その趣旨は教育委員会の自主性、独立性を尊重するためである。

　なお、首長のうち知事だけが有する権限に、①私立学校（学校法人）の設立・解散・合併の認可、②私学助成の際の収容定員超過の是正命令等がある。ただ

し、その際には、「私立学校審議会等の意見を聴かなければならない」となっている。

(2)　教育委員会

「地方教育行政の組織及び運営に関する法律の一部を改正する法律」が、平成26年6月20日に公布され、平成27年4月1日から施行された。

改正の主たる目的は、教育委員会の改革である。そこでは次のような見直しがなされた。

① 　教育委員長と教育長のどちらが責任者か解りにくいので、教育行政における責任体制を明確にした。

② 　教育委員会の審議が形骸化しているのではないかとの批判があったので、教育委員会の審議の活性化を図った。

③ 　いじめ等の問題に対して必ずしも迅速に対応できていないのではないかという意見に対して、迅速な危機管理体制の構築を目指した。

④ 　地域住民の民意が十分に反映されていないのではないかとの懸念に対しては、地域の民意を代表する首長との連携の強化を図った。

⑤ 　地方教育行政に問題がある場合に、国が最終的に責任を果たせるようにする必要があるのではという意見に対しては、国が教育委員会に指示できることを明確化した。

以上のような見直しがあったことを念頭に置きながら、以下に主な条文について述べる。

4　地方教育行政の組織及び運営に関する法律

(1)　この法律の趣旨（第1条）

この法律は、教育委員会の設置、学校その他の教育機関の職員の身分取扱その他地方公共団体における教育行政の組織及び運営の基本を定めるこ

とを目的とする。

「その他の教育機関」とは、専修学校、各種学校、図書館、博物館、公民館などのほか、研修所、研究所、福利厚生施設などである。これらの機関は、その目的が教育・学術及び文化に関する事業又はこれらに関する専門的・技術的事項の研究若しくは教育関係職員の研修・保健・福利・厚生等の教育と密接な関連のある事業を行うことである。また、専属の物的施設及び人的施設を備え、管理者の管理の下に継続的に事業を行う機関である。

(2) 基本理念（第1条の2）

地方公共団体における教育行政は、教育基本法（平成18年法律120号）の趣旨にのつとり、教育の機会均等、教育水準の維持向上及び地域の実情に応じた教育の振興が図られるよう、国との適切な役割分担及び相互の協力の下、公正かつ適正に行われなければならない。

本条は、平成18年の教育基本法の改正を踏まえ、教育委員会の責任体制の明確化や体制の充実を目指し、地方教育行政の基本理念の明確化のために平成19年の改正のときに加えられたものである。

「教育基本法第16条において、教育行政は、国と地方公共団体との適切な役割分担及び相互の協力の下、公正かつ適正に行われなければならないこと等が規定されたことを踏まえ、地方公共団体における教育行政の基本理念を明確化し、地方公共団体における教育行政の中心的な担い手である教育委員会がより高い使命感をもって責任を果たしていくことができるようにする趣旨からおこなうものであること。」（平成19年7月31日　文科初第535号）

⑶ 大綱の策定等（第1条の3）

　　地方公共団体の長は、教育基本法第17条第1項に規定する基本的な方針を参酌し、その地域の実情に応じ、当該地方公共団体の教育、学術及び文化の振興に関する総合的な施策の大綱（以下単に「大綱」という。）を定めるものとする。

2　地方公共団体の長は、大綱を定め、又はこれを変更しようとするときは、あらかじめ、次条第1項の総合教育会議において協議するものとする。

3　地方公共団体の長は、大綱を定め、又はこれを変更したときは、遅滞なく、これを公表しなければならない。

4　第1項の規定は、地方公共団体の長に対し、第21条に規定する事務を管理し、又は執行する権限を与えるものと解釈してはならない。

　平成26年度の法改正によって、新たに設けられた規定である。

　「大綱」とは、地方公共団体の教育、学術及び文化の振興に関する総合的な施策について、その目標や施策の根本となる方針を定めるものであり、詳細な施策について策定することを求めているものではない。

　大綱は、教育基本法に基づき策定される国の教育振興基本計画における基本的な方針を参酌して定めることとされている。「参酌」とは、参考にするという意味であり、教育の課題が地域によって様々であることを踏まえ、地方公共団体の長は、地域の実情に応じて大綱を策定する。

　大綱の主たる記載事項は、地方公共団体の判断に委ねられているが、主として、学校の耐震化、学校の統廃合、少人数教育の推進、総合的な放課後対策、幼稚園・保育所・認定こども園を通じた幼児教育・保育の充実等、予算や条例等の地方公共団体の長の有する権限に係る事項についての目標や根本となる方針が考えられる。

　大綱は、教育行政についての地域住民の意向を今まで以上に反映させるなどの観点から、地方公共団体の長が策定するものとしているが、教育行政に混乱

を生じることがないようにするため、総合教育会議において、地方公共団体の長と教育委員会とが、十分に協議調整を尽くすことが大切であることから第2項が設けられている。

　教育委員会が平成26年度の法改正後も引き続き執行機関であることには変わりはなく、大綱に記載された事項を含め、教育委員会の所管に属する事務については、自らの権限と責任において、管理し、執行すべきものである。従って、第4項では、地方公共団体の長が有する大綱の策定権限は、教育委員会の権限に属する事務を管理し、執行する権限を地方公共団体の長に与えたものではないことを確認的に規定した。

　なお、地方公共団体において、教育基本法第17条第2項に規定する教育振興基本計画その他の計画を定めている場合には、その中の目標や施策の根本となる方針の部分が大綱に該当すると位置付けることができると考えられることから、地方公共団体の長が、総合教育会議において教育委員会と協議・調整し、当該計画をもって大綱に代えることと判断した場合には、別途、大綱を策定する必要はない。

⑷　総合教育会議（第1条の4）

　　地方公共団体の長は、大綱の策定に関する協議及び次に掲げる事項についての協議並びにこれらに関する次項各号に掲げる構成員の事務の調整を行うため、総合教育会議を設けるものとする。
　　一　教育を行うための諸条件の整備その他の地域の実情に応じた教育、学術及び文化の振興を図るため重点的に講ずべき施策
　　二　児童、生徒等の生命又は身体に現に被害が生じ、又はまさに被害が生ずるおそれがあると見込まれる場合等の緊急の場合に講ずべき措置
　2　総合教育会議は、次に掲げる者をもつて構成する。
　　一　地方公共団体の長
　　二　教育委員会

3　総合教育会議は、地方公共団体の長が招集する。

4　教育委員会は、その権限に属する事務に関して協議する必要があると思料するときは、地方公共団体の長に対し、協議すべき具体的事項を示して、総合教育会議の招集を求めることができる。

5　総合教育会議は、第1項の協議を行うに当たつて必要があると認めるときは、関係者又は学識経験を有する者から、当該協議すべき事項に関して意見を聴くことができる。

6　総合教育会議は、公開する。ただし、個人の秘密を保つため必要があると認めるとき、又は会議の公正が害されるおそれがあると認めるときその他公益上必要があると認めるときは、この限りではない。

7　地方公共団体の長は、総合教育会議の終了後、遅滞なく、総合教育会議の定めるところにより、その議事録を作成し、これを公表するよう努めなければならない。

8　総合教育会議においてその構成員の事務の調整が行われた事項については、当該構成員は、その調整の結果を尊重しなければならない。

9　前各項に定めるもののほか、総合教育会議の運営に関し必要な事項は、総合教育会議が定める。

第1項の「調整」とは、教育委員会の権限に属する事務について、予算の編成・執行や条例提案、大学、私立学校、児童福祉、青少年健全育成などの地方公共団体の長の権限に属する事務との調和を図ることを意味する。また、「協議」とは、調整を要しない場合も含め、自由な意見交換として幅広く行われるものを意味する。

第1項第一号に該当する事項として想定されるものは、例えば、以下のようなものである。

・　学校等の施設の整備、教職員の定数等の教育条件整備に関する施策など、予算の編成・執行権限や条例の提案権を有する地方公共団体の長と教育委員会が調整することが必要な事項。

- 幼稚園・保育所・認定こども園を通じた幼児教育・保育の在り方やその連携、青少年健全育成と生徒指導の連携、居所不明の児童・生徒への対応、福祉部局と連携した総合的な放課後対策、子育て支援のように、地方公共団体の長と教育委員会の事務との連携が必要な事項。

第1項第二号の「児童、生徒等の生命又は身体に現に被害が生じ、又はまさに被害が生ずるおそれがあると見込まれる場合」に該当する事項として想定されるものは、例えば、以下のようなものが考えられる。

- いじめ問題により児童生徒等の自殺が発生した場合。
- 通学路で交通事故死が発生した後の再発防止を行う必要がある場合。

また、「等の緊急の場合」に該当する事項として想定されるものは、児童生徒等の生命又は身体の保護に類するような緊急事態であり、例えば、以下のようなものが考えられる。

- 災害の発生により、生命身体の被害は発生していないが、校舎の倒壊などの被害が生じており防災担当部局と連携する場合。
- 災害発生時の避難先での児童生徒等の授業を受ける体制や生活支援体制を緊急に構築する必要があり、福祉担当部局と連携する場合。
- 犯罪の多発により、公立図書館等の社会教育施設でも、職員や一般利用者の生命又は身体に被害が生ずるおそれがある場合。
- いじめによる児童生徒等の自殺が発生した場合のほか、いじめ防止対策推進法第28条の重大事態の場合。

総合教育会議における議論を公開し、住民への説明責任を果たすとともに、その理解と協力の下で教育行政を行う趣旨を徹底するため、会議は原則として公開である。

非公開とする場合は、例えばいじめ等の個別事案における関係者の個人情報等を保護する必要がある場合や、次年度の新規予算事業に関する具体的な補助金の額や対象の選定等、意思決定の前に情報を公開することで公益を害する場合等が想定される。

総合教育会議は、地方公共団体の長が招集するものであるが、必要に応じて

教育委員会の側から総合教育会議の招集を求めることも可能である。例えば、教職員定数の確保、教材費や学校図書費の充実、ICT環境の整備、就学援助の充実、学校への専門人材や支援員の配置等政策の実現に予算等の権限を有する地方公共団体の長との調整が特に必要となる場合が考えられる。

本条第5項において、意見を聴くことができる関係者又は学識経験者とは、大学教員やコミュニティ・スクールにおける学校運営協議会の委員、PTA関係者、地元の企業関係者等が想定される。

(5)　教育委員会の設置（第2条）

都道府県、市（特別区を含む。以下同じ。）町村及び第21条に規定する事務の全部又は一部を処理する地方公共団体の組合に教育委員会を置く。

地方における教育行政は、地方自治の尊重の下に教育の政治的中立性と教育行政の安定性を確保するとともに、地方公共団体における一般行政との調和を図ることなどを基本理念として運営されている。教育委員会は、この基本理念の下に、地方の教育行政をつかさどる地方公共団体の執行機関として、長から独立して設置されている（地方自治法第180条の5第1項第一号）。

「特別区」とは、東京都に置かれている区のことであり、特別地方公共団体である（地方自治法第1条の3第1項・第3項、同法第281条第1項）。

(6)　教育委員会の組織（第3条）

教育委員会は、教育長及び4人の委員をもつて組織する。ただし、条例で定めるところにより、都道府県若しくは市又は地方公共団体の組合のうち都道府県若しくは市が加入するものの教育委員会にあつては教育長及び5人以上の委員、町村又は地方公共団体の組合のうち町村のみが加入するものの教育委員会にあつては教育長及び2人以上の委員をもつて組織する

ことができる。

　平成26年度の法改正により、教育委員会は教育長及び委員をもって組織することとした。法改正以前は教育長は委員の一員であったが、今回の教育長は教育委員会の構成員ではあるが、委員ではない。委員の数は、地方公共団体によって異なっている。

(7)　教育長及び委員の任命（第4条）

　　教育長は、当該地方公共団体の長の被選挙権を有する者で、人格が高潔で、教育行政に関し識見を有するもののうちから、地方公共団体の長が、議会の同意を得て、任命する。

2　委員は、当該地方公共団体の長の被選挙権を有する者で、人格が高潔で、教育、学術及び文化（以下単に「教育」という。）に関し識見を有するもののうちから、地方公共団体の長が、議会の同意を得て、任命する。

3　次の各号のいずれかに該当する者は、教育長又は委員となることができない。

一　破産手続開始の決定を受けて復権を得ない者

二　禁錮以上の刑に処せられた者

4　教育長及び委員の任命については、そのうち委員の定数に一を加えた数の二分の一以上の者が同一の政党に所属することとなつてはならない。

5　地方公共団体の長は、第2項の規定による委員の任命に当たつては、委員の年齢、性別、職業等に著しい偏りが生じないように配慮するとともに、委員のうちに保護者（親権を行う者及び未成年後見人をいう。第47条の5第2項において同じ。）である者が含まれるようにしなければならない。

　教育長は、「教育行政に識見を有するもの」のうちから任命するとなっているが、これは教育長が教育委員会事務局職員や教職員経験者に限らず、行政法規や組織マネジメントに識見があるなど、教育行政を行うにあたり、必要な資質を備えていればよく、幅広い人材が該当するとのことである。

　「当該地方公共団体の長の被選挙権を有する者」とは、都道府県教育委員会の教育長及び委員については、都道府県知事の被選挙権を、市（特別区を含む。）町村教育委員会の教育長及び委員については市（特別区を含む。）町村長の被選挙権を有するもののうちからそれぞれ任命しなければならないという趣旨である。住所要件を必要とせず、教育長及び委員は必ずしも当該地方公共団体に住所を有するものに限らないとしたので、広く人材を求めることができるのである。

　委員の任命にあたっては、委員の年齢、性別、職業等に著しい偏りが生じないように配慮するとともに、委員のうちに保護者が含まれるようにしなければならないとして、委員の構成について一定の配慮を規定している。法改正後においても委員の資格要件は変更していないが、委員には、単に一般的な識見があるというだけではなく、教育に対する深い関心や熱意が求められる。具体例では、PTAや地域の関係者、コミュニティ・スクールにおける学校運営協議会の委員、スポーツ・文化の関係者を選任したり、教育に関する高度な知見を有する者を含めるなど、教育委員会の委員たるにふさわしい幅広い人材を得ることが必要である。

(8)　教育長及び委員の任期（第5条）

　　　教育長の任期は3年とし、委員の任期は4年とする。ただし、補欠の教育長又は委員の任期は、前任者の残任期間とする。
　2　教育長及び委員は、再任されることができる。

　教育長の任期について法改正前の4年から3年と短くした訳は、地方公共団

体の長の任期（4年）よりも1年短くすることで、地方公共団体の長の任期中、少なくとも1回は長が教育長を任命できるようにしたことによる。また、教育長の権限が大きくなることを踏まえ、委員よりも任期を短くすることで、委員によるチェック機能と議会同意によるチェック機能を強化したのである。

(9) 罷免（第7条第1項）

> 地方公共団体の長は、教育長若しくは委員が心身の故障のため職務の遂行に堪えないと認める場合又は職務上の義務違反その他教育長若しくは委員たるに適しない非行があると認める場合においては、当該地方公共団体の議会の同意を得て、その教育長又は委員を罷免することができる。

　本条が定める罷免は、委員として任命され、かつ、身分を保持するための絶対的条件を満たしているが、法定の事由に該当し、委員として相応しくないと判断される場合に、任命権者が委員をその意に反して免ずる制度である。

　「心身の故障のため職務の遂行に堪えない」とは、長期の療養若しくは休養を要する疾患又は療養若しくは休養によっても治癒しがたい不具廃疾その他の心身の故障があると医師によって診断され、その故障のため職務の遂行に堪え得ないことである。

　「職務上の義務違反」とは、教育長については本法第11条、委員については本法第12条のそれぞれ服務に関する規程に違反することである。

　「教育長若しくは委員たるに適しない非行」とは、教育長若しくは委員の社会的、法律的な地位に相応しくないものとして、社会通念上、非難されるべき行為又は不行為をいう。

(10) 失職（第9条第1項）

> 教育長及び委員は、前条第2項において準用する地方自治法第87条の

規定によりその職を失う場合のほか、次の各号のいずれかに該当する場合
においては、その職を失う。

　一　第４条第３項各号のいずれかに該当するに至つた場合

　二　前号に掲げる場合のほか、当該地方公共団体の長の被選挙権を有す
　　る者でなくなつた場合

　本条が定める失職は、委員がそもそも委員として任命され、かつ、身分を保
持するための絶対的条件を欠くに至った場合に、何らかの措置を待つことなく、
法令上当然に、その職を失わせる制度である。

　教育長及び委員の失職事由は以下の４つである。

① 　教育長及び委員が住民の解職請求により、議会の議決に基づいてその職
　を失う場合（地教行法第８条）。

② 　教育長及び委員が請負等の禁止規定に該当する旨の任命権者たる当該地
　方公共団体の長の決定によって、その職を失う場合（地方自治法第180条
　の５第７項）。

③ 　破産手続開始の決定を受けて復権を得ない者又は禁錮以上の刑に処せら
　れた者（地教行法第４条第３項第一号・第二号）。

④ 　当該地方公共団体の長の被選挙権を有する者でなくなった場合（地教行
　法第９条第１項第二号）。

⑪　辞職（第10条）

　教育長及び委員は、当該地方公共団体の長及び教育委員会の同意を得て、
辞職することができる。

　「辞職」とは、ある地位を占めている者が、自らの意思によってその地位を
退くことをいう。

　教育長及び委員は、地方公共団体の長及び議会を通じ、住民の支持を得て、

298

住民の民意の代表者として要職に就いている者であり、かつ、一定の任期がある。そのことから、いったんその職に就いた以上は単なる一身上の都合で、その職を辞することは許されない。しかし、任命権者である当該地方公共団体の長及び教育委員会の同意という二つの要件を得ることで自らの意思によってその地位を退くことが可能である。

⑿　教育長の服務等（第11条）

　　教育長は、職務上知ることができた秘密を漏らしてはならない。その職を退いた後も、また、同様とする。

2　教育長又は教育長であつた者が法令による証人、鑑定人等となり、職務上の秘密に属する事項を発表する場合においては、教育委員会の許可を受けなければならない。

3　前項の許可は、法律に特別の定めがある場合を除き、これを拒むことができない。

4　教育長は、常勤とする。

5　教育長は、法律又は条例に特別の定めがある場合を除くほか、その勤務時間及び職務上の注意力の全てをその職責遂行のために用い、当該地方公共団体がなすべき責を有する職務にのみ従事しなければならない。

6　教育長は、政党その他の政治団体の役員となり、又は積極的に政治運動をしてはならない。

7　教育長は、教育委員会の許可を受けなければ、営利を目的とする私企業を営むことを目的とする会社その他の団体の役員その他人事委員会規則（人事委員会を置かない地方公共団体においては、地方公共団体の規則）で定める地位を兼ね、若しくは自ら営利を目的とする私企業を営み、又は報酬を得ていかなる事業若しくは事務にも従事してはならない。

8　教育長は、その職務の遂行に当たつては、自らが当該地方公共団体の教育行政の運営について負う重要な責任を自覚するとともに、第1条の

　　2に規定する基本理念及び大綱に則して、かつ、児童、生徒等の教育を
　　受ける権利の保障に万全を期して当該地方公共団体の教育行政の運営が
　　行われるよう意を用いなければならない。

　第1項は、教育長は、教育関係職員の人事等に関与することから、他人の秘
密を知る機会が多いので、在職中は当然のことながら退職後においても職務上
知ることができた秘密を漏らしてはならないことを規定している。

　第2項及び第3項は、教育長又は教育長であった者が、法令の規定により、
証人、鑑定人等となり職務上の秘密に属する事項を発表する場合の手続を定め
ている。

　第4項では、常勤の職員と規定し、第5項では、その勤務時間及び職務上の
注意力の全てをその職責遂行のために用い、当該地方公共団体がなすべき責を
有する職務のみ従事しなければならないとしている。教育長は、地方公共団体
の長が議会の同意を得て任命する職であることから、特別職の身分のみを有す
るものとなり、法律に特別の定めがある場合を除くほか、地方公務員法は適用
されない。しかし、教育長は常勤の職員であるということで、職務専念義務に
ついては一般職の地方公務員と同様に定めた。

　第6項は、教育行政の政治的中立を確保するための規定である。

　第7項は、教育委員会の許可を受けなければ、営利を目的とする私企業を営
むことを目的とする会社その他の団体の役員その他人事委員会で定める地位を
兼ね、若しくは自ら営利を目的とする私企業を営み、又は報酬を得ていかなる
事業若しくは事務にも従事してはならないとした。常勤の職員としての制約の
一つである。

　第8項は、深刻ないじめや体罰などの教育課題について教育長や委員の対応
が問題となった地方公共団体があったので設けられた規定である。

300

(13) 委員の服務等（第12条）

　　前条第１項から第３項まで、第６項及び第８項の規定は、委員の服務
について準用する。
　２　委員は、非常勤とする。

委員は非常勤であることから、前条の第５項及び第７項は準用されない。

(14) 教育長（第13条）

　　教育長は、教育委員会の会務を総理し、教育委員会を代表する。
　２　教育長に事故があるとき、又は教育長が欠けたときは、あらかじめそ
　　の指名する委員がその職務を行う。

「教育委員会の会務を総理」するとは、改正前の地教行法における教育委員
長の職務である「教育委員会の会議を主宰」すること並びに改正前の教育長の
職務である「教育委員会の権限に属するすべての職員を指揮監督する」こと及
び「事務局の事務を統括し、所属職員を指揮監督する」ことを意味する。
　教育長は教育委員会の構成員であり、かつ代表者であることから、その代理
は教育委員会事務局職員の中からではなく、委員の中から選任することとして
いる。

(15) 会議（第14条）

　　教育委員会の会議は、教育長が招集する。
　２　教育長は、委員の定数の三分の一以上の委員から会議に付議すべき事
　　件を示して会議の招集を請求された場合には、遅滞なく、これを招集し
　　なければならない。

3　教育委員会は、教育長及び在任委員の過半数が出席しなければ、会議を開き、議決をすることができない。ただし、第6項の規定による除斥のため過半数に達しないとき、又は同一の事件につき再度招集しても、なお過半数に達しないときは、この限りではない。

4　教育委員会の会議の議事は、第7項ただし書の発議に係るものを除き、出席者の過半数で決し、可否同数のときは、教育長の決するところによる。

5　教育長に事故があり、又は教育長が欠けた場合の前項の規定の適用については、前条第2項の規定により教育長の職務を行う者は、教育長とみなす。

6　教育委員会の教育長及び委員は、自己、配偶者若しくは三親等以内の親族の一身上に関する事件又は自己若しくはこれらの者の従事する業務に直接の利害関係のある事件については、その議事に参与することができない。ただし、教育委員会の同意があるときは、会議に出席し、発言することができる。

7　教育委員会の会議は、公開する。ただし、人事に関する事件その他の事件について、教育長又は委員の発議により、出席者の三分の二以上の多数で議決したときは、これを公開しないことができる。

8　前項ただし書の教育長又は委員の発議は、討論を行わないでその可否を決しなければならない。

9　教育長は、教育委員会の会議の終了後、遅滞なく、教育委員会規則で定めるところにより、その議事録を作成し、これを公表するよう努めなければならない。

　教育長が教育行政に大きな権限と責任を有することから、教育委員会の委員による教育長のチェック機能を強化するとともに、住民に対して開かれた教育行政を推進する観点から、会議の透明化を図っている。

　教育委員会は合議制の執行機関であるため、その意思決定は、教育長及び委員による会議において、出席者の多数決によって決せられるものであり、委員の役割は重要であることは、法改正後においても変わっていない。

　委員の側からの教育委員会会議の招集の請求や教育長に委任した事務の執行状況に関する報告の規定は、委員による教育長の事務執行に対するチェック機能を強化する観点から、設けられている。

　教育委員会会議の議事録の作成及び公表を努力義務に留めた趣旨は、職員数が小規模な地方公共団体の事務負担等を考慮したものである。しかし、原則として、会議の議事録を作成し、ホームページ等を活用して公表し、説明責任を果たすことが求められている。

　また、会議の公開を実質的に保証するためには、教育委員会会議の開催時間や場所等の運営上の工夫を行うこととにより、会議を多くの住民が傍聴できるようにすることが望ましい。

⒃　教育委員会規則の制定等（第15条）

　　教育委員会は、法令又は条例に違反しない限りにおいて、その権限に属する事務に関し、教育委員会規則を制定することができる。

　2　教育委員会規則その他教育委員会の定める規程で公表を要するものの公布に関し必要な事項は、教育委員会規則で定める。

　本条第1項で、教育委員会に対して教育委員会規則制定権を付与している理由は、自主的な教育事務の管理執行を可能とするためである。教育委員会は、本法第21条に規定する事務に関する限り、独自の執行権限をもち、当該地方公共団体の意思を自ら決定し、表示することのできる執行機関である。

　そこで、教育委員会での事務を当該地方公共団体の長から独立して自主的に処理するためには、一定の範囲の立法権限をもち、法規としての性質を有する定めのほか、教育委員会の内部的規律としての性質を有する定めを自ら制定し、それに基づいて事務処理を行うことで、自主的な教育事務の管理執行が可能となるのである。

　「法令に違反しない限りにおいて」とは、教育委員会規則が、国の定める法

律と命令に違反してはならないということである。このことは、法の形式的効力として教育委員会規則は法令に劣ることを意味する。法令に違反する教育委員会規則は無効である。

　第2項でいう「規程」とは、教育委員会規則という明確な法形式によらないで、教育委員会の内部的規律について必要な事項を定めたものをいう。

　「公布」とは、制定した教育委員会規則を公表して、当該地方公共団体の住民が知ることができる状態にすることである。公布によって、現実に拘束力が生じるのである。

⒄　事務局（第17条第1項）

　教育委員会の権限に属する事務を処理させるため、教育委員会に事務局を置く。

　「教育委員会の権限に属する事務」とは、教育委員会で処理しなければならない事務の一切をいう。教育委員会の職務権限に属する事務を具体的に処理するためには、教育行政の専門家と事務機構が必要である。事務を行う組織として、事務局が置かれている。

⒅　指導主事その他の職員（第18条第1項～第4項）

　都道府県に置かれる教育委員会（以下「都道府県委員会」という。）の事務局に、指導主事、事務職員及び技術職員を置くほか、所要の職員を置く。

　2　市町村に置かれる教育委員会（以下「市町村委員会」という。）の事務局に、前項の規定に準じて指導主事その他の職員を置く。

　3　指導主事は、上司の命を受け、学校（学校教育法第1条に規定する学校及び就学前の子どもに関する教育、保育等の総合的な提供の推進に関

する法律第２条第７項に規定する幼保連携型認定こども園（以下「幼保
連携型認定こども園」という。）をいう。以下同じ。）における教育課程、
学習指導その他学校教育に関する専門的事項の指導に関する事務に従事
する。

4　指導主事は、教育に関し識見を有し、かつ、学校における教育課程、
学習指導その他学校教育に関する専門的事項について教養と経験がある
者でなければならない。指導主事は、大学以外の公立学校（地方公共団
体が設置する学校をいう。以下同じ。）の教員（教育公務員特例法第２
条第２項に規定する教員をいう。以下同じ。）をもつて充てることがで
きる。

　指導主事は、学校教育に関する専門的事項の指導に関する事項に従事する者
であるから、教育に関し識見を有し、かつ、学校における教育課程、学習指導
その他学校教育に関する専門的事項について教養と経験がある者でなければな
らないとされている。指導主事のほとんどが教職経験者であるというのが、実
際の運用である。

(19)　教育委員会の職務権限（第21条）

　教育委員会は、当該地方公共団体が処理する教育に関する事務で、次
に掲げるものを管理し、及び執行する。

一　教育委員会の所管に属する第30条に規定する学校その他の教育機
関（以下「学校その他の教育機関」という。）の設置、管理及び廃止
に関すること。

二　学校その他の教育機関の用に供する財産（以下「教育財産」という。）
の管理に関すること。

三　教育委員会及び学校その他の教育機関の職員の任免その他の人事に
関すること。

四　学齢生徒及び学齢児童の就学並びに生徒、児童及び幼児の入学、転学及び退学に関すること。

五　学校の組織編制、教育課程、学習指導、生徒指導及び職業指導に関すること。

六　教科書その他の教材の取扱いに関すること。

七　校舎その他の施設及び教具その他の設備の整備に関すること。

八　校長、教員その他の教育関係職員の研修に関すること。

九　校長、教員その他の教育関係職員並びに生徒、児童及び幼児の保健、安全、厚生及び福利に関すること。

十　学校その他の教育機関の環境衛生に関すること。

十一　学校給食に関すること。

十二　青少年教育、女性教育及び公民館の事業その他社会教育に関すること。

十三　スポーツに関すること。

十四　文化財の保護に関すること。

十五　ユネスコ活動に関すること。

十六　教育に関する法人に関すること。

十七　教育に係る調査及び基幹統計その他の統計に関すること。

十八　所掌事務に係る広報及び所掌事務に係る教育行政に関する相談に関すること。

十九　前各号に掲げるもののほか、当該地方公共団体の区域内における教育に関する事務に関すること。

　地方自治法第180条の8には、「教育委員会は、別に法律の定めるところにより、学校その他の教育機関を管理し、学校の組織編制、教育課程、教科書その他の教材の取扱及び教育職員の身分取扱に関する事務を行い、並びに社会教育その他教育、学術及び文化に関する事務を管理し及びこれを執行する。」と、教育委員会の事務が規定してある。「別に法律で定めるところにより」、とは地

方教育行政の組織及び運営に関する法律のことである。

本条には、教育委員会の事務の多くの例が規定してある。

⑳　長の職務権限（第22条）

　　地方公共団体の長は、大綱の策定に関する事務のほか、次の各号に掲
　げる教育に関する事務を管理し、及び執行する。
　一　大学に関すること。
　二　私立学校に関すること。
　三　教育財産を取得し、及び処分すること。
　四　教育委員会の所掌に係る事項に関する契約を結ぶこと。
　五　前号に掲げるもののほか、教育委員会の所掌に係る事項に関する予
　　算を執行すること。

　本条は、地方公共団体の教育、学術及び文化に関する事務のうち、首長が管
理し、執行するものの範囲を定めた規定である。地方公共団体における教育行
政と一般行政との調和を図るための規定である。

　また、法改正によって大綱の策定については本条でも規定された。

㉑　教育に関する事務の管理及び執行の状況の点検及び評価等（第26条）

　　教育委員会は、毎年、その権限に属する事務（中略）の管理及び執行
　の状況について点検及び評価を行い、その結果に関する報告書を作成し、
　これを議会に提出するとともに、公表しなければならない。
　2　教育委員会は、前項の点検及び評価を行うに当たつては、教育に関し
　学識経験を有する者の知見の活用を図るものとする。

　第1項は、教育委員会がその権限に属する事務の管理及び執行の状況につい

て、自己点検及び自己評価を行い、その結果に関する報告書を議会に提出し、公表することにより、効果的な教育行政の推進に資するとともに、住民への説明責任を果たしていくための規定である。

　議会の報告とあわせて、点検・評価の結果は一般にも公表することとなっている。公表の方法については、特段法律上の規定はないが、教育委員会のホームページに掲載されていたり、地域住民が利用する施設に報告書を備え、閲覧できるようになったりしている。

　第2項の教育に関し学識経験を有する者の知見の活用を図る趣旨は、点検・評価の客観性を担保するためである。

⑵　学校等の管理（第33条）

　　教育委員会は、法令又は条例に違反しない限度において、その所管に属する学校その他の教育機関の施設、設備、組織編制、教育課程、教材の取扱その他学校その他の教育機関の管理運営の基本的事項について、必要な教育委員会規則を定めるものとする。この場合において、当該教育委員会規則で定めようとする事項のうち、その実施のためには新たに予算を伴うこととなるものについては、教育委員会は、あらかじめ当該地方公共団体の長に協議しなければならない。

2　前項の場合において、教育委員会は、学校における教科書以外の教材の使用について、あらかじめ、教育委員会に届け出させ、又は教育委員会の承認を受けさせることとする定を設けるものとする。

　地方教育行政の組織及び運営に関する法律第15条に教育委員会は、教育委員会規則を制定することができる旨の規定がある。同法第33条第1項の教育委員会規則のうち、学校に係るものを通常、「学校管理運営規則」という。

　各教育委員会によって内容は異なるが、第33条に示された事項以外にもいわゆる「学校管理運営規則」には以下のようなことが規定されている場合が多い。

① 学期及び休業日（それぞれの学期はいつから始まり、いつ終わるのか。二学期制か三学期制か、二学期制の場合秋季休業日を設けるのかなど）。
② 校長の職務（学校教育法第37条第4項をより詳細にしたもの）。
　　校長の職務はおおむね次のとおりとする。
　　　一　学校教育の管理、所属職員の管理、学校施設の管理及び学校事務の管理に関すること。
　　　二　所属職員の職務上及び身分上の監督に関すること。
　　　三　前各号に規定するもののほか、職務上委任又は命令された事項に関すること。
　　2　校長は所属職員に校務を分掌させることができる。
③ 副校長または教頭が校長の職務を代理し、または行う場合
　　　一　職務を代理する場合　校長が海外出張、海外旅行、休職又は長期にわたる病気等で職務を執行することができない場合。
　　　二　職務を行う場合　校長が死亡、退職、免職又は失職により欠けた場合。
④ 職員会議（学校教育法施行規則第48条の趣旨をより詳細に規定したもの）。
　　1　校長は、そのつかさどる校務を補助させるため、職員会議を置くことができる。
　　2　職員会議は、次の各号に掲げる事項のうち、校長が必要と認めるものを取り扱う。
　　　一　校長が学校の管理運営に関する方針等を周知すること。
　　　二　校長が校務に関する決定等を行うにあたって、所属職員の意見を聞くこと。
　　　三　校長が所属職員等相互の連絡を図ること。
　　3　職員会議は、校長が招集し、その運営を管理する。
　　4　前3項に掲げるもののほか、職員会議の組織及び運営に関して必要な事項は、校長が定める。
⑤ 教材の選定
　　　小・中学校は、教材を使用する場合、学習指導要領及び○○教育委員会

が定める基準により編成する教育課程に準拠し、かつ、次の各号の要件を備えるものを選定するものとする。

一　内容が正確中正であること。

二　学習の進度に即応していること。

三　表現が正確適切であること。

2　前項に規定する教材の選定に当たっては、保護者の経済的負担について、特に考慮しなければならない。

⑥　学校教育法第35条の出席停止に関する規定など

⑵ 文部科学大臣の指示（第50条）

文部科学大臣は、都道府県委員会又は市町村委員会の教育に関する事務の管理及び執行が法令の規定に違反するものがある場合又は当該事務の管理及び執行を怠るものがある場合において、児童、生徒等の生命又は身体に現に被害が生じ、又はまさに被害が生ずるおそれがあると見込まれ、その被害の拡大又は発生を防止するため、緊急の必要があるときは、当該教育委員会に対し、当該違反を是正し、又は当該怠る事務の管理及び執行を改めるべきことを指示することができる。ただし、他の措置によつては、その是正を図ることが困難である場合に限る。

第50条は、平成19年の改正において、いじめによる自殺等の事案において、教育委員会の対応が不適切な場合に、文部科学大臣が教育委員会に対して是正の指示ができるように設けられた規定である。

平成19年の規定（以下「旧規定」という。）は、本条の3行目から5行目にかけての文言が「児童、生徒等の生命又は身体の保護のため、緊急の必要があるときは、……。」と、なっており、現行法とは異なっていた。そのために、旧規定では、大津市でのいじめによる自殺事件の際に、当該児童、生徒等が自殺してしまった後の再発防止のためには、文部科学大臣の指示が発動できない

のではないかとの疑義が生じた。

旧規定でも再発防止のために指示ができるという解釈も可能であるが、指示は、地方自治制度の中でも非常に強い国の関与であり、国会審議においても抑制的に発動すべきことが何度も確認され、付帯決議においてもその旨が示されていることから、解釈が曖昧なままで発動することは困難であるため、現行法のように改正された。本条は事件発生後においても同様の事件の再発防止のために指示できることを明確にしたものであり、あくまで要件の「明確化」のための改正であり、要件を追加して国の関与を強化するものではない。

文部科学大臣の指示として考えられることは、例えば、いじめ等の事案において、事実関係を明確にするための調査の実施や二次的な被害を防止するためのスクールカウンセラーの派遣の指示を行うことなどである。

5　管理及び経費の負担

(1)　設置者による管理及び経費の負担（学教法第5条）

> 学校の設置者は、その設置する学校を管理し、法令に特別の定のある場合を除いては、その学校の経費を負担する。

本条は設置者管理主義及び設置者負担主義といわれるものである。公立学校の管理者は設置者である地方公共団体であるが、日常の具体的な管理を実際に行うのは、高等学校以下については設置する地方公共団体の教育委員会である。

教育委員会は、所管する学校その他の教育機関の管理については、主に「学校管理運営規則」によることは前述した。負担に関しては、設置者の財政能力によって教育の機会均等の原則が損なわれることがないように例外的措置が定められている。その一例として、以下の規定がある。

(2)　市町村立小中学校等の職員給与の負担（市町村立学校職員給与負担法第1条）

　　市（特別区を含む。）町村立の小学校、中学校、義務教育学校、中等教
育学校の前期課程及び特別支援学校の校長（中等教育学校の前期課程にあ
つては、当該課程の属する中等教育学校の校長とする。）、副校長、教頭、
主幹教諭、指導教諭、教諭、養護教諭、栄養教諭、助教諭、養護助教諭、
寄宿舎指導員、講師（常勤の者及び地方公務員法第28条の5第1項に規
定する短時間勤務の職を占めるものに限る。）学校栄養職員（学校給食法
第7条に規定する職員のうち栄養の指導及び管理をつかさどる主幹教諭並
びに栄養教諭以外の者をいい、同法第6条に規定する施設の当該職員を含
む。以下同じ。）及び事務職員のうち次に掲げる職員であるものの給料、
扶養手当【註：本条には扶養手当のほか様々な手当等が記されているが省
略する。給料や手当などを含めて給与というのは第8章で述べたところで
ある。本条で規定する手当等は直接条文に当たられよ。「筆者」】は、都道
府県の負担とする。

　一　義務教育諸学校標準法第6条第1項の規定に基づき都道府県が定める
　　　小中学校等教職員定数及び義務教育諸学校標準法第10条第1項の規定
　　　に基づき都道府県が定める特別支援学校教職員定数に基づき配置される
　　　職員（義務教育諸学校標準法第18条各号に掲げる者を含む。）

　二　公立高等学校の適正配置及び教職員定数の標準等に関する法律（以下
　　　「高等学校標準法」という。）第15条の規定に基づき都道府県が定める
　　　特別支援学校高等部教職員定数に基づき配置される職員（特別支援学校
　　　の高等部に係る高等学校標準法第24条各号に掲げる者を含む。）

　三　特別支援学校の幼稚部に置くべき職員の数として都道府県が定める数
　　　に基づき配置される職員

　学校教育法第5条は、設置者管理主義及び設置者負担主義の原則を定めてい
る。すなわち、学校を設置する国、地方公共団体又は学校法人が、その設置す

る学校を管理し、法令に特別の定めがある場合を除いては、その経費を負担するものとしている。

　したがって、市町村が設置する学校の経費である、施設費、人件費、維持管理に要する費用等すべては、本来は当該市町村が負担するのが原則である。しかし、本条は、学校教育法第5条の「法令に特別の定のある場合」として、市町村立の小・中・義務教育学校、中等教育学校の前期課程及び特別支援学校の教職員の給与費については、設置者の市町村ではなく、都道府県の負担としている。

　市町村立学校の教職員の給与費を設置者負担主義の例外の都道府県としている理由は次の通りである。

　市町村に教職員の給与費を負担させることは、教職員の給与費は多額であり、財政力に格差がある市町村の中で財政力が弱いところでは、教職員の給与費が市町村の財政上の重圧となる。その様な市町村では、給与水準を低くしない訳にはいかなくなり一定水準の教職員を確保することが困難となる。結果的には、教育水準を維持向上させることが難しくなる。

　その様になることを避けるために、財政力が市町村より安定している都道府県に給与費を負担させ、同一都道府県内の教職員の給与水準の維持向上に資している。

　本条により都道府県が給与費を負担することとなる教職員は、いわゆる「県費負担教職員」と呼称され、任命権は都道府県の教育委員会に属する（地教行法第37条）。ただし、教職員の身分はそれぞれの市町村に属し、服務の監督権は市町村の教育委員会が有する（地教行法第43条）。給与負担者や任免権者と服務の監督者が異なるのは、教職員の適正配置と人事交流の円滑化を図るためである。これは、教育の機会均等と教育水準の維持向上を図る上で重要な役割を果たしている。

　本条により教職員の給与費を都道府県が負担することになる学校は、小学校、中学校、義務教育学校、中等教育学校の前期課程、特別支援学校である。

　本条の対象となる教職員は、市（特別区を含む。）町村立の小学校、中学校、

義務教育学校、中等教育学校の前期課程及び特別支援学校の校長（中等教育学校の前期課程にあっては、当該課程の属する中等教育学校の校長とする。）、副校長、教頭、主幹教諭、指導教諭、教諭、養護教諭、栄養教諭、助教諭、養護助教諭、寄宿舎指導員、講師、学校栄養職員及び事務職員のうち標準法定数内の者の給与については、都道府県が負担するとされている。

(3)　義務教育費国庫負担法
1)　この法律の目的（第1条）

> この法律は、義務教育について、義務教育無償の原則に則り、国民のすべてに対しその妥当な規模と内容とを保障するため、国が必要な経費を負担することにより、教育の機会均等とその水準の維持向上とを図ることを目的とする。

　本条は、日本国憲法や教育基本法で規定する義務教育の無償を実質的に保障するために国が必要な費用を負担することで、教育の質を全国的に確保し、機会の均等を図ろうとするものである。義務教育にかかる費用のすべてを設置者負担主義の原則により負担させることは、地方公共団体の財政力によって教育内容に差が生じる。結果として、教育の機会均等を実質的に損ない、教育水準の維持向上が困難となるおそれがあるからである。

　国が義務教育費で負担する必要な費用の内容については、以下のように規定されている。

2)　教職員の給与及び報酬等に要する経費の国庫負担（第2条）

> 　国は、毎年度、各都道府県ごとに、公立の小学校、中学校、義務教育学校、中等教育学校の前期課程並びに特別支援学校の小学部及び中学部（学校給食法第6条に規定する施設を含むものとし、以下「義務教育諸学校」という。）に要する経費のうち、次に掲げるものについて、その実支出額

の三分の一を負担する。ただし、特別の事情があるときは、各都道府県ご
との国庫負担額の最高限度を政令で定めることができる。

一　市（特別区を含む。）町村立の義務教育諸学校に係る市町村立学校職
　　員給与法第1条に掲げる職員の給料その他給与（退職手当、退職年金及
　　び退職一時金並びに旅費を除く。）及び報酬等に要する経費（以下「教
　　職員の給与及び報酬等に要する経費」という。）

二　都道府県立の中学校（学校教育法第71条の規定により高等学校にお
　　ける教育と一貫した教育を施すものに限る。）、中等教育学校及び特別支
　　援学校に係る教職員の給与及び報酬等に要する経費

国は、毎年度、各都道府県ごとに、公立の小学校、中学校、義務教育学校、
中等教育学校の前期課程並びに特別支援学校の小学部及び中学部に要する経費
のうち、＊次に掲げるもの（後述）について、その実支出額の3分の1を負担
する。ただし、特別の事情があるときは、各都道府県ごとの国庫負担額の最高
限度を政令で定めることができる。

給与負担法では、都道府県が市町村立学校の教職員の給与等の全額を負担す
ることになっているが、義務教育費国庫負担法によって、そのうちの3分の1
を国が負担するということになる。

＊次に掲げるもの：公立小学校、中学校、義務教育学校、中等教育学校の前
期課程、特別支援学校の小学部・中学部のうち、給与負担法に掲げる職員（同
法第2条第一号）。学校教育法第71条の規定により高等学校における教育と一
貫した教育を施す都道府県立中学校、中等教育学校、特別支援学校に係る教職
員（第2条第二号）が対象となり、その者たちの給料その他の給与（退職手当、
退職年金、退職一時金、旅費は除く）や報酬の経費が義務教育費国庫負担法に
該当する。

(4)　総額裁量制

地方分権や国立学校法人化の流れの中で、導入されたのが総額裁量制である。

「義務教育国庫負担法第2条ただし書の規定に基づき教職員の給与及び報酬等に要する経費の国庫負担額の最高限度を定める政令」により、各都道府県ごとに算出される教職員の平均給与単価に義務教育標準法に基づく各都道府県の教職員定数を乗じて算定される実支出額の3分の1を義務教育費国庫負担金として各都道府県に支給することになった。これにより義務教育費国庫負担金の総額の範囲内において、教職員の給料や諸手当の額、教職員の配置に関する都道府県の裁量が大幅に可能となった。このことを「総額裁量制」という。

　これによって、教職員の給与を抑制して標準定数を超える教職員数を確保したり、非常勤教員を増加させたりすることが可能となった。しかし、これは一方では教職員の質と意欲の低下をもたらしかねない。また、給与が極端に抑制された場合は「学校教育の水準の維持向上のための義務教育諸学校の教育職員の人材確保に関する特別措置法」の趣旨にもとるおそれがある。

第10章

その他の教育関連法規

> 　同級生の「いじめ」によって自殺した被害者の保護者から、学校は安全配慮義務を果たしていなかったと責任を追及されることがある。しかし、その場合に損害賠償を請求されるのは、担任や校長ではなくて、公立学校があるその市や県である。法律上はどのようになっているのだろうか。
>
> 　学校（校長）が責任を認めて謝罪することがあるが、謝罪をすれば法律上の責任は生じないのだろうか。

　公立学校で体罰があった場合、体罰をした教員の損害賠償請求の裁判では、被害者側は体罰をした教員に損害賠償請求をするのではなく、設置者に支払いを求めて訴えることになる。なぜ、体罰をした本人ではなく設置者に支払いを求めるようになっているのだろう。

　なお、いじめ防止対策推進法の説明や解説は「いじめの防止等のための基本的な方針」（平成25年10月11日　文部科学大臣決定　いじめ防止基本方針策定協議会）と「教育委員会月報　2013　12DEC」の中の「いじめ防止基本方針の策定について」（文部科学省初等中等局児童生徒課）を参考及び引用した。

1　いじめ防止対策推進法

　いじめの問題への対応は学校における最重要課題の一つであり、一人の教職員が抱え込むのではなく、学校が一丸となって組織的に対応することが必要である。また、関係機関や地域の力も積極的に取り込むことが必要であり、これまでも、国や各地域、学校において、さまざまな取組が行われてきた。

　しかしながら、未だ、いじめを背景として、児童・生徒の生命や心身に重大な危険が生じる事案が発生している。

　大人社会のパワーハラスメントやセクシャルハラスメントなどといった社会

問題も、いじめと同じ地平で起こる。いじめの問題への対応力は、我が国の教育力と国民の成熟度の指標であり、子どもが接するメディアやインターネットを含め、他人の弱みを笑いものにしたり、暴力を肯定していると受け取られるような行為を許容したり、異質な他者を差別したりといった大人の振る舞いが、子どもに影響を与えているという指摘もある。

　いじめから一人でも多くの子どもを救うためには、子どもを取り囲む大人一人一人が、「いじめは絶対に許されない」、「いじめは卑怯な行為である」、「いじめはどの子どもにも、どの学校でも、起こりうる」との意識をもち、それぞれの役割と責任を自覚しなければならず、いじめの問題は、心豊かで安全・安心な社会をいかにしてつくるかという、学校を含めた社会全体に対する国民的な課題である。このように、社会総がかりでいじめの問題に対峙するため、基本的な理念や体制を整備することが必要であり、平成25年6月、「いじめ防止対策推進法」が成立した。

第1章　総則

(1)　目的（第1条）

　　この法律は、いじめが、いじめを受けた児童等の教育を受ける権利を著しく侵害し、その心身の健全な成長及び人格の形成に重大な影響を与えるのみならず、その生命又は身体に重大な危険を生じさせるおそれがあるものであることに鑑み、児童等の尊厳を保持するため、いじめの防止等（いじめの防止、いじめの早期発見及びいじめへの対処をいう。以下同じ。）のための対策に関し、基本理念を定め、国及び地方公共団体等の責務を明らかにし、並びにいじめの防止等のための対策に関する基本的な方針の策定について定めるとともに、いじめの防止等のための対策の基本となる事項を定めることにより、いじめの防止等のための対策を総合的かつ効果的に推進することを目的とする。

318

　いじめは、全ての児童生徒に関係する問題であるとの意識をもつことが大切である。そして、いじめはいじめられた児童生徒の心身に深刻な影響を及ぼす許されない行為である。そこで本法では、かけがえのない児童生徒の尊厳がいじめによって侵されることのないよう、いじめの防止等のための国及び地方公共団体そして学校の責務を明らかにしている。また、いじめの防止等のための対策に関する基本的な方針の策定についてやいじめの防止等のための対策の基本となる事項についても規定した。

(2)　定義（第2条）

　　　この法律において「いじめ」とは、児童等に対して、当該児童等が在籍する学校に在籍している等当該児童等と一定の人的関係にある他の児童等が行う心理的又は物理的な影響を与える行為（インターネットを通じて行われるものを含む。）であって、当該行為の対象となった児童等が心身の苦痛を感じているものをいう。

　2　この法律において「学校」とは、学校教育法第1条に規定する小学校、中学校、義務教育学校、高等学校、中等教育学校及び特別支援学校（幼稚部を除く。）をいう。

　3　この法律において「児童等」とは、学校に在籍する児童又は生徒をいう。

　4　この法律において「保護者」とは、親権を行う者（親権を行う者のないときは、未成年後見人）をいう。

　個々の行為が「いじめ」にあたるか否かの判断は、表面的・形式的にすることなく、「心身の苦痛を感じている」いじめられている児童生徒の立場に立つことが必要である。ただし、いじめられていても、本人がいじめを否定する場合があるので、「心身の苦痛を感じているもの」を限定して解釈してはならない。また、いじめられた児童生徒の主観を確認する際に、行為の起こったときのいじめられた児童生徒本人や周辺の状況等を客観的に確認することを排除するも

のではない。

　なお、いじめの認知は、特定の教職員で行うのではなく、本法第22条の「学校におけるいじめ防止等の対策のための組織」を活用して、多面的に客観的に行うことが大切である。

　「一定の人的関係」とは、学校の内外を問わず、同じ学校・学級や部活動の児童生徒、塾やスポーツクラブなど、当該児童生徒が関わっている仲間や集団で当該児童生徒と何らかの人間関係のある者をいう。

　「物理的な影響」とは、身体的な影響のほか、金品をたかられたり、物を隠されたり、盗まれたり、嫌なことを無理矢理させられたりすることである。けんかは除くものの、外見的にはけんかのように見えることでも、いじめられた児童生徒の感じる被害性に着目した見極めが必要である。

　いじめの定義で、文部科学省は「心理的、物理的な攻撃」としていたが、いじめ防止対策推進法では「心理的又は物理的な影響を与える行為」としている。「攻撃」では、冷やかし、からかい、シカト（無視）等が入らないことから、「影響を与える行為」となっている。

　なお、例えばインターネット上で悪口を書かれた児童生徒がいたが、当該児童生徒がそのことを知らずにいるような場合など、行為の対象となる児童生徒本人が心身の苦痛を感じるに至っていないケースについても、加害行為を行った児童生徒に対する指導等については法の趣旨を踏まえた適切な対応が必要である。

(3)　基本理念（第3条）

　　いじめの防止等のための対策は、いじめが全ての児童等に関係する問題であることに鑑み、児童等が安心して学習その他の活動に取り組むことができるよう、学校の内外を問わずいじめが行われなくなるようにすることを旨として行われなければならない。
　2　いじめの防止等のための対策は、全ての児童等がいじめを行わず、及

び他の児童等に対して行われるいじめを認識しながらこれを放置することがないようにするため、いじめが児童等の心身に及ぼす影響その他のいじめの問題に関する児童等の理解を深めることを旨として行われなければならない。

3　いじめの防止等のための対策は、いじめを受けた児童等の生命及び心身を保護することが特に重要であることを認識しつつ、国、地方公共団体、学校、地域住民、家庭その他の関係者の連携の下、いじめの問題を克服することを目指して行われなければならない。

いじめ防止等に関する基本理念である。その内容は以下の通りである。

①　いじめは全ての児童等に関する問題である。

　　残念ながら、いじめはどの子にも、どこの学校でも起こりうるものであり、いじめ問題の根深さを物語っている。

②　児童等が安心して生活できるように、学校の内外を問わずいじめが行われなくなることを期さなければならない。

　　いじめ問題を根本的に克服するためには、学校だけでなく児童等にかかわる全ての人が心をあわせて取り組まなければならない。

③　全ての児童等がいじめを行わない、いじめを認識しながら放置しない。

　　傍観者であることもいじめ同様に許されない行為であると認識する。

④　いじめが児童等の心身に及ぼす影響の大きさについて理解をさせることがいじめ防止対策には必要である。

　　いじめが児童等の心身に及ぼす影響を指導することも大切だが、いじめ防止には自己有用感や自己肯定感などを感じられる育て方が有効である。

⑤　いじめ防止等の対策は、いじめを受けた児童等の生命及び身体を保護することを第一とする。

　　いじめを受けている児童等の立場から、いじめ対策や解決策を講じるべきである。

⑥　いじめ問題の克服には、国、地方公共団体、学校、地域住民、家庭その他の関係者の連携が欠かせない。

いじめ問題は、学校だけで克服できるものではない。

(4)　いじめの禁止（第４条）

児童等は、いじめを行ってはならない。

訓示的な規定であるが、いじめは決して行ってはならないとの強い思いが込められたメッセージでもある。この条文に違反したことで、法的な責任は問えないが、いじめが刑法や民法等に抵触すれば、法的な責任が生ずる。

(5)　国の責務（第５条）

国は、第３条の基本理念（以下「基本理念」という。）にのっとり、いじめの防止等のための対策を総合的に策定し、及び実施する責務を有する。

国がいじめ防止等のための対策を策定し、実施すべき基本的事項には以下のようなものがある（努力義務となっているものもある）。

①　いじめ防止等のための対策を推進するために必要な財政上の措置を講ずるよう努めること（第10条）。

②　文部科学大臣が関係行政機関の長と連携協力し「いじめ防止基本方針」を定め、これに基づく対策を総合的かつ効果的に推進すること（第11条）。

③　いじめに関する通報及び相談を受け付けるための体制の整備に必要な施策を講ずること（第16条）。

④　関係省庁相互間その他関係機関、学校、家庭、地域社会及び民間団体の間の連携の強化、民間団体の支援その他必要な体制の整備に努めること（第17条）。

⑤ 教員の養成及び研修を通じた資質の向上、生徒指導体制の充実のための教員や養護教諭等の配置、心理、福祉等の専門的知識を有する者でいじめの防止を含む教育相談等に応じるものの確保、その他多様な外部人材の確保等必要な措置を講ずること（第18条）。

⑥ インターネットを通じて行われるいじめに児童生徒が巻き込まれていないかパトロールする機関・団体の取組支援や、このようないじめに対処する体制の整備に努めること（第19条）。

⑦ いじめの防止等のために必要な事項と対策の実施状況に関する調査研究及び検証とその成果の普及を行うこと（第20条）。

⑧ いじめが児童生徒の心身に及ぼす影響、いじめを防止することの重要性、相談制度や救済制度等について、普及啓発活動を行うこと（第21条）。

⑹ 地方公共団体の責務（第6条）

地方公共団体は、基本理念にのっとり、いじめの防止等のための対策について、国と協力しつつ、当該地域の状況に応じた施策を策定し、及び実施する責務を有する。

地方公共団体がいじめの防止等のために実施すべき施策の中には、国が実施すべきものと重なるものがある。それは、第5条で記した①、④、⑤、⑥、⑦、⑧に関する内容である。それ以外に地方公共団体が実施すべき事項は、以下の通りである（努力義務や任意となっているものもある）。

① 国の基本方針を参酌して、「地方いじめ基本方針」を策定するよう努めること（第12条）。

② 「いじめ問題対策連絡協議会」を設置することができる（第14条第1項）。

③ 地域におけるいじめ防止等のための対策を実効的に行うようにするため必要があるときは、教育委員会に附属機関として必要な組織を置くことができる（第14条第3項）。

④　いじめが2校以上の児童等が関わっている場合、学校相互間の連携協力体制の整備義務（第27条）。

⑤　公立学校を設置する地方公共団体の長は、第28条に定める「重大事態」発生の報告を受け、当該報告に係る重大事態への対処又は当該重大事態と同種の事態の発生の防止のため必要があると認めるときは、附属機関を設けて調査を行う等の方法により学校の設置者又は学校による調査の結果について調査を行うことができ、調査を行ったときは、その結果を議会に報告しなければならない（第30条）。

(7)　学校の設置者の責務（第7条）

> 学校の設置者は、基本理念にのっとり、その設置する学校におけるいじめの防止等のために必要な措置を講ずる責務を有する。

学校の設置者としては、以下の事項それぞれに応じて、自ら実施したり、設置する学校において適切に実施されるようにしたりするなどの対応が求められる。

①　児童等の豊かな情操と道徳心を培い、心の通う対人交流の能力の素地を養うことが、いじめの防止に資することを踏まえて、全ての教育活動を通じた道徳教育及び体験活動等の充実を図ること（第15条第1項）。

②　いじめの防止に資する活動であって当該学校に在籍する児童等が自主的に行うものに対する支援、当該学校に在籍する児童等及びその保護者並びに当該学校の教職員に対するいじめを防止することの重要性に関する理解を深めるための啓発その他必要な措置を講ずること（第15条第2項）。

③　いじめを早期に発見するため、当該学校に在籍する児童等に対する定期的な調査その他の必要な措置を講ずること（第16条第1項）。

④　当該学校に在籍する児童等及びその保護者並びに当該学校の教職員がいじめに係る相談を行うことができる体制を整備すること（第16条第3項）。

⑤　当該学校の教職員に対し、いじめの防止等のための対策に関する研修の実施その他のいじめの防止等のための対策に関する資質能力の向上に必要な措置を講ずること（第18条第2項）。

⑥　当該学校に在籍する児童等及びその保護者が、発信された情報の高度の流通性、発信者の匿名性その他のインターネットを通じて送信される情報の特性を踏まえて、インターネットを通じて行われるいじめを防止し、及び効果的に対処することができるよう、これらの者に対する、必要な啓発活動を実施すること（第19条第1項）。

⑦　本法第23条第2項の規定による報告を受けたときは、必要に応じ、その設置する学校に対し必要な支援を行い、若しくは必要な措置を講ずることを指示し、又は当該報告に係る事案について自ら必要な調査を行うこと（第24条）。

⑧　市町村の教育委員会は、いじめを行った児童等の保護者に対して学校教育法第35条第1項（中学校は第49条で準用）の規定に基づき、当該児童等の出席停止を命ずる等、いじめを受けた児童等その他の児童等が安心して教育を受けられるようにするために必要な措置を速やかに講ずること（第26条）。

⑨　重大事態への対処（第28条）。詳細は第28条のところで述べる。

(8)　学校及び学校の教職員の責務（第8条）

　学校及び学校の教職員は、基本理念にのっとり、当該学校に在籍する児童等の保護者、地域住民、児童相談所その他の関係者との連携を図りつつ、学校全体でいじめの防止及び早期発見に取り組むとともに、当該学校に在籍する児童等がいじめを受けていると思われるときは、適切かつ迅速にこれに対処する責務を有する。

　いじめ防止等のために学校及び学校の教職員が実施すべき内容の項目は以下の通りである。詳細は各条文で述べる。

①　学校いじめ防止基本方針の策定（第13条）

② 学校におけるいじめの防止のための手立て（第15条）

③ いじめの早期発見のための措置（第16条）

④ いじめの防止等のための対策に関する研修などの実施（第18条）

⑤ インターネットを通じて行われるいじめに対する対策の推進（第19条）

⑥ 学校におけるいじめの防止等の対策のための組織の設置（第22条）

⑦ いじめに対する適切な措置と対応（第23条）

⑧ 校長及び教員による懲戒（第25条）

⑨ 重大事態への対処（第28条）

(9) 保護者の責務等（第9条）

　　保護者は、子の教育について第一義的責任を有するものであって、その保護する児童等がいじめを行うことのないよう、当該児童等に対し、規範意識を養うための指導その他の必要な指導を行うよう努めるものとする。

2　保護者は、その保護する児童等がいじめを受けた場合には、適切に当該児童等をいじめから保護するものとする。

3　保護者は、国、地方公共団体、学校の設置者及びその設置する学校が講ずるいじめの防止等のための措置に協力するよう努めるものとする。

4　第1項の規定は、家庭教育の自主性が尊重されるべきことに変更を加えるものと解してはならず、また、前3項の規定は、いじめの防止等に関する学校の設置者及びその設置する学校の責任を軽減するものと解してはならない。

教育基本法第10条第1項に規定してあるように保護者は、子の教育について第一義的責任を有している。保護する児童等がいじめを行うことがないように普段から心がけることが求められている。また、学校などが講じるいじめ防止等のための取り組みについての協力を求められている。ただ、「法律は家庭に入らず」の法諺があるように、家庭教育の自主性を侵害するものではない。こ

のことは、教育基本法第10条第２項の前段にも規定するところである。

第２章　いじめ防止基本方針等

(1)　いじめ防止基本方針（第11条）

　　文部科学大臣は、関係行政機関の長と連携協力して、いじめの防止等のための対策を総合的かつ効果的に推進するための基本的な方針（以下「いじめ防止基本方針」という。）を定めるものとする。

　２　いじめ防止基本方針においては、次に掲げる事項を定めるものとする。

　　一　いじめの防止等のための対策の基本的な方向に関する事項

　　二　いじめの防止等のための対策の内容に関する事項

　　三　その他いじめの防止等のための対策に関する重要事項

　文部科学省は、平成25年10月11日に「いじめの防止等のための基本的な方針」を示した。その内容は、文部科学省のホームページで調べることができる。

(2)　地方いじめ防止基本方針（第12条）

　　地方公共団体は、いじめ防止基本方針を参酌し、その地域の実情に応じ、当該地方公共団体におけるいじめの防止等のための対策を総合的かつ効果的に推進するための基本的な方針（以下「地方いじめ防止基本方針」という。）を定めるよう努めるものとする。

　地方公共団体は、法の趣旨を踏まえ、国の基本方針を参考にして、当該地方公共団体におけるいじめ防止等のための対策を総合的に推進するため、条例などの形で、地方いじめ防止基本方針を定めることが望ましいとされている。

　「地方いじめ防止基本方針」は、当該地方公共団体の実情に応じ、いじめの防止等の対策の基本的な方向を示すとともに、いじめの防止や早期発見、いじ

めへの対処が、当該地域において体系的かつ計画的に行われるよう、講じるべき対策の内容を具体的に記載することが考えられる。

(3)　学校いじめ防止基本方針（第13条）

> 学校は、いじめ防止基本方針又は地方いじめ防止基本方針を参酌し、その学校の実情に応じ、当該学校におけるいじめの防止等のための対策に関する基本的な方針を定めるものとする。

　各学校は、国のいじめ防止基本方針又は地方いじめ防止基本方針を参考にして、自らの学校としてどのようにいじめの防止等の取組を行うかについての基本的な方向や、取組の内容等を「学校いじめ防止基本方針」として定めることが必要である。

　学校いじめ基本方針には、例えば、いじめの防止のための取組、早期発見・早期対応の在り方、教育相談体制、生徒指導体制、校内研修などを定めることが想定され、いじめの防止、いじめの早期発見、いじめへの対処など、いじめの防止等全体に係る内容であることが必要である。

　その具体的な内容として、例えばいじめの防止の観点から、学校教育活動全体を通じて、いじめの防止に資する多様な取組が体系的・計画的に行われるよう、包括的な取組の方針を定めたり、その具体的な指導内容のプログラム化を図ったりすることなどが考えられる。

　また例えば、校内研修等、いじめへの対応に係る教職員の資質能力向上を図る取組や、いじめの早期発見・いじめへの対処に関する取組方法等をあらかじめ具体的に定め、これらを徹底するため、「チェックリストを作成・共有して全教職員で実施する」などといったような具体的な取組を盛り込んだり、これらに関する年間を通じた取組計画を定めたりすることなどが考えられる。

　加えて、より実効性の高い取組を実施するため、学校いじめ防止基本方針が、当該学校の実情に即してきちんと機能しているかを第22条の組織を中心に点検

328

し、必要に応じて見直すというPDCAサイクルを、学校いじめ防止基本方針に盛り込んでおくことが望ましい。

　学校いじめ防止基本方針を策定するに当たっては、方針を検討する段階から保護者等地域の方にも参画いただき、地域を巻き込んだ学校いじめ防止基本方針になるようにすることが、学校いじめ防止基本方針策定後、学校の取組を円滑に進めていく上でも有効である。また、児童生徒とともに、学校全体でいじめの防止等に取り組む観点から、学校いじめ防止基本方針の策定に際し、児童生徒の意見を取り入れるなど、いじめの防止等について児童生徒の主体的かつ積極的な参加が確保できるよう留意することが大切である。

　さらに、策定した学校いじめ防止基本方針については、学校のホームページや学校だより等で公開することが望ましい。

(4) いじめ問題対策連絡協議会（第14条）

　　地方公共団体は、いじめの防止等に関係する機関及び団体の連携を図るため、条例の定めるところにより、学校、教育委員会、児童相談所、法務局又は地方法務局、都道府県警察その他の関係者により構成されるいじめ問題対策連絡協議会を置くことができる。

　2　都道府県は、前項のいじめ問題対策連絡協議会を置いた場合には、当該いじめ問題対策連絡協議会におけるいじめの防止等に関係する機関及び団体の連携が当該都道府県の区域内の市町村が設置する学校におけるいじめの防止等に活用されるよう、当該いじめ問題対策連絡協議会と当該市町村の教育委員会との連携を図るために必要な措置を講ずるものとする。

　3　前2項の規定を踏まえ、教育委員会といじめ問題対策連絡協議会との円滑な連携の下に、地方いじめ防止基本方針に基づく地域におけるいじめの防止等のための対策を実効的に行うようにするため必要があるときは、教育委員会に附属機関として必要な組織を置くことができるものとする。

　地方公共団体では、条例によって「いじめ問題対策連絡協議会」を設置することが望ましく、その構成員は、地域の実情に応じて決めることになる。第1項に規定してある学校や教育委員会等以外のその他の関係者として考えられるのは弁護士、医師、心理や福祉の専門家等などである。

　地方公共団体では、法の趣旨を踏まえ「地方いじめ防止基本方針」を定めることが望ましく、さらにその「地方いじめ防止基本方針」に基づくいじめの防止等の対策を実効的に行うために地域の実情に応じて、教育委員会に附属機関を設置することが望ましいとなっている。

　附属機関の機能としては、以下のようなものが想定される。

・教育委員会の諮問に応じ、地方いじめ防止基本方針に基づくいじめの防止等のための調査研究等、有効な対策を検討するため専門的知見からの審議を行う。

・当該地方公共団体が設置する公立学校におけるいじめに関する通報や相談を受け、第三者機関として当事者間の関係を調整するなどして問題の解決を図る。

・当該地方公共団体が設置する公立学校におけるいじめの事案について、設置者である地方公共団体の教育委員会が、設置する学校からいじめの報告を受け、第24条に基づき自ら調査を行う必要がある場合に当該組織を活用する。

第3章　基本的施策

(1) 学校におけるいじめの防止（第15条）

　　　学校の設置者及びその設置する学校は、児童等の豊かな情操と道徳心を培い、心の通う対人交流の能力の素地を養うことがいじめ防止に資することを踏まえ、全ての教育活動を通じた道徳教育及び体験活動等の充実を図らなければならない。

　2　学校の設置者及びその設置する学校は、当該学校におけるいじめを防止するため、当該学校に在籍する児童等の保護者、地域住民その他の関

係者との連携を図りつつ、いじめの防止に資する活動であって当該学校
に在籍する児童等が自主的に行うものに対する支援、当該学校に在籍す
る児童等及びその保護者並びに当該学校の教職員に対するいじめを防止
することの重要性に関する理解を深めるための啓発その他必要な措置を
講ずるものとする。

　いじめの防止には、全人的な成長が重要である。その成長について学校教育
では、自己有用感や自己肯定感そして達成感などが実感できる教育活動が求め
られる。国語や算数・数学などの教科においても道徳教育を意識した授業を行
ったり、体験活動を数多く取り入れたりして、人とのかかわりの大切さや良さ
を学ばせることがいじめ防止に役立つものである。
　いじめの防止のためには、学校の設置者及び学校はそれぞれの役割を協力分
担して、学校関係者同士の連携やいじめの防止に取り組む児童等の支援そして
保護者並びに教職員へ、いじめの防止の重要性に関する理解を深めるための啓
発その他の措置を講じなければならない。

(2) いじめの早期発見のための措置（第16条）

　　学校の設置者及びその設置する学校は、当該学校におけるいじめを早
　期に発見するため、当該学校に在籍する児童等に対する定期的な調査そ
　の他の必要な措置を講ずるものとする。
　2　国及び地方公共団体は、いじめに関する通報及び相談を受け付けるた
　めの体制の整備に必要な施策を講ずるものとする。
　3　学校の設置者及びその設置する学校は、当該学校に在籍する児童等及
　びその保護者並びに当該学校の教職員がいじめに係る相談を行うことが
　できる体制（次項において「相談体制」という。）を整備するものとする。
　4　学校の設置者及びその設置する学校は、相談体制を整備するに当たっ
　ては、家庭、地域社会等との連携の下、いじめを受けた児童等の教育を

受ける権利その他の権利利益が擁護されるよう配慮するものとする。

　いじめはできるだけ早く発見することが大切である。そのことが被害を最小限に抑えることができるからである。そのために、各学校では定期的に、時には不定期に児童生徒からアンケート調査や教育相談の実施等によりいじめの実態把握に取り組むとともに、児童生徒が日頃からいじめを訴えやすい雰囲気を醸成するように心がけなければならない。

　定期的なアンケートや教育相談以外にも、いじめの早期発見の手立ては、授業中や休み時間そして放課後の児童生徒の様子を注意深く見守ることにもある。

　また、個人ノートや生活ノート等、教職員と児童生徒の間で日常行われている日記等を活用して交友関係や悩みを把握したり、個人面談や家庭訪問の機会を活用したりすることなどが考えられる。

　調査や教育相談等がいじめ等の実態把握だけに終わることなく、学校の教職員全体で情報を共有する必要がある。いずれにしても、その情報を基に適切な学級経営や生徒指導そして授業等に生かすようにしなければならない。

　また、保護者との連携もいじめの早期発見には欠かせない。保護者用のいじめチェックシートなどを活用し、家庭とも連携して児童生徒を見守り、健やかな成長を支援していくことも有効である。

　児童生徒及びその保護者、教職員が安心していじめに関して相談できる体制を整備するとともに、児童生徒やその保護者の悩みを積極的に受け止められているか、適切に機能しているかなどを定期的に点検する必要がある。また、保健室や相談室の利用、電話相談窓口について広く周知することが必要である。

　なお、教育相談やアンケート調査等で得た、児童生徒の個人情報については、対外的な取扱いの方針を明確にして適切に扱うことが求められる。

(3)　関係機関等との連携等（第17条）

　　国及び地方公共団体は、いじめを受けた児童等又はその保護者に対する

支援、いじめを行った児童等に対する指導又はその保護者に対する助言その他のいじめの防止等のための対策が関係者の連携の下に適切に行われるよう、関係省庁相互間その他関係機関、学校、家庭、地域社会及び民間団体の間の連携の強化、民間団体の支援その他必要な体制の整備に努めるものとする。

---

① いじめられた児童生徒又はその保護者への支援

　　いじめられた児童生徒から、事実関係の聴取を行う。その際、いじめられている児童生徒にも責任があるという考え方があってはならない。「あなたが悪いのではない」ということをはっきりと伝え、自尊感情を高めるようにする。

　　次に、家庭訪問等によりその日のうちに迅速に保護者に伝える。いじめられた児童生徒の保護者に対し、徹底して守り通すことや秘密を守ることを伝え、できる限り不安を除去すると共に、事態の状況に応じて、複数の教職員の協力の下、当該児童生徒の見守りを行うなど、いじめられた児童生徒の安全を確保する。

　　あわせて、いじめられた児童生徒にとって信頼できる人（家族、親しい友人や教職員、地域の人等）と連携し、いじめられた児童生徒に寄り添い支える体制をつくる。いじめられた児童生徒が安心して学習その他の活動に取り組むことができるよう、必要に応じていじめた児童生徒を別室において指導することとしたり、場合によっては、出席停止制度を活用したりして、いじめられた児童生徒が落ち着いて教育を受けられる環境の確保を図る。また、状況に応じて、心理や福祉等の専門家、教員・警察官経験者などの外部専門家の協力を得る。

② いじめた児童生徒への指導又はその保護者への助言

　　いじめたとされる児童生徒からも事実関係の聴取を行い、いじめがあったことが確認された場合、学校は、複数の教職員が連携し、必要に応じて心理や福祉等の専門家、教員・警察官経験者など外部専門家の協力を得て、

組織的に、いじめをやめさせ、その再発を防止する措置をとる。

　また、事実関係を聴取したら、迅速に保護者に連絡し、事実に対する保護者の理解や納得を得た上、学校と保護者が連携して以後の対応を適切に行えるよう保護者の協力を求めると共に、保護者に対する継続的な助言を行う。

　いじめた児童生徒への指導に当たっては、いじめは人格を傷つけ、生命、身体または財産を脅かす行為であることを理解させ、自らの行為の責任を自覚させる。なお、いじめた児童生徒が抱える問題など、いじめの背景にも目を向け、当該児童生徒の安心・安全・健全な人格の発達にも配慮する。

　児童生徒の個人情報の取扱い等、プライバシーには十分留意して以後の対応を行っていく。いじめは状況に応じて、心理的な孤立感・疎外感を与えないよう一定の教育的配慮の下、特別の指導計画による指導のほか、さらに出席停止や警察との連携による措置も含め、毅然とした対応をする。

(4)　いじめの防止等のための対策に従事する人材の確保及び資質の向上（第18条）

　国及び地方公共団体は、いじめを受けた児童等又はその保護者に対する支援、いじめを行った児童等に対する指導又はその保護者に対する助言その他のいじめの防止等のための対策が専門的知識に基づき適切に行われるよう、教員の養成及び研修の充実を通じた教員の資質の向上、生徒指導に係る体制等の充実のための教諭、養護教諭その他の教員の配置、心理、福祉等に関する専門的知識を有する者であっていじめの防止を含む教育相談に応じるものの確保、いじめへの対処に関し助言を行うために学校の求めに応じて派遣される者の確保等必要な措置を講ずるものとする。

2　学校の設置者及びその設置する学校は、当該学校の教職員に対し、いじめの防止等のための対策に関する研修の実施その他のいじめの防止等のための対策に関する資質の向上に必要な措置を計画的に行わなければならない。

　第17条に示したような対応を進めるためには、いじめの防止等のための対策に従事する人材の確保や教員の資質の向上が求められる。国及び地方公共団体はそのための人材の確保やいじめ防止等の対策についての教員の養成を講じなければならない。

　また、学校の設置者及びその設置する学校は、いじめ防止等のための対策に関する研修の実施やいじめの防止等のための対策に関する資質向上に必要な措置を計画的に行うことになっている。そのためには、校内での研修会や教育委員会の主催による研修会などが考えられる。

(5)　インターネットを通じて行われるいじめに対する対策の推進（第19条）

　　学校の設置者及びその設置する学校は、当該学校に在籍する児童等及び保護者が、発信された情報の高度の流通性、発信者の匿名性その他のインターネットを通じて送信される情報の特性を踏まえて、インターネットを通じて行われるいじめを防止し、及び効果的に対処することができるよう、これらの者に対し、必要な啓発活動を行うものとする。

2　国及び地方公共団体は、児童等がインターネットを通じて行われるいじめに巻き込まれていないかどうかを監視する関係機関又は関係団体の取組を支援するとともに、インターネットを通じて行われるいじめに関する事案に対処する体制の整備に努めるものとする。

3　インターネットを通じていじめが行われた場合において、当該いじめを受けた児童等又はその保護者は、当該いじめに係る情報の削除を求め、又は発信者情報（特定電気通信役務提供者の損害賠償責任の制限及び発信者情報の開示に関する法律（平成13年法律第137号）第４条第１項に規定する発信者情報をいう。）の開示を請求しようとするときは、必要に応じ、法務局又は地方法務局の協力を求めることができる。

　ネット上の不適切な書き込み等については、被害の拡大を避けるため、直ち

に削除する措置をとる。名誉毀損やプライバシー侵害等があった場合、プロバイダは違法な情報発信停止を求めたり、情報を削除したりできるようになっているので、プロバイダに対して速やかに削除を求めるなど必要な措置を講じる。こうした措置をとるに当たり、必要に応じて法務局又は地方法務局の協力を求める。なお児童等の生命、身体又は財産に重大な被害が生じるおそれがあるときは、直ちに所轄警察署に通報し、適切に援助を求める。

　早期発見の観点から、学校の設置者等と連携し、学校ネットパトロールを実施することにより、インターネット上の問題ある投稿を監視し、ネット上のトラブルの早期発見に努めることが求められる。また、児童・生徒が悩みを抱え込まないよう、法務局・地方法務局におけるネット上の人権侵害情報に関する相談受付など、関係機関の取組についても周知する。

　パスワードつきのSNSでの投稿やコミュニケーション・アプリのメッセージや携帯電話のメールを利用したいじめなどについては、大人の目に触れにくく、発見しにくいため、学校における情報モラル教育を進めると共に、保護者にもこれらについての理解を求めていくことが必要である、

第4章　いじめの防止等に関する措置

⑴　学校におけるいじめの防止等の対策のための組織（第22条）

> 　学校は、当該学校におけるいじめの防止等に関する措置を実効的に行うため、当該学校の複数の教職員、心理、福祉等に関する専門的な知識を有する者その他の関係者により構成されるいじめの防止等の対策のための組織を置くものとする。

　本条は、学校におけるいじめの防止、いじめの早期発見及びいじめへの対処等に関する措置を実効的に行うため、組織的な対応を行う中核となる常設の組織を置くことを明示したものである。

　いじめへの対応は、校長を中心に全教職員が一致協力体制を確立することが重要である。一部や特定の教職員が抱え込むのではなく、学校における「いじめの防止等の対策のための組織」で情報を共有し、組織的に対応することが必要である。いじめがあった場合の組織的な対処を可能とするように、平素からこれらの対応のあり方について、全ての教職員で共通理解を図っていることが大切である。

　また、「いじめの防止等の対策のための組織」の中には学校の教職員だけでなく、必要に応じて、心理や福祉の専門家、弁護士、医師、教員・警察官経験者など外部専門家等も参加しながら対応することで、より実効的ないじめ問題の解決に資することが期待される。

(2) いじめに対する措置（第23条）

　　学校の教職員、地方公共団体の職員その他の児童等からの相談に応じる者及び児童等の保護者は、児童等からいじめに係る相談を受けた場合において、いじめの事実があると思われるときは、いじめを受けたと思われる児童等が在籍する学校への通報その他の適切な措置をとるものとする。

2　学校は、前項の規定による通報を受けたときその他当該学校に在籍する児童等がいじめを受けていると思われるときは、速やかに、当該児童等に係るいじめの事実の有無の確認を行うための措置を講ずるとともに、その結果を当該学校の設置者に報告するものとする。

3　学校は、前項の規定による事実の確認によりいじめがあったことが確認された場合には、いじめをやめさせ、及びその再発を防止するため、当該学校の複数の教職員によって、心理、福祉等に関する専門的な知識を有する者の協力を得つつ、いじめを受けた児童等又はその保護者に対する支援及びいじめを行った児童等に対する指導又はその保護者に対する助言を継続的に行うものとする。

4　学校は、前項の場合において必要があると認めるときは、いじめを行った児童等についていじめを受けた児童等が使用する教室以外の場所において学習を行わせる等いじめを受けた児童等その他の児童等が安心して教育を受けられるようにするために必要な措置を講ずるものとする。

5　学校は、当該学校の教職員が第3項の規定による支援または指導若しくは助言を行うに当たっては、いじめを受けた児童等の保護者といじめを行った児童等の保護者との間で争いが起きることのないよう、いじめの事案に係る情報をこれらの保護者と共有するための措置その他の必要な措置を講ずるものとする。

6　学校は、いじめが犯罪行為として取り扱われるべきものであると認めるときは所轄警察署と連携してこれに対処するものとし、当該学校に在籍する児童等の生命、身体又は財産に重大な被害が生じるおそれがあるときは直ちに所轄警察署に通報し、適切に、援助を求めなければならない。

学校の教職員や地方公共団体が設置する「子ども相談センター」などの職員や保護者は児童生徒からいじめに係る相談を受け、いじめを裏付ける事実が必ずしも明らかでない場合でも、いじめの事実があると思われるときは、児童生徒が在籍する学校へ通報その他の適切な措置をとることが義務付けられている。いじめの原因が家庭などの学校外ではなく、学校にあると思われるものについては、学校に通報することが基本となる。

学校は、いじめを受けていると思われる児童生徒の事例について通報を受けたときや、学校に在籍する児童生徒がいじめを受けていると思われるときは、速やかに、いじめの事実の有無を確認しその結果を当該学校の設置者に報告する義務がある。いじめの事実の有無の確認は、学級担任などの特定の教員のみによることなく、客観的で透明性を確保するために前条の学校における「いじめの防止等の対策のための組織」を活用して組織的に行うことが重要である。

学校は、いじめがあったことが確認された場合は、いじめをやめさせ、その再発を防止するため、学校は組織的にまた専門家の手を借りながらいじめを受

けた児童生徒及びその保護者への支援や、いじめを行った児童生徒への指導又はその保護者への助言を継続的に行うことが義務付けられている。

　学校は、必要な場合は、懲戒の一種としていじめを行った児童生徒を別室で学習させる等、いじめを受けた児童生徒だけでなく周囲の児童生徒も安心して教育を受けられるようにすることが求められている。

　学校はいじめの事案にかかる情報を、いじめを受けた児童生徒の保護者やいじめを行った児童生徒の保護者と互いに共有させることで保護者同士に行き違いが生じないようにしなければならない。

　学校は、いじめが犯罪行為として取り扱われるべきものであると認めるときは、所轄警察署と連携して対処し、児童生徒の生命、身体又は財産に重大な損害が生じるおそれがあるときは直ちに所轄警察署に通報し、適切に援助を求める義務がある。

(3)　学校の設置者による措置（第24条）

　学校の設置者は、前条第２項の規定による報告を受けたときは、必要に応じ、その設置する学校に対し必要な支援を行い、若しくは必要な措置を講ずることを指示し、又は当該報告に係る事案について自ら必要な調査を行うものとする。

　ここでいう学校の設置者とは公立学校にあっては、地方公共団体の教育委員会（市町村立の小・中・義務教育学校については市町村教育委員会、都道府県立の高等学校や特別支援学校については都道府県教育委員会）は、いじめの事実が確認された場合には、必要に応じて指導主事や教育センターの専門家の派遣、生徒指導充実のための教員の配置、教育相談等に応ずる心理・福祉等の専門家の追加配置などを行ったり、事実確認と学校の対応についての調査を自ら行ったりする。

⑷　校長及び教員による懲戒（第25条）

　　校長及び教員は、当該学校に在籍する児童等がいじめを行っている場合
であって教育上必要があると認めるときは、学校教育法第11条の規定に基
づき、適切に、当該児童等に対して懲戒を加えるものとする。

　いじめには様々な要因があることに鑑み、懲戒を加える際には、主観的な感
情に任せて一方的に行うのではなく、教育的配慮を十分に考慮し、いじめた児
童生徒が自らの行為の悪質性を理解し、健全な人間関係をはぐくむことができ
るよう成長を促す目的で行うことが大切である。

⑸　出席停止制度の適切な運用等（第26条）

　　市町村の教育委員会は、いじめを行った児童等の保護者に対して学校教
育法第35条第1項（同法第49条において準用する場合を含む。）の規定に
基づき当該児童等の出席停止を命ずる等、いじめを受けた児童等その他の
児童等が安心して教育を受けられるようにするために必要な措置を速やか
に講ずるものとする。

　市町村の教育委員会は、公立の小・中・義務教育学校でいじめられている児
童生徒が、安心して教育を受けられるようにするために、いじめを行った児童
生徒の保護者に法の規定に基づいて出席停止を命じたり、いじめられた児童生
徒又はその保護者が希望する場合には、就学校の指定の変更や区域外就学等の
弾力的な対応を検討したりすることも必要である。

⑹　学校相互間の連携協力体制の整備（第27条）

　　地方公共団体は、いじめを受けた児童等といじめを行った児童等が同じ

学校に在籍していない場合であっても、学校がいじめを受けた児童等又は
その保護者に対する支援及びいじめを行った児童等に対する指導又はその
保護者に対する助言を適切に行うことができるようにするため、学校相互
間の連携協力体制を整備するものとする。

いじめは同一校で行われるとは限らない。いじめの撲滅を効果的に行うため
には、学校間のいじめの防止等のためのネットワークが重要である。学校を設
置している地方公共団体は学校相互間の連携協力ができるような体制を整備す
る必要がある。

第5章　重大事態への対処

(1)　学校の設置者又はその設置する学校による対処（第28条）

学校の設置者又はその設置する学校は、次に掲げる場合には、その事
態（以下「重大事態」という。）に対処し、及び当該重大事態と同種の事
態の発生の防止に資するため、速やかに、当該学校の設置者又はその設
置する学校の下に組織を設け、質問票の使用その他の適切な方法により
当該重大事態に係る事実関係を明確にするための調査を行うものとする。

一　いじめにより当該学校に在籍する児童等の生命、心身又は財産に重
大な被害が生じた疑いがあると認めるとき。

二　いじめにより当該学校に在籍する児童等が相当の期間学校を欠席す
ることを余儀なくされている疑いがあると認めるとき。

2　学校の設置者又はその設置する学校は、前項の規定による調査を行っ
たときは、当該調査に係るいじめを受けた児童等及びその保護者に対し、
当該調査に係る重大事態の事実関係等その他の必要な情報を適切に提供
するものとする。

3　第1項の規定により学校が調査を行う場合においては、当該学校の設
置者は、同項の規定による調査及び前項の規定による情報の提供につい

て必要な指導及び支援を行うものとする。

① 重大事態の意味について

　「重大事態」は本条第１項の各号に規定されている内容である。「いじめにより」とは、各号に規定する児童生徒の状況に至る要因が当該児童生徒に対して行われるいじめにあることを意味する。

　第一号の「生命、心身又は財産に重大な被害」については、いじめを受けている児童生徒の状況に着目して判断することになる。例えば、児童生徒が自殺を企図した場合、身体に重大な傷害を負った場合、金品等に重大な被害を被った場合、精神性の疾患を発症した場合などが想定される。

　第二号の「相当の期間」については、不登校の定義を踏まえ、年間30日を目安とする。ただし、児童生徒が一定期間、連続して欠席しているような場合には、上記目安にかかわらず、学校の設置者または学校の判断により、迅速に調査に着手することが必要である。

　また、児童生徒やその保護者等からいじめられて重大事態に至ったという申立てがあったときは、その時点で学校が「いじめの結果ではない」あるいは「重大事態とはいえない」と考えたとしても、重大事態が発生したものとして報告・調査等を行うことになる。

② 重大事態の報告

　公立学校は、重大事態が発生した場合には、当該学校を設置する地方公共団体の教育委員会を通じて同地方公共団体の長へ、事態発生について報告する（第30条第１項）。

③ 調査の趣旨及び調査主体について

　本条の調査は、重大事態に対処するとともに、同種の事態の発生の防止に資するために行うものである。

　学校は、重大事態が発生した場合には、直ちに学校の設置者に報告し、学校の設置者は、その事案の調査を行う主体や、どのような調査組織とするかについて判断する。

　調査の主体は、学校が主体となって行う場合と、学校の設置者が主体となって行う場合が考えられるが、従前の経緯や事案の特性、いじめられた児童生徒又は保護者の訴えなどを踏まえ、学校主体の調査では、重大事態への対処及び同種の事態の発生の防止に必ずしも十分な結果を得られないと学校の設置者が判断する場合や、学校の教育活動に支障が生じるおそれがあるような場合には、学校の設置者において調査を実施する。

　学校が調査の主体となる調査の場合であっても、第28条第3項に基づき、学校の設置者は調査を実施する学校に対して必要な指導、又、人的措置も含めた適切な支援を行わなければならない。

　なお、本条で、組織を設けて調査を行う主体としては「学校の設置者又はその設置する学校は」と規定されているが、このうち公立学校の場合の「学校の設置者」とは、学校を設置・管理する教育委員会である。

　ところで、従前の経緯や事案の特性から必要な場合や、いじめられた児童生徒又は保護者が望む場合には、本条第1項の調査に並行して、地方公共団体の長等による調査を実施することも想定し得る。この場合、調査対象となる児童生徒等への心理的な負担を考慮し、重複した調査とならないよう、本条第1項の調査主体と、並行して行われる調査主体とが密接に連携し、適切に役割分担を図ることが求められる（例えば、アンケートの収集などの初期的な調査を学校の設置者又は学校が中心となって行い、収集した資料に基づく分析及び追加調査を、並行して行われる調査で実施するなどが考えられる）。

④　調査を行うための組織について

　学校の設置者又は学校は、その事案が重大事態であると判断したときは、当該重大事態に係る調査を行うため、速やかに、その下に組織を設けることとされている。この組織の構成については、弁護士や精神科医、学識経験者、心理や福祉の専門家等の専門的知識及び経験を有する者であって、当該いじめ事案の関係者と直接の人間関係又は特別の利害関係を有しない者（第三者）について、職能団体や大学、学会からの推薦等により参加を

図ることにより、当該調査の公平性・中立性を確保するよう努めることが求められる。

　公立学校における調査において、学校の設置者が調査主体となる場合、第14条第3項の教育委員会に設置される附属機関を、調査を行うための組織とすることが望ましい。なお、小規模の自治体など、設置が困難な地域も想定されることを踏まえ、都道府県教育委員会においては、これらの地域を支援するため、職能団体や大学、学会等の協力を得られる体制を平素から整えておくことなどが望ましい。

　なお、学校が調査の主体となる場合、調査を行うための組織を重大事態の発生の都度設けることも考えられるが、それでは迅速性に欠けるおそれがあるため、第22条に基づき学校に必ず置かれることとされている「いじめの防止等の対策のための組織」を母体として、当該重大事態の性質に応じて適切な専門家を加えるなどの方法によることも考えられる。

⑤　事実関係を明確にするための調査の実施

　「事実関係を明確にする」とは、重大事態の要因となったいじめ行為が、いつ（いつ頃から）、誰から行われ、どのような態様であったか、いじめを生んだ背景事情や児童生徒の人間関係にどのような問題があったのか、学校・教職員がどのように対応したかなどの事実関係を、可能な限り網羅的に明確にすることである。この際、因果関係の特定を急ぐべきではなく、客観的な事実関係を速やかに調査すべきである。

　この調査は、民事・刑事上の責任追及やその他の争訟等への対応を直接の目的とするものでないことは言うまでもなく、学校とその設置者が事実に向き合うことで、当該事態への対処や同種の事態の発生防止を図るものである。

　本条の調査を実りあるものとするためには、学校の設置者・学校自身が、たとえ不都合なことがあったとしても、事実にしっかり向き合おうとする姿勢が重要である。学校の設置者又は学校は、附属機関等に対して積極的に資料を提供するとともに、調査結果を重んじ、主体的に再発防止に取り

組まなければならない。

ア）いじめられた児童生徒からの聴き取りが可能な場合

　　いじめられた児童生徒からの聴き取りが可能な場合、いじめられた児童生徒から十分聴き取るとともに、在籍児童生徒や教職員に対する質問紙調査や聴き取り調査を行うことなどが考えられる。この際、いじめられた児童生徒や情報を提供してくれた児童生徒を守ることを最優先とした調査実施が必要である（例えば、質問票の使用に当たり個別の事案が広く明らかになり、被害児童生徒の学校復帰が阻害されることのないよう配慮するなど）。

　　調査による事実関係の確認とともに、いじめた児童生徒への指導を行い、いじめ行為を止める。

　　いじめられた児童生徒に対しては、事情や心情を聴取し、いじめられた児童生徒の状況に合わせた継続的なケアを行い、落ち着いた学校生活復帰の支援や学習支援等をすることが必要である。

イ）いじめられた児童生徒からの聴き取りが不可能な場合

　　児童生徒の入院や死亡など、いじめられた児童生徒からの聴き取りが不可能な場合は、当該児童生徒の保護者の要望・意見を十分に聴取し、迅速に当該保護者と今後の調査について協議し、調査に着手する必要がある。調査方法としては、在籍児童生徒や教職員に対する質問紙調査や聴き取り調査などが考えられる。

（自殺の背景調査における留意事項）

　　児童生徒の自殺という事態が起こった場合の調査のあり方については、その後の自殺防止に資する観点から、自殺の背景調査を実施することが必要である。この調査においては、亡くなった児童生徒の尊厳を保持しつつ、その死に至った経過を検証して再発防止策を講ずることを目指し、遺族の気持ちに十分配慮しながら行うことが必要である。

⑥　その他留意事項

　　第23条第2項においても、いじめの事実の有無の確認を行うための措置

を講ずるとされ、学校において、いじめの事実の有無の確認のための措置を講じた結果、重大事態であると判断した場合も想定されるが、それのみでは重大事態の全貌の事実関係が明確にされたとは限らず、未だその一部が解明されたにすぎない場合もあり得ることから、本条第1項の「重大事態に係る事実関係を明確にするための調査」として、第23条第2項で行った調査資料の再分析や、必要に応じて新たな調査を行うこととする。ただし、第23条第2項による措置にて事実関係の全貌が十分に解明されたと判断できる場合は、この限りではない。

　また、事案の重大性を踏まえ、学校の設置者の積極的な支援が必要となる。例えば、特に市町村教育委員会においては、義務教育段階の児童生徒に関して、出席停止措置の活用や、いじめられた児童生徒又はその保護者が希望する場合には、就学校の指定の変更や区域外就学等の弾力的な対応を検討することも必要である。

　また重大事態が発生した場合に、関係のあった児童生徒が深く傷つき、学校全体の児童生徒や保護者や地域にも不安や動揺が広がったり、ときには事実に基づかない風評等が流れたりする場合もある。学校の設置者及び学校は、児童生徒や保護者への心のケアと落ち着いた学校生活を取り戻すための支援に努めるとともに、予断のない一貫した情報発信、個人のプライバシーへの配慮に留意する必要がある。

⑦　いじめを受けた児童生徒及びその保護者に対する情報を適切に提供する責任

　学校の設置者又は学校は、いじめを受けた児童生徒やその保護者に対して、事実関係等その他の必要な情報を提供する責任を有することを踏まえ、調査により明らかになった事実関係（いじめ行為がいつ、誰から行われ、どのような態様であったか、学校がどのように対応したか）について、いじめを受けた児童生徒やその保護者に対して説明する。この情報の提供に当たっては、適時・適切な方法で、経過報告があることが望ましい。

　これらの情報の提供に当たっては、学校の設置者又は学校は、他の児童

生徒のプライバシー保護に配慮するなど、関係者の個人情報に十分配慮し、適切に提供する。

ただし、いたずらに個人情報保護を楯に説明を怠るようなことがあってはならない。

質問紙調査の実施により得られたアンケートについては、いじめられた児童生徒又はその保護者に提供する場合があることをあらかじめ念頭におき、調査に先立ち、その旨を調査対象となる在校生やその保護者に説明する等の措置が必要であることに留意する。

また、学校が調査を行う場合においては、当該学校の設置者は、情報の提供の内容・方法・時期などについて必要な指導及び支援を行うこととされており、学校の設置者の適切な対応が求められる。

⑧　調査結果の報告

調査結果については、公立学校に係る調査結果は当該地方公共団体の長に報告する。

上記⑦の説明の結果を踏まえて、いじめを受けた児童生徒又はその保護者が希望する場合には、いじめを受けた児童生徒又はその保護者の所見をまとめた文書の提供を受け、調査結果の報告に添えて地方公共団体の長等に送付する。

⑵　公立の学校に係る対処（第30条）

地方公共団体が設置する学校は、第28条第１項各号に掲げる場合には、当該地方公共団体の教育委員会を通じて、重大事態が発生した旨を、当該地方公共団体の長に報告しなければならない。

２　前項の規定による報告を受けた地方公共団体の長は、当該報告に係る重大事態への対処又は当該重大事態と同種の事態の発生の防止のため必要があると認めるときは、附属機関を設けて調査を行う等の方法により、第28条第１項の規定による調査の結果について調査を行うことができる。

3　地方公共団体の長は、前項の規定による調査を行ったときは、その結果を議会に報告しなければならない

4　第２項の規定は、地方公共団体の長に対し、地方教育行政の組織及び運営に関する法律第21条に規定する事務を管理し、又は執行する権限を与えるものと解釈してはならない。

5　地方公共団体の長及び教育委員会は、第２項の規定による調査の結果を踏まえ、自らの権限及び責任において、当該調査に係る重大事態への対処又は当該重大事態と同種の事態の発生の防止のために必要な措置を講ずるものとする。

　学校は、重大事態が発生した場合には直ちに学校の設置者に報告し、学校の設置者から地方公共団体の長に重大事態の発生を報告する。

　学校の設置者は、その事案の調査を行う主体や、どのような調査組織とするかについて判断するが、従前の経緯や事案の特性、いじめられた児童等及びその保護者の訴えなどを踏まえ、学校主体の調査では、重大事態への対処及び同種の事態の発生の防止に必ずしも十分な結果を得られないと判断する場合や、学校の教育活動に支障が生じるおそれがあるような場合には、学校の設置者において調査を実施する（以下「再調査」という。）。

　学校の設置者又は学校は、その事案が重大事態であると判断したときは、当該重大事態に係る再調査を行うため、速やかに、その下に組織を設けることとされている。

　この組織の構成については、弁護士や精神科医、学識経験者、心理や福祉の専門家等の専門的知識及び経験を有する者であって、当該いじめ事案の関係者と直接の人間関係又は特別の利害関係を有しない者（第三者）について、職能団体や大学、学会からの推薦等により参加を図ることにより、当該調査の公平性・中立性を確保するよう努めることが求められる。

　公立学校の場合、地方公共団体の長及び教育委員会は、再調査の結果を踏まえ、自らの権限及び責任において、当該調査に係る重大事態への対処または当

該重大事態と同種の事態の発生防止のために必要な措置を講ずるものとすることとされている。

「必要な措置」としては、教育委員会においては、例えば、指導主事や教育センターの専門家の派遣による重点的な支援、生徒指導に専任的に取り組む教職員の配置など人的体制の強化、心理や福祉の専門家、教員・警察官経験者など外部専門家の追加配置等多様な方策が考えられる。首長部局においても、必要な教育予算の確保や児童福祉や青少年健全育成の観点からの措置が考えられる。

また、公立学校について再調査を行ったとき、地方公共団体の長はその結果を議会に報告しなければならないとされている。議会へ報告する内容については、個々の事案の内容に応じ、各地方公共団体において適切に設定されることになるが、個人のプライバシーに対しては必要な配慮を確保することが当然求められる。

第6章　雑則
学校評価における留意事項（第34条）

　学校の評価を行う場合においていじめの防止等のための対策を取り扱うに当たっては、いじめの事実が隠蔽されず、並びにいじめの実態の把握及びいじめに対する措置が適切に行われるよう、いじめの早期発見、いじめの再発を防止するための取組等について適正に評価が行われるようにしなければならない。

　学校評価において、いじめ問題を取り扱うに当たっては、学校評価の目的を踏まえて行うことが求められる。この際、いじめの有無やその多寡のみを評価するのではなく、問題を隠さず、いじめの実態把握や対応が促されるよう、児童・生徒や地域の状況を踏まえた目標の設定や目標に対する具体的な取組状況や達成状況を評価し、学校は評価結果を踏まえてその改善に取り組むことになる。

附則

検討（第2条）

> 　いじめの防止等のための対策については、この法律の施行後3年を目途として、この法律の施行状況等を勘案し、検討が加えられ、必要があると認められるときは、その結果に基づいて必要な措置が講ぜられるものとする。
>
> 2　政府は、いじめにより学校における集団の生活に不安又は緊張を覚えることとなったために相当の期間学校を欠席することを余儀なくされている児童等が適切な支援を受けつつ学習することができるよう、当該児童等の学習に対する支援の在り方についての検討を行うものとする。

　いじめ等の態様は、今後も変化するかもしれないこと、また、いじめ等の防止のための対処あり方や対応についても検証が必要であり。場合によっては新たな対応を考えなければならないということで、3年を目途として検討が加えられることになっている。

　さて、本章の冒頭の問題だが、いじめが原因で児童生徒が自殺したり傷害を受けたりした場合、学校には法的な責任が生じる場合がある。教員が体罰をして傷害を負わせたり自殺に追い込んだりしたわけではないのに、なぜ法的な責任が生じるのだろう。

　学校内での、いたずらによって傷害を受けた被害者側から損害賠償を求められた訴訟での判決で「学校の校長ないし教諭が、学校教育の場において児童の生命、身体等の安全について万全を期すべき条理上の義務を負うことは、学校教育法その他の教育法令に照らして明らかである。」（浦和地裁判決　昭和60年4月22日）と、した。この判決でも解るように、学校は、保護者の負託を受けて児童生徒を管理下においているので、児童生徒の安全を守る義務があることは、条理上明らかだと考えられる。

　また、中野富士見中学校いじめ被害生徒自殺事件の判決では、「公立中学校の教員には学校における教育活動及びこれに密接に関連する生活関係における生徒の安全の確保に配慮すべき義務があり、特に、他の生徒の行為により生徒の生命、身体、精神、財産等に大きな悪影響ないし危害が及ぶおそれが現にあるようなときには、その悪影響ないし危害を未然に防止するため、その事態に応じた適切な措置を講ずる義務があるといわなければならない。」（東京高裁判決　平成6年5月20日）と、している。

　学校でいじめがあるときに、教職員が適切な対応をとらないときは法的な責任が生じることは、いじめ防止対策推進法が制定されていなくてもある、ということである。この法的な責任の内容は、体罰のところで述べた民事上、刑事上、行政上の責任が考えられる。児童生徒同士のいじめで教員が刑事上の責任を問われることは少ないであろうが、いじめの状況を知っていながら放置していたために児童等が殺害された場合は、状況によっては業務上過失致死傷罪（刑法第211条第1項）が問われる可能性がある。

　刑事上の責任は問われなくても、いじめへの対応に不手際があり、児童等が生命や身体への侵害を受けたり、財産上の損害を被ったり、精神的な被害を受けたりした場合は、民事上の責任が問われる可能性がある。この場合には、教員個人が直接被害者側から法的責任を問われることはない。このことについては、国家賠償法のところで述べる。

　刑事上や民事上の責任を生じるような事態に陥った教員は、行政上の責任をも問われ、懲戒処分の対象となる。その場合は、地方公務員法の第29条第1項の第一号や第二号に抵触する。第一号のこの法律に違反した場合とは、地方公務員法の第30条、第32条、第33条、第35条などに抵触することになる。

　いじめの対応に不手際があった場合は、教育管理職も管理責任が問われ行政上の責任はもとより民事上の責任も問われる場合がある。

　また、刑事上や民事上の責任が問われなくても、いじめへの対応が不適切な場合は、行政上の責任が問われることもある。

2　児童虐待の防止等に関する法律

　児童虐待への対応は、従来、児童福祉法に児童虐待に関連する規定があるの
みであった。しかし、子供の尊い命が奪われるなどの痛ましい児童虐待事件は
後を絶たず、社会的にも大きな関心がみられるようになり、児童虐待に対して
適切に対応するための法律の立法化を求める声が高まり、「児童虐待の防止等
に関する法律」が平成12年に制定された。その後、児童虐待の定義の見直し、
児童虐待に係る通告義務の拡大、児童の安全確認等のための立ち入り調査等の
強化など、幾たびかの改正を経て今日の形となっている。

(1)　目的（第1条）

　　この法律は、児童虐待が児童の人権を著しく侵害し、その心身の成長及
　び人格の形成に重大な影響を与えるとともに、我が国における将来の世代
　の育成にも懸念を及ぼすことにかんがみ、児童に対する虐待の禁止、児童
　虐待の予防及び早期発見その他の児童虐待の防止に関する国及び地方公共
　団体の責務、児童虐待を受けた児童の保護及び自立の支援のための措置等
　を定めることにより、児童虐待の防止等に関する施策を促進し、もって児
　童の権利利益の擁護に資することを目的とする。

　児童虐待防止法は、児童の権利利益の擁護に資するために以下の3つの目的
で規定された。
　①　児童虐待が児童の人権を著しく侵害するものであり、我が国における将
　　来の世代の育成にも懸念を及ぼすことから、児童虐待の禁止、予防、早期
　　発見等のために規定した。
　②　児童虐待の予防及び早期発見その他の児童虐待の防止に関する国及び地
　　方公共団体の責務を定めた。
　③　児童虐待を受けた児童の保護及び自立の支援のための措置を定めた。

(2) 児童虐待の定義 (第2条)

この法律において、「児童虐待」とは、保護者（親権を行う者、未成年後見人その他の者で、児童を現に監護するものをいう。以下同じ。）がその監護する児童（18歳に満たない者をいう。以下同じ。）について行う次に掲げる行為をいう。

一　児童の身体に外傷が生じ、又は生じるおそれのある暴行を加えること。

二　児童にわいせつな行為をすること又は児童をしてわいせつな行為をさせること。

三　児童の心身の正常な発達を妨げるような著しい減食又は長時間の放置、保護者以外の同居人による前二号又は次号に掲げる行為と同様の行為の放置その他の保護者としての監護を著しく怠ること。

四　児童に対する著しい暴言又は著しく拒絶的な対応、児童が同居する家庭における配偶者に対する暴力（配偶者（婚姻の届出をしていないが、事実上婚姻関係と同様の事情にある者を含む。）の身体に対する不法な攻撃であって生命又は身体に危害を及ぼすもの及びこれに準ずる心身に有害な影響を及ぼす言動をいう。）その他の児童に著しい心理的外傷を与える言動を行うこと。

この法律における児童とは18歳未満の者である。

本条では、児童虐待として、①身体的虐待、②性的虐待、③ネグレクト、④心理的虐待の4種類を挙げている。

児童虐待の定義について、次の2点が明確にされている。

①　保護者以外の同居人による児童に対する身体的虐待、性的虐待及び心理的虐待を保護者が放置することも、保護者としての監護を著しく怠る行為（いわゆるネグレクト）として児童虐待に含まれること。

②　児童の面前で配偶者に対する暴力が行われる等、直接児童に対して向けられた行為でなくても、児童に著しい心理的外傷を与えるものであれば児

童虐待に含まれること。

(3)　児童に対する虐待の禁止（第3条）

何人も、児童に対し、虐待をしてはならない。

　虐待を許さない強い思いが示された訓示的規定である。この規定を基に法的責任は問われないが、虐待が刑事上や他の法律等に抵触する場合は法的責任が問われる。

(4)　児童虐待の早期発見等（第5条）

　学校、児童福祉施設、病院、都道府県警察、婦人相談所、教育委員会、配偶者暴力相談支援センターその他児童の福祉に業務上関係のある団体及び学校の教職員、児童福祉施設の職員、医師、歯科医師、保健師、助産師、看護師、弁護士、警察官、婦人相談員その他児童の福祉に業務上関係のある者は、児童虐待を発見しやすい立場にあることを自覚し、児童虐待の早期発見に努めなければならない。

2　前項に規定する者は、児童虐待の予防、その他の児童虐待の防止並びに児童虐待を受けた児童の保護及び自立の支援に関する国及び地方公共団体の施策に協力するよう努めなければならない。

3　第1項に規定する者は、正当な理由がなく、その職務に関して知り得た児童虐待を受けたと思われる児童に関する秘密を漏らしてはならない。

4　前項の規定その他の守秘義務に関する法律の規定は、第2項の規定による国及び地方公共団体の施策に協力するよう努める義務の遵守を妨げるものと解してはならない。

5　学校及び児童福祉施設は、児童及び保護者に対して、児童虐待の防止のための教育又は啓発に努めなければならない。

　児童虐待については、児童相談所への児童虐待相談対応件数が年々増加の一途をたどっており、重篤な児童虐待事件も後を絶たない。こうした中、平成30年3月に東京都目黒区で発生した児童虐待事案を受けて、「児童虐待防止対策の強化に向けた緊急総合対策」に基づき、「学校、保育所、認定こども園及び認可外保育施設から市町村又は児童相談所への定期的な情報提供に関する指針」による運用を進めていた。しかし、平成31年1月に千葉県野田市での小学校4年生の女児が両親（特に父親）によって暴行を受け、虐待死するという事件が生じた。

　この事件は、学校や教育委員会及び児童相談所などの対応の拙さが、女児の虐待死を招いた一因ともなっている。具体的には、女児は2017年11月に女児が通っている小学校で行われたアンケートに、「お父さんにぼう力を受けています。夜中に起こされたり、起きているときにけられたり、たたかれたりしています。先生、どうかできませんか。」と自由記入欄に回答していた。そのため、千葉県の柏児童相談所が被害者を一時保護していた。一方、学校から女児のアンケートのコピーを受け取った野田市の教育委員会は父親に激しく要求されたために女児に無断でコピーを渡した。

　教育委員会の不手際もあり、虐待のリスクが高くなったのにもかかわらず、柏児童相談所は女児を施設から自宅に戻した。

　このような経過を受け、本条は令和2年に改正施行された。

　まず、第1項に関してであるが、改正前に規定してあった学校、児童福祉施設などの職員以外に、児童虐待を発見しやすい立場にあることを自覚し、児童虐待の早期発見に努めなければならない団体に都道府県警察、婦人相談所、教育委員会及び配偶者暴力相談支援センターが含まれること、並びに児童虐待の早期発見に努めなければならない者に警察官及び婦人相談員が含まれることを明確にした。

　また、第3項では野田市の事件を受けて、第1項に規定する者は正当な理由なく、その職務に関して知り得た児童虐待を受けたと思われる児童に関する秘密を漏らしてはならないと新たに規定された。ただし、第4項では、第3項の守秘義務があるからといっても、国及び地方公共団体の施策に協力するように努め

る義務を妨げるとは解釈してはならないのであるから、必要な場合には、職員同士で虐待を受けている児童に関する必要な情報を共有するようなことは構わないのである。

　学校及び学校の教職員は児童とかかわることが多く、児童の言動や衣服の様子、身体の異常などから虐待を発見しやすい立場にある。発見の遅れは時としては児童の生命をも脅かしかねないとの自覚をもって、学校の教職員は児童を見守り、虐待の早期発見に努めなければならない。

　なお、学校及び教職員等については、児童虐待の早期発見に努めるだけでなく、児童虐待の予防その他の児童虐待の防止並びに児童虐待を受けた児童の保護及び自立の支援に関する国及び地方公共団体の施策に協力するよう努めなければならないとなっている。

　更に、幼稚園、小学校等の学校や児童福祉施設は、児童や保護者に接する機会が多いことを踏まえ、児童及び保護者に対して、児童虐待の防止のための教育又は啓発に努める義務が課せられている。すなわち、虐待の発生予防への取組も学校に求められているということである。

(5)　児童虐待に係る通告（第6条）

　　児童虐待を受けたと思われる児童を発見した者は、速やかに、これを市町村、都道府県の設置する福祉事務所若しくは児童相談所又は児童委員を介して市町村、都道府県の設置する福祉事務所得若しくは児童相談所に通告しなければならない。

2　前項の規定による通告は、児童福祉法第25条第1項の規定による通告とみなして、同法の規定を適用する。

3　刑法の秘密漏示罪の規定その他の守秘義務に関する法律の規定は、第1項の規定による通告をする義務の遵守を妨げるものと解釈してはならない。

　児童虐待の早期発見を図るため、通告の対象が「虐待を受けた児童」から「虐待を受けたと思われる児童」へと変更された。

　また、多くの人の協力を得て児童虐待を防ぐために、第5条の職にある者以外でも、虐待を受けたと思われる児童を発見した場合には、速やかに、直接又は児童委員を介して市町村、都道府県の設置する福祉事務所若しくは児童相談所に通告しなければならないとなっている。

　第2項に規定する児童福祉法第25条第1項は次の通りである。「要保護児童を発見した者は、これを市町村、都道府県の設置する福祉事務所若しくは児童相談所又は児童委員を介して市町村、都道府県に設置する福祉事務所若しくは児童相談所に通告しなければならない。ただし、罪を犯した満14歳以上の児童については、この限りではない。この場合においては、これを家庭裁判所に通告しなければならない。」

　刑法の秘密漏示罪に列挙された身分を有する者や公務員などが、職務上知り得た秘密が児童虐待に関する内容である場合は、本条第1項による通告をしても違法性は阻却される。

(6)　通告を受けた場合の措置

　第6条1項の規定による通告を受けた福祉事務所の長は、必要に応じ近隣住民、学校の教職員、児童福祉施設の職員その他の者の協力を得つつ、速やかに児童の安全確認のための措置を講じ、児童相談所への送致または一時保護を行うものとされている（同法第8条）。

　福祉事務所と学校との連携がうまくいかず、児童の生命が損なわれるという不幸な事態が生じたケースがたびたび生じており、本条の実効性が確保されることは喫緊の課題である。

3　国家賠償に関する法

(1)　国及び公共団体の賠償責任（憲法第17条）

　何人も、公務員の不法行為により、損害を受けたときは、法律の定める
ところにより、国又は公共団体に、その賠償を求めることができる。

　公権力の不法な行使に対して、国又は公共団体に対する国民の賠償請求権を
認める制度であり、国家賠償制度という。明治憲法下では、「国家無答責の原則」
の考えが支配しており、国や公共団体の不法行為についての責任は一般的には
否定されていた。現行憲法では、明治憲法下の切り捨て御免的行政の反省を踏
まえて、国や公共団体の賠償責任を明らかにし、国民の権利救済の道を開いた。
　「法律の定めるところ」の法律とは、国家賠償法のことである。

(2)　公務員の加害行為に基づく損害賠償責任（国家賠償法第1条）

　国又は公共団体の公権力の行使に当る公務員が、その職務を行うにつ
いて、故意又は過失によつて違法に他人に損害を加えたときは、国又は
公共団体が、これを賠償する責に任ずる。
2　前項の場合において、公務員に故意または重大な過失があつたときは、
国または公共団体は、その公務員に対して求償権を有する。

　公立学校の教育活動は「公権力の行使に当たる」と解されている。したがっ
て、公立学校の教育活動中において教職員の故意又は過失によって児童生徒等
が損害を受けたときは、設置者は、損害賠償の責任を負うことになる。
　例えば、公立学校の教職員が児童生徒等に体罰（故意）を加え、負傷させた
り、水泳指導の際に監視を怠ったため（過失）児童生徒等をおぼれ死なせたり
したような場合は、地方公共団体が責任を負うことになる。

　国家賠償法の立法趣旨は、第一義的には被害者となった国民の権利救済にある。加害者である公務員の支払い能力の有無にかかわらず、損害賠償を確実にするために国や公共団体にまずは支払い責任を求めものである。

　しかし、本条第2項に規定するように国又は公共団体は、公務員に故意又は重大な過失があったときは、求償権を有する。求償権の発生を故意又は重過失に限ったのは、軽過失でも求償権が発生すると、公務員が職務の遂行に当たって萎縮し、職務の停滞をきたすおそれがあると解されている。これは本法の第二義的な立法趣旨である。実際には、重大な過失による場合でも求償することは稀である。公務員に支払いを求めるというより、被害者側の求償を確保する点に重きが置かれている。ただし、損害賠償という民事上の責任は免れても、故意や過失があれば刑法上の責任を追及されたり、地方公務員法上の懲戒処分の対象となったりすることがある。

　なお、県費負担教職員による不法行為の場合は、都道府県も連帯して（設置者である市町村等と連帯して）損害賠償責任を負う（国家賠償法第3条第1項）。

　また、国家賠償法第2条の規定により、公立学校の施設・設備の瑕疵によって損害を与えた場合は、地方公共団体が損害賠償責任を負う。この場合は無過失責任である。

　私立学校の教職員が前述のような不法行為を起こした場合は、民法715条によって「使用者」である学校法人が損害賠償責任を負うことになる。私立学校には国家賠償法は適用されないので、教職員は軽過失であっても使用者から求償されうる。

4　学校図書館法

⑴　この法律の目的（第 1 条）

　　この法律は、学校図書館が、学校教育において欠くことのできない基礎
的な設備であることにかんがみ、その健全な発達を図り、もつて学校教育
を充実することを目的とする。

　学校図書館は、読書によって児童生徒の創造力を培い、学習に対する興味・
関心等を喚起し、豊かな心を育みながら読書習慣を形成する読書センターとし
ての機能を果たすだけの場ではなくなっている。今日のような生涯学習社会に
おいては、児童生徒の自発的、主体的な学習を支援する学習センター、また、
情報社会における情報の収集・選択・活用能力を育成する情報センターとして
の機能をも果たすことも求められている。

　これからの学校教育においては、児童生徒が自ら考え、主体的に判断し、行
動できる資質や能力等を育むことが求められており、学校図書館の果たす役割
はますます重要になってきている。

⑵　定義（第 2 条）

　　この法律において「学校図書館」とは、小学校（義務教育学校の前期課
程及び特別支援学校の小学部を含む。）、中学校（中等教育学校の前期課程
及び特別支援学校の中学部を含む。）、義務教育学校及び高等学校（中等教
育学校の後期課程及び特別支援学校の高等部を含む。）（以下「学校」とい
う。）において、図書、視覚聴覚教育の資料その他学校教育に必要な資料（以
下「図書館資料」という。）を収集し、整理し、及び保存し、これを児童
又は生徒及び教員の利用に供することによつて、学校の教育課程の展開に
寄与するとともに、児童又は生徒の健全な教養を育成することを目的とし

て設けられる学校の設備をいう。

　「学校図書館」とは、小学校・中学校・義務教育学校、高等学校・中等教育学校及び特別支援学校（小学部・中学部・高等部）に設けられた設備である。

　学校図書館の機能・役割としては、前述したように児童生徒の「読書センター」、「学習センター」及び「情報センター」としての機能がある。

　それとともに、教員のサポート機能がある。すなわち、学校図書館の計画的な利用とその機能の活用は、各教科等を通じ、どの教員にも求められる。指導の改善・充実のため、それぞれの教員が、学校図書館の機能を有効に活用するスキルを身に付けていくことが大切である。一方、学校図書館は、教員のための図書館資料の収集・整理・保存し、利用する施設としても位置付けられている。

　また、教科指導のための研究文献や教員向け指導事例、教材として使用できる図書などを集めて教員が使えるようにしたり、こうした諸資料のレファレンスや取り寄せ等のサービスを行ったりする教員のサポート機能も、学校図書館が本来行うべき重要な役割の一つである。

(3)　設置義務（第3条）

　学校には、学校図書館を設けなければならない。

　学校教育法施行規則第1条第1項にも図書館を設けなければならないと規定されているが、この場合は幼稚園や大学及び高等専門学校をも含むことになる。ただし、幼稚園の図書室設置は努力義務となっている。

(4)　学校図書館の運営（第4条）

　学校は、おおむね左の各号に掲げるような方法によつて、学校図書館を児童又は生徒及び教員の利用に供するものとする。

　一　図書館資料を収集し、児童又は生徒及び教員の利用に供すること。

　二　図書館資料の分類排列を適切にし、及びその目録を整備すること。

　三　読書会、研究会、鑑賞会、映写会、資料展示会等を行うこと。

　四　図書館資料の利用その他学校図書館の利用に関し、児童又は生徒に
　　対し指導を行うこと。

　五　他の学校の学校図書館、図書館、博物館、公民館等と緊密に連絡し、
　　及び協力すること。

2　学校図書館は、その目的を達成するのに支障のない限度において、一
　般公衆に利用させることができる。

　学校図書館については、小・中学校学習指導要領にも記されており、「第1
章　総則」の「第4　指導計画の作成等に当たって配慮すべき事項」の2の10
（中学校は11）に、「学校図書館を計画的に利用しその機能の活用を図り、児童
（生徒）の主体的、意欲的な学習活動や読書活動を充実すること。」と、ある。
このことについては、小・中学校学習指導要領解説　総則編の第3章第5節で
説明している。

　学校図書館の中には、「まちかど図書館」と名付けて、地域に在住在勤する
者にも利用させているものもある（東京都千代田区の例）。

(5)　司書教諭（第5条第1項・第2項）

　学校には、学校図書館の専門的職務を掌らせるため、司書教諭を置か
なければならない。

2　前項の司書教諭は、主幹教諭（養護又は栄養の指導及び管理をつかさ
　どる主幹教諭を除く。）、指導教諭又は教諭（以下この項において「主幹
　教諭等」という。）をもつて充てる。この場合において、当該主幹教諭
　等は、司書教諭の講習を修了した者でなければならない。

　本条の第1項によって全ての学校に司書教諭を置かなければならないが、本法の附則第2項に以下の特例がある。

(6) 司書教諭設置の特例（学校図書館法附則第2項）

> **2** 学校には、平成15年3月31日までの間（政令で定める規模以下の学校にあつては、当分の間）、第5条第1項の規定にかかわらず、司書教諭を置かないことができる。

○学校図書館法附則第2項の学校の規模を定める政令（平成9年政令第189号）
　学校図書館法附則第2項の政令で定める規模以下の学校は、学級の数（中略）が11以下の学校とする。

　以上のことから、平成15年4月から12学級以上の学校で司書教諭が置かれることになった。しかし、11学級以下の学校では司書教諭の設置について努力義務は求められているが、設置義務はない。

　学校図書館の司書教諭は担任等をしている主幹教諭等が兼務している場合が多い。この政令には、主幹教諭等が司書教諭を兼務している場合は担当授業時間数の減免を視野に入れた留意事項があるが、現実は司書教諭の業務を十分に果たせるだけの減免とはなっていない。そこで学校では、主幹教諭等の配置は事実上名義だけとして、図書館に関する業務は司書教諭の資格のないボランティアやパートに頼っている場合が多い。

　学校図書館の役割の重要性を考えたとき、司書教諭有資格者の養成や確保は喫緊の課題である。現実的な解決策としては、担任等で司書教諭を兼務している者が十分にその職責が果たせるように担当授業時数を減免させ、その上で人的な措置を行うことが考えられる。

(7)　学校司書（第6条）

　　学校には、前条第1項の司書教諭のほか、学校図書館の運営の改善及び向上を図り、児童又は生徒及び教員による学校図書館の利用の一層の促進に資するため、専ら学校図書館の職務に従事する職員（次項において「学校司書」という。）を置くよう努めなければならない。

2　国及び地方公共団体は、学校司書の資質の向上を図るため、研修の実施その他の必要な措置を講ずるよう努めなければならない。

　本条は、平成26年6月27日に学校図書館法に新しく付け加えられ公布され、平成27年4月1日施行の規定である。そこには、附則として以下の内容が付け加えられている。

（検討）

2　国は、学校司書（この法律による改正後の学校図書館法（以下この項において「新法」という。）第6条第1項に規定する学校司書をいう。以下この項において同じ。）の職務の内容が専門的知識及び技能を必要とするものであることに鑑み、この法律の施行後速やかに、新法の施行の状況等を勘案し、学校司書としての資格の在り方、その養成の在り方等について検討を行い、その結果に基づいて必要な措置を講ずるものとする。

　前条の司書教諭は、学校図書館法で「学校図書館の専門的な職務を掌る者」と位置付けられている。そして、その職務の重要性から12学級以上の学校には必ず置かなければならない、となっている。

　一方、学校司書は、全ての学校に配置されているわけではないが、図書の管理や貸出業務、図書館活用教育への協力・参画をはじめ、教員の読書指導や授業活動を支援する職員として機能している。

　学校司書の配置を促すために国は、平成24年度から財政的に措置を行っている。それととともに、文部科学省は平成25年8月、「学校図書館担当職員の役割及びその資質の向上に関する調査研究協力者会議」を設置し、平成26年3月に報告書をまとめた。

　この報告書の趣旨は、学校司書は、①学校図書館の図書の管理・運営、並びに子どもたちの教育活動に必要な知識や技能が求められること、②「言語活動」を教育方針に掲げる学習指導要領への理解を深め、子どもたちの発達に関する知識やその応用能力の習得が必要なこと、③校長の指揮監督のもとで教職員の一員として、司書教諭や他の教員たちと連携して図書館業務を行うこと、などとなっている。

　これまで全国の自治体は、様々な雇用形態を選びながら学校司書を配置してきており、それだけに司書の資質や能力にも温度差があることは否めない。そこで本条第2項に、国及び地方公共団体は、研修やその他の対策を通じて、学校司書の資質の向上に努めなければならないと定めた。

5　社会教育に関する法

(1)　社会教育の概念

　社会教育という語は、家庭教育及び学校教育と並んで広く使用されているが、様々な意味に用いられることがある。広義には、人が社会の中で受ける影響を意味するとされる。狭義には、成人を対象とした各種の団体活動や公民館などが行う、講座や学習形態をいう。社会や経済などの急激な変化や科学技術の高度な発展に対応したり、社会の成熟化により余暇時間を活用したりするなど、個々人が生涯を通じて学び続けることの意味が増大している。

(2)　社会教育の定義　(社教法第2条)

　この法律で「社会教育」とは、学校教育法又は就学前の子どもに関する

教育、保育等の総合的な提供の推進に関する法律に基き、学校の教育課程
として行われる教育活動を除き、主として青少年及び成人に対して行われ
る組織的な教育活動（体育及びレクリエーションの活動を含む。）をいう。

　本条による社会教育は、①学校の教育活動を除くこと、②主として青少年及
び成人を対象とすること、③組織的な教育活動であること、となっており、組
織的でないものを除いているので、個々人の学びをも含めるいわゆる生涯学習
よりは狭いものとなっている。

　社会教育の具体的な活動例としては、公民館での学習講座の活動、図書館で
の図書の閲覧、博物館での展示や教育普及活動、青少年の野外での自然体験活
動、子育てをする親に対する家庭教育学級などである。

(3)　国及び地方公共団体の任務（社教法第３条）

　　国及び地方公共団体は、この法律及び他の法令の定めるところにより、
　社会教育の奨励に必要な施設の設置及び運営、集会の開催、資料の作製、
　頒布その他の方法により、すべての国民があらゆる機会、あらゆる場所
　を利用して、自ら実際生活に即する文化的教養を高め得るような環境を
　醸成するように努めなければならない。

２　国及び地方公共団体は、前項の任務を行うに当たつては、国民の学習
　に対する多様な需要を踏まえ、これに適切に対応するために必要な学習
　の機会の提供及びその奨励を行うことにより、生涯学習の振興に寄与す
　ることとなるよう努めるものとする。

３　国及び地方公共団体は、第１項の任務を行うに当たつては、社会教育
　が学校教育及び家庭教育との密接な関連性を有することにかんがみ、学
　校教育との連携の確保に努め、及び家庭教育の向上に資することとなる
　よう必要な配慮をするとともに、学校、家庭及び地域住民その他の関係
　者相互間の連携及び協力の促進に資することとなるよう努めるものとする。

社会教育法第4条には、本条第1項の任務を達成するために、国は、地方公共団体に対し、予算の範囲内において、財政的援助並びに物資の提供及びその斡旋を行うとある。また、第5条には区市町村教育委員会が、第6条には都道府県教育委員会が、それぞれ行う社会教育に関する事務が規定されている。

(4) 社会教育行政関係職員

1) 社会教育主事の設置（社教法第9条の2第1項）

都道府県及び市町村の教育委員会の事務局に、社会教育主事を置く。

2) 社会教育主事の職務（社教法第9条の3第1項・第2項）

社会教育主事は、社会教育を行う者に専門的技術的な助言と指導を与える。ただし、命令及び監督をしてはならない。

2　社会教育主事は、学校が社会教育関係団体、地域住民その他の関係者の協力を得て教育活動を行う場合には、その求めに応じて、必要な助言を行うことができる。

社会教育主事は、教育委員会の事務局に置かれ、指導主事とともに「専門的教育職員」といわれる（教特法第2条第5項）。①主な職務内容は、教育委員会事務局が主催する社会教育事業の企画・立案・実施。②管内の社会教育施設が主催する事業に対する指導・助言。③社会教育関係団体の活動に対する助言・指導。④管内の社会教育行政職員等に対する研修事業の企画・実施、などである。

なお、社会教育主事は、学校・家庭・地域との連携の重要な役割をも担っている。

主要参考文献

林修三「法令用語の常識」（日本評論社・1975年）
林修三「法令解釈の常識」（日本評論社・1975年）
沖原豊編「改訂　教育法規概説」（第一法規・1980年）
下村哲夫「事件の中の教師たち」（教育開発研究所・1991年）
下村哲夫「定本・教育法規の解釈と運用」（ぎょうせい・1995年）
下村哲夫「改訂新版　教育法規を読む」（東洋館出版社・1997年）
下村哲夫「校長室の法律学」（ぎょうせい・1998年）
熊谷一乗編「教育法規と学校」（学文社・1999年）
菱村幸彦・下村哲夫「やさしい教育法規」（学事出版・2000年）
浪本勝年・箱田英子・岩崎政孝・吉岡睦子・船木正文「教育　判例ガイド」（有斐閣・2001年）
菱村幸彦「学校経営と法律の接点」（教育開発研究所・2002年）
森秀夫「要説　教育法規・行政　五訂版」（学芸図書株式会社・2002年）
平原春好・室井修・土屋基規「現代教育法概説　改訂版」（学陽書房・2004年）
菱村幸彦「教育法規からみた現代校長学」（学事出版・2005年）
下村哲夫・若井彌一「設例　教育法規演習　全訂新版」（教育開発研究所・2005年）
我妻栄（幾代通・川井健補訂）「民法案内　2民法総則」（勁草書房・2005年）
菱村幸彦編「学校の法律問題」（教育開発研究所・2006年）
教育基本法研究会編「逐条解説　改正教育基本法」（第一法規・2007年）
山口厚「刑法総論　第2版」（有斐閣・2007年）
菱村幸彦編「最新教育法規ハンドブック」（教育開発研究所・2007年）
東京都教職員研修センター監「教職員ハンドブック　第2次改訂版」（都政新報社・2008年）
福本みちよ「教育法規の要点　第6版」（酒井書店・2008年）
勝野正章・藤本典裕編「教育行政学　改訂版」（学文社・2008年）
佐々木幸寿「改正教育基本法」（日本文教出版・2009年）
朝倉征夫編「おさえておきたい教育法規」（酒井書店・2009年）
鈴木勲編「逐条　学校教育法　第7次改訂版」（学陽書房・2009年）
坂田仰・河内祥子「ケーススタディ　教育法規」（教育開発研究所・2010年）
西田典之「刑法総論　第2版」（弘文堂・2010年）
潮見佳男「不法行為法Ⅱ　第2版」（信山社出版株式会社・2011年）
原田尚彦「行政法要論　全訂7版補訂版」（学陽書房・2011年）
勤務時間制度研究会編「公務員の勤務時間・休暇法詳解　第4次改訂版」（学陽書房・2011年）
加茂川幸夫「学校トラブルの対処術」（ぎょうせい・2011年）
櫻井敬子・橋本博之「行政法　第3版」（弘文堂・2011年）
菱村幸彦・坂田仰編「教育法規」（学事出版・2011年）
霜鳥秋則「教育制度・教育法規」（ジアース教育新社・2011年）
山口厚「刑法各論　第2版補訂」（有斐閣・2012年）
野中俊彦・中村睦男・髙橋和之・高見勝利「憲法Ⅰ・Ⅱ　第5版」（有斐閣・2012年）
西田典之「刑法各論　第6版」（弘文堂・2012年）
高見茂・開沼太郎・宮村裕子編「教育法規スタートアップ　第2版」（昭和堂・2012年）
山本豊「受験に役立つ　教育法規」（学校図書・2012年）
橋本勇「逐条　地方公務員法　第3次改訂版」（学陽書房・2014年）
山本豊「書いて理解する　教育法規」（オフィス・サウス・2014年）
山本豊「教育法規相談ハンドブック30」（東京教育研究所・2014年）
文部科学省地方教育行政研究会「改正地方教育行政法」（ぎょうせい・2014年）

山本 豊 （やまもと　ゆたか）

平成17年度より東京福祉大学教授　教育法規、法学、憲法等を担当

熊本県立熊本高等学校卒業
千葉大学法学政治学専攻課程（学部改組のため、現・法政経学部　法学コース）卒業
卒業後、行政職職員として東京都教育庁に勤務する。

教育庁勤務時代にボランティアで都立の聾学校（現在は特別支援学校）中学部の野球部を指導する。このことが契機となって教育に関心を持ち、玉川大学の通信制で教員免許を30歳で取得する。

教員としての主な経歴
　30歳　東京都公立学校教員採用選考試験合格
　　　　教育庁を退職し、教員として採用される。
　44歳　校長試験合格　1年間の任用前研修を経て、
　　　　千代田区立千代田小学校長兼千代田幼稚園長となる。
　46歳　千葉大学講師（非常勤・この年より15年間）
　48歳　渋谷区教育委員会事務局指導室長
　　　　その後校長として2校経験し、定年前に東京都を退職し、平成17年度、東京福祉大学社会福祉学部教授に就く。平成28年より子ども学科教授。

○居住地（東京都北区）での地域貢献に関する主なもの（平成21年以降）
　・北区立西ヶ原小学校学校運営協議会委員長（平成21年度～平成24年度）
　・北区立西ヶ原小学校学校運営協議会アドバイザー（平成25年度～）
　・北区男女共同参画苦情解決委員会委員長（平成25年度～）
　・新たな北区教育ビジョン策定のための有識者懇談会委員（平成21・26・31年度）
　・北区教育委員会事務事業外部評価者（平成22年度～令和2年度）
　・北区小中一貫教育モデル事業連絡協議会委員長（平成22年度～平成23年度）
　・北区いじめ問題対策委員会委員長（平成27年度～）
　・施設一体型小中一貫校カリキュラム検討委員会委員長（平成30年度～）
　・北区二学期制検証委員会委員長（令和2年度～）

○主な単著（平成21年度以降）
『改訂新版 教育法規相談ハンドブック３５』（東京教育研究所）
『書いて理解する　教育法規』（オフィスサウス）
『判例・通説を基調とした　法学・憲法』（学校図書）

第五版 有権解釈に重きを置いた教育法規

平成27年4月1日　初版発行
令和3年6月1日　第五版第一刷発行

　　著　者　　山　本　　　豊
　　発行者　　芹　澤　克　明
　　発行所　　学校図書株式会社
　　　　　　　〒114-0001　東京都北区東十条 3-10-36
　　　　　　　電話　03-5843-9432　http://www.gakuto.co.jp